全国优秀教材一等奖

"十四五"职业教育国家规划教材

供中等卫生职业教育各专业使用

药物学基础

YAOWUXUE JICHU

主　编　符秀华　付红焱

副主编　吴丽萍　覃隶莲　闫丽珍

编　者（按姓氏汉语拼音排序）

陈秀风（淮南市第一人民医院）
符秀华（安徽省淮南卫生学校）
付红焱（首都医科大学附属卫生学校）
高艳丽（郑州市卫生学校）
罗玉琳（来宾市卫生学校）
覃　琳（广西科技大学附属卫校）
覃隶莲（玉林市卫生学校）
汤旭云（安徽省淮南卫生学校）
吴丽萍（黑河市卫生学校）
闫丽珍（新疆巴音郭楞蒙古自治州卫生学校）
闫建坤（包头市卫生学校）
杨孟欢（重庆市医药卫生学校）
姚勇志（桂东卫生学校）
张　洁（西安市卫生学校）

科学出版社

北　京

内 容 简 介

本教材分为药物学基础知识总论部分和各论部分，共16章。其中总论部分主要论述药物学的基本理论、基本知识和用药的基本技能，为学习临床常见疾病各系统治疗药物奠定基础。各论部分主要围绕各系统疾病治疗药物的主要作用、应用、不良反应及用药护理等，坚持“必需、够用”的编写原则，精选典型用药案例、处方分析及用药医嘱示例，穿插知识链接和药疗警示、思维导图等拓展思维内容，标出考点，突出重点，突破难点，辅以中科云教育平台的教学资源，使学生掌握用药规律，培养合理用药的知识、技巧，较好地体现了数字化教材创新理念，学生直观学，教师轻松教，提高教学效果。

本教材可供中等卫生职业教育各专业使用；也可供临床护理人员学习参考。

图书在版编目（CIP）数据

药物学基础 / 符秀华，付红焱主编. —北京：科学出版社，2018.6
“十四五”职业教育国家规划教材
ISBN 978-7-03-055387-4

Ⅰ. 药… Ⅱ. ①符… ②付… Ⅲ. 药物学－中等专业学校－教材 Ⅳ. R9

中国版本图书馆CIP数据核字（2017）第281928号

责任编辑：张映桥 丁彦斌 / 责任校对：张凤琴
责任印制：赵 博 / 封面设计：铭轩堂

科学出版社 出版
北京东黄城根北街16号
邮政编码：100717
http://www.sciencep.com

保定市中画美凯印刷有限公司印刷

科学出版社发行 各地新华书店经销

*

2018年6月第 一 版 开本：787×1092 1/16
2025年2月第十九次印刷 印张：14 1/2
字数：343 000

定价：39.80元

（如有印装质量问题，我社负责调换）

中等职业教育数字化课程建设教材

中等职业教育数字化课程建设教材

教材目录

书　名	主　编	书　号
1. 语文	孙敬华　李经春	978-7-03-055597-7
2. 英语	方　莉	978-7-03-055594-6
3. 医护英语	曹　岚	978-7-03-055598-4
4. 计算机应用基础	张全丽	978-7-03-055596-0
5. 职业生涯规划与就业指导	宋晨升	978-7-03-055723-0
6. 护理礼仪	李　蕾	978-7-03-055595-3
7. 人际沟通	王艳华	978-7-03-055397-3
8. 解剖学基础	万爱军	978-7-03-055390-4
9. 生物化学	钟楠楠　丁金娥	978-7-03-055482-6
10. 化学（第3版）	丁宏伟	978-7-03-055914-2
11. 医用物理（第2版）	李长驰	978-7-03-055913-5
12. 生理学基础	柳海滨	978-7-03-055393-5
13. 病理学基础	周士珍　卢桂霞	978-7-03-055395-9
14. 药物学基础	符秀华　付红焱	978-7-03-055387-4
15. 医学遗传学基础	王　懿	978-7-03-055349-2
16. 病原生物与免疫学基础	郑小波　王有刚	978-7-03-055449-9
17. 护理学基础	郭　蔚	978-7-03-055480-2
18. 内科护理	张晓萍	978-7-03-055354-6
19. 外科护理	王　萌　郝　强	978-7-03-055388-1
20. 妇产科护理	李民华	978-7-03-055355-3
21. 儿科护理	李砚池	978-7-03-055394-2
22. 健康评估	袁亚红　程　颖	978-7-03-055391-1
23. 社区护理	马　英	978-7-03-055389-8
24. 老年护理	杨建芬　张　玲	978-7-03-055350-8
25. 传染病护理	曾志励	978-7-03-055720-9
26. 中医护理基础	韩新荣	978-7-03-055558-8
27. 急救护理技术	程忠义	978-7-03-055396-6

前言 QIAN YAN

党的二十大报告指出："人民健康是民族昌盛和国家强盛的重要标志。把保障人民健康放在优先发展的战略位置，完善人民健康促进政策。"贯彻落实党的二十大决策部署，积极推动健康事业发展，离不开人才队伍建设。教材是教学内容的重要载体，是教学的重要依据、培养人才的重要保障。科学出版社积极贯彻党的二十大报告精神，坚持为党育人、为国育才。本套教材在积极落实教育部最新《中等职业学校专业教学标准（试行）》要求的基础上，结合我国医药职业院校当前的育人需求，组织多家医药职业院校编写了本套教材。本套教材具有以下特点。

1. 新形态教材　本套教材是以纸质教材为核心，通过互联网尤其是移动互联网，将各类教学资源与纸质教材相融合的一种教材建设的新形态。读者可通过中科云教育平台，快速实现图片、音频、视频、3D模型、课件等多种形式教学资源的共享，并可在线浏览重点、考点及对应习题，促进教学活动的高效开展。

2. 对接岗位需求　本套教材中依据科目的需要，增设了大量的案例和实训、实验及护理操作视频，以期让学生尽早了解护理工作内容，培养学生学习兴趣和岗位适应能力。教材中知识链接的设置，旨在扩大学生知识面，鼓励学生探索钻研专业知识，不断进步，更好地对接岗位需求。

3. 切合护考大纲　本套教材紧扣最新《护士执业资格考试大纲（试行）》的相关标准，清晰标注考点，并针对每个考点配以试题及相应解析，便于学生巩固所学知识，及早与护考接轨，适应护理职业岗位需求。

本教材借助科学出版社信息化教学资源平台，创新数字化教材编写理念和呈现形式，对接最新国家护士执业资格考试和护理工作岗位需求，将教材分为药物学基础知识总论部分和各系统药物治疗部分，全书共16章。教材在继承传统的基础上，围绕"职业能力"这一核心，沿着"药物的作用、应用、不良反应及用药护理"这一主线，适应中职学生的认知水平和学习能力，更加突出中职教育特点，在教材风格和编写体例上进行了改革和创新，力求目标明确、条理清晰、循序渐进、详略得当、通俗易懂、图文并茂、特色鲜明。

本教材围绕课程"知识点"、职业岗位"能力点"和护士执业资格考试"考点"而展开，注重培养学生的药物应用护理能力和解决临床实际问题的能力，更好地实现课程教学与护理岗位需求的"零距离"；章节后"小结"画龙点睛，提纲挈领；"自测题"对接执业资格考试，巩固学习效果，提高应变能力。还设计了"练一练"、"动动脑"、"知识拓展"、"链接"、"药疗警示"、"助记口诀"等辅学模块穿插在正文中，进一步培养学生发散性思维，构建课程间联系，开阔学生视野，提高学生学习兴趣。

教材还配有数字化教学资源，含有各章节的练习题、医嘱与处方示例、案例和教学课件、思维导图、微课及教学视频等，图文声并茂，动静画面结合，与教材相辅相成，取代"纸稿加挂图，粉笔写黑板"的传统教学方式，满足信息化教学的需要，使教材更加生活化、情景化、动态化、形象化。既是教师教学的好教材，也是学生学习药物学知识的好学材，真正体现了“做中学、做中教、教学做合一”的教学改革思想。

本教材适用于中等卫生职业教育各专业使用。教材所选案例、医嘱及处方仅供教学参考，具体用药应以药典或药品说明书为准。在教材编写过程中参考了部分教材和有关著作，在此向有关作者和出版社一并致谢。同时也得到科学出版社及编者所在学校的大力支持，在此表示衷心的感谢。由于知识水平的局限性，疏漏之处在所难免，恳请各位专家、师生批评指正。

本教材在编写过程中，得到了全国多家医药院校专家的鼎力支持，在此表示诚挚的谢意。由于水平所限，教材中若有不当之处，敬请同行批评指正！

符秀华

2022 年 11 月

目录 MU LU

第1章 药物学总论

第1节 绪　言

一、药物和药物学的概念

药物是指能影响机体的生理生化功能，可用于预防、诊断、治疗疾病或计划生育的化学物质。根据来源不同，药物可分为天然药物、化学合成药物和基因工程药物等。药品指用于预防、治疗、诊断人的疾病，有目的地调节人的生理功能并规定有适应证、用法和用量的物质。药品包括中药材、中药饮片、中成药、化学原料药及其制剂、抗生素、生化药品、放射性药品、血清、疫苗、血液制品和诊断药品等。

药物学是研究药物与机体（包括病原体）之间相互作用及其规律的学科。其研究内容包括药物效应动力学（简称药效学）和药物代谢动力学（简称药动学）（图 1-1）。药效学主要研究药物对机体的作用及机制，包括药物的作用、临床应用和不良反应等；药动学主要研究机体对药物的作用及规律，包括药物的体内过程及药物在体内随时间而变化的动态规律。

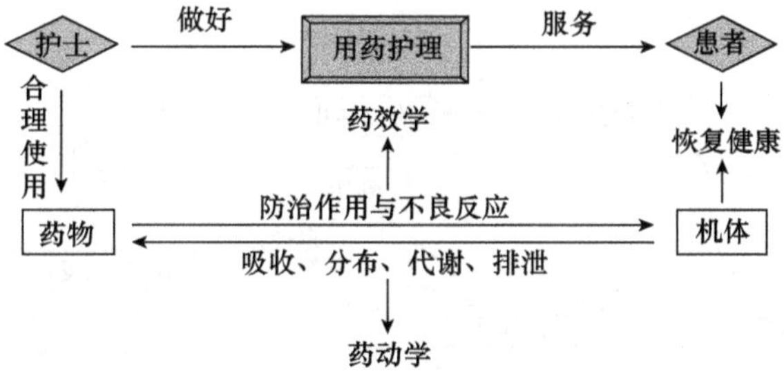

图 1-1　药效学与药动学示意图

二、药物学的任务

药物学可为临床防治疾病、合理用药奠定理论基础，是医学生必修的一门重要核心课程，也是联系基础医学与临床医学、医学与药学之间的桥梁课程。通过学习本课程，学生掌握药物的作用、应用、不良反应及用药护理，为学习临床专业知识，培养职业技能打下坚实的基础。在今后的临床护理工作中，护理人员能够运用护理程序正确执行用药医嘱，评估药物的疗效，及时发现药物的不良反应，做好用药护理，充分发挥药物的防治作用，减少或避免不良反应。

三、用药护理工作流程

护士作为药物治疗的直接执行者，始终处于临床第一线，是临床用药的把关人，在治疗过程中，须严格遵守合理用药工作流程，以确保临床用药科学规范、安全有效（表 1-1）。

表 1-1 用药护理工作流程

时间	任务	主要内容
给药前	评估患者	患者病情、用药目的、用药史、过敏史
	核对医嘱	药名、浓度、剂量、给药途径、给药时间
	调配药物	检查药品外观、批号、阅读药品说明书、注意配伍禁忌
给药中	遵照医嘱给药	严格遵守“三查八对”制度、准确执行医嘱
	安全用药指导	向患者及家属讲解用药注意事项
给药后	评估治疗效果	仔细观察治疗前后患者症状、体征、化验结果等变化
	监察不良反应	加强巡视观察，及早发现药物不良反应，及时处理

链 接

护理用药的“三查、八对、一注意”

“三查”是指在药物治疗操作前查、操作中查、操作后查。“八对”是指用药时要核对患者姓名、床号、药名、剂量、浓度、时间、用法、批号。“一注意”是指要注意观察患者用药后的反应。

第 2 节 药物对机体的作用——药效学

药效学主要内容包括药物的防治作用、不良反应及作用机制等（图 1-2）。

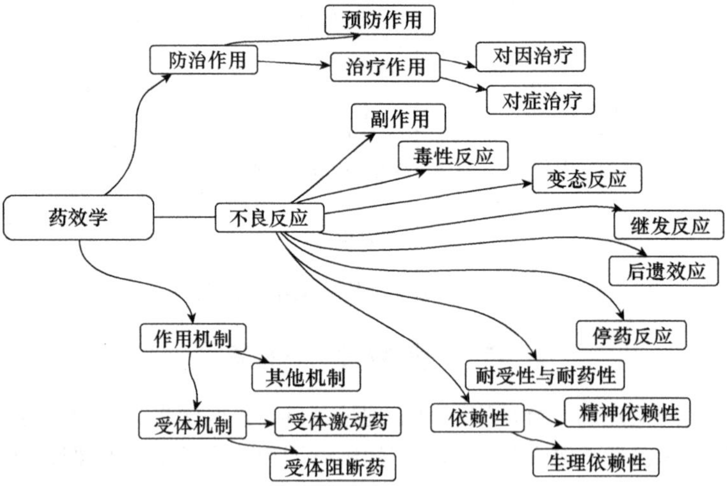

图 1-2 药效学思维导图

一、药物的基本作用

药物的基本作用是指药物对机体原有功能活动的影响。凡能使机体功能活动增强的作用称为兴奋作用，如肾上腺素增强心脏收缩力、尼可刹米使呼吸加快等均发挥兴奋作用。凡能使机体功能活动减弱的作用称为抑制作用，如普萘洛尔减慢心率、阿托品减少腺体分泌等发挥的是抑制作用。

二、药物的作用方式

1．局部作用与吸收作用　局部作用是指在用药部位产生的作用，如酒精消毒、丁卡因涂于黏膜表面，可使黏膜下神经麻醉。吸收作用是指药物从给药部位吸收进入血液循环后所呈现的作用，如氢氯噻嗪的利尿作用、地西泮的镇静催眠作用。

2．选择作用　药物的选择作用是指药物对机体不同组织器官的作用性质或作用强度呈现的差异，又称药物作用的选择性。在治疗剂量时，大多数药物仅对某些组织器官作用明显而对其他组织器官作用不明显甚至没有作用。

药物的选择作用是临床选药的基础，也是药物分类的依据。通常药物的选择性越高，针对性越强，疗效越好；选择性低则作用广泛，但不良反应较多。药物的选择性是相对的，随着剂量的增加，其作用范围逐渐扩大，如咖啡因小剂量选择性兴奋大脑皮质用于振奋精神，较大剂量兴奋延髓呼吸中枢用于抢救呼吸衰竭，剂量过大可广泛兴奋中枢神经系统，甚至引起惊厥。

三、药物作用的两重性

药物是把“双刃剑”，既有防治作用，也能产生不良反应，此为药物作用的两重性。

（一）防治作用

凡符合用药目的能达到防治疾病效果的作用称为防治作用，包括预防作用和治疗作用。

1．预防作用　指在发病前提早用药阻止疾病发生的作用，如接种卡介苗预防结核病、使用维生素 D 预防佝偻病等。

2．治疗作用　指对已发生的疾病应用药物消除疾病产生原因或改善疾病症状的作用，包括对因治疗和对症治疗。

（1）对因治疗：指能消除原发致病因子的治疗，如应用抗生素杀灭体内致病微生物所致感染的治疗。

（2）对症治疗：指能改善疾病症状的治疗，如失眠患者服用催眠药改善睡眠、发热患者应用解热药退热等。

对因治疗可以根治疾病，是临床药物治疗的关键，也称治本。对症治疗仅能改善疾病的症状或减轻患者的痛苦，称为治标；对症治疗虽不能根治疾病，但在高热、休克等危急情况下，挽救患者的生命是当务之急，这时对症治疗比对因治疗更为迫切。因此，临床用药时应根据患者的具体情况，遵循“急则治其标，缓则治其本，标本兼治”的原则，正确处理对症治疗和对因治疗的关系。

（考点：药物的两重性）

练一练：

请　连　线

预防作用	患者失眠应用地西泮
对因治疗	儿童接种疫苗
对症治疗	肺结核患者服用异烟肼

（二）不良反应

不良反应是指不符合用药目的，对人体不利甚至有害的药物反应。根据发生情况和反应性质不同，药物的不良反应可分为以下几种类型。

- 不良反应
  - 与药物作用有关的不良反应
    - 副作用
    - 毒性反应
    - 后遗效应
    - 继发反应
  - 与机体或遗传有关的不良反应
    - 变态反应
    - 特异质反应
  - 与连续用药有关的不良反应
    - 耐受性与耐药性
    - 药物依赖性
      - 精神依赖性
      - 生理依赖性
    - 停药反应与反跳现象

1．副作用　指在治疗剂量时出现的，与用药目的无关的作用。副作用是药物固有的作用，多数较轻微并可以预知。副作用产生的原因主要是药物选择性低，当某一作用作为治疗目的时，其他作用就成为药物的副作用。但随着用药目的不同，治疗作用与副作用可以相互转化。护士应提前告诉患者药物可能出现的副作用，以避免患者产生恐慌情绪。

2．毒性反应　指用药剂量过大或用药时间过长或机体对药物敏感性高而产生的对机体有明显损害的药物反应。毒性反应危害大，甚至危及患者生命，临床用药应根据病情及机体的状况，严格控制用药剂量和疗程，谨防药物中毒。

用药剂量过大而迅速发生的毒性反应称为急性毒性，多损害循环、呼吸及神经系统等。长期使用致体内药物蓄积过多而缓慢出现的毒性反应为慢性毒性，多损害肝、肾、骨髓、内分泌等功能。另外部分药物还有特殊的“三致作用”，即致癌、致畸胎、致突变作用，是药物的慢性毒性反应，在用药过程中更应密切防范。

链　接

药物史上的悲剧：“沙利度胺”事件

20 世纪 50 年代，德国研制开发的沙利度胺（反应停）作为镇静催眠药上市，因该药还能显著抑制孕妇的妊娠反应，曾作为一种“没有任何副作用的抗妊娠反应特效药物”风靡欧洲，成为“孕妇的理想选择”。但随之发现许多孕妇应用该药后产下了手脚发育畸形、形同海豹的“海豹儿”，多达 1.2 万名，这一震惊世界的典型的药物致畸事件，被称为“沙利度胺”事件，是 20 世纪最大的药物灾难（图 1-3）。

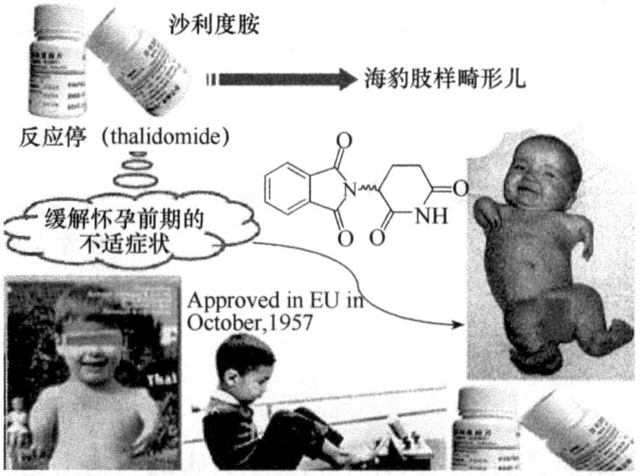

图 1-3　沙利度胺引起的“海豹肢样”畸形儿

3. 变态反应　指少数过敏体质患者对某些药物产生的一种病理性免疫反应，又称过敏反应。患者药物过敏会出现皮疹、药热等，重者会导致过敏性休克，甚至危及生命。其产生原因主要与过敏体质有关，而与用药剂量无关，且临床不易预知。任何药物均可能出现过敏反应，因此，用药前要详细询问药物过敏史，青霉素、链霉素等药物必须按规定做皮肤过敏试验，并做好急救准备，一旦发生过敏性休克应立即用肾上腺素等药抢救。

4. 继发反应　指继发于药物治疗作用之后出现的不良反应，也称治疗矛盾。例如，长期应用广谱抗生素引起的继发感染，称为“二重感染”。

5. 后遗效应　指停药后血药浓度已降至最低有效浓度以下所呈现的药物作用。例如，服用巴比妥类药物催眠后，次日清晨出现乏力、头晕、困倦等“宿醉现象”。

6. 停药反应　指长期应用某种药物后突然停药，原有疾病症状迅速重现或加重的现象，也称为反跳现象。例如，应用苯妥英钠治疗癫痫大发作，如突然停药会导致癫痫症状加重甚至诱发癫痫持续状态。

7. 特异质反应　指少数先天性遗传异常的患者对某些药物产生的一种特殊的药物反应。例如，患者缺乏葡萄糖 -6- 磷酸脱氢酶（G-6-PD），在应用磺胺药、伯氨喹等药物时易发生急性溶血。

8. 耐受性与耐药性　耐受性指重复用药使人体产生对药物反应性逐渐减弱的现象。在此状态下，该药原用剂量的效应明显减弱，需要增加用药剂量才能达到原有的效应。耐药性是指长期应用化疗药物后，病原体或肿瘤细胞对药物的敏感性降低的现象，也称抗药性。

9. 药物依赖性　指由药物与机体相互作用造成的一种精神状态和身体状态。药物依赖主要表现为欲求定期地或持续地强迫性用药，以体验用药后的精神效应，或避免停药引起的严重不适和痛苦。药物依赖性分为精神依赖性和生理依赖性（图 1-4）。

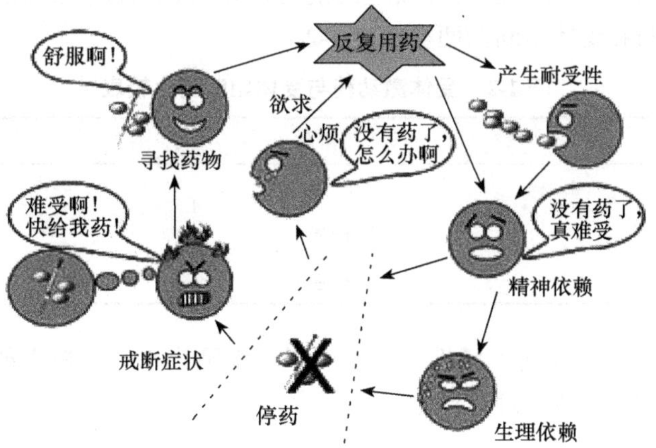

图 1-4　药物依赖性示意图

（1）精神依赖性：指长期使用依赖性药物所产生的一种特殊精神状态，也称为心理依赖性或习惯性。停药后患者有精神上的主观不适，渴望再次用药以获得满足感，如有些人对烟酒的依赖。

（2）生理依赖性：指长期使用依赖性药物造成机体对药物的适应状态，也称身体依赖性或成瘾性。一旦突然停用或减少用量，导致机体已经形成的适应状态发生改变，用药者会相继出现一系列以中枢神经系统反应为主的严重症状和体征，呈现极为痛苦的感受及明显的生理功能紊乱，甚至危及生命，此即药物戒断综合征（戒断症状），如兴奋、失眠、流泪、流涕、出汗、震颤、呕吐、腹泻，甚至虚脱、意识丧失等。如吗啡、哌替啶等长期用药一旦产生成瘾性，用药者为求得药物以减轻痛苦，常不择手段，甚至丧失道德人格走向犯罪，对家庭和社会造成极大危害。

具有依赖性的药物可分为三类。①麻醉药品：阿片类、可卡因类及大麻类等；②精神药品：镇静催眠药、抗焦虑药、中枢兴奋药及致幻剂等；③其他如烟草、酒精等。

（考点：药物不良反应及其主要特点）

练一练：

请 连 线

副作用	大量服用镇静催眠药后引起呼吸、循环衰竭
毒性反应	突然停用普萘洛尔引起心绞痛发作
变态反应	突然停用吗啡后出现戒断症状
停药反应	阿莫西林治疗呼吸道感染引起皮疹、药热
继发反应	应用磺胺药后发生急性溶血
特异质反应	病原体对药物的敏感性降低
耐药性	阿托品治疗胃肠绞痛引起口干、便秘、心悸
成瘾性	使用抗生素后导致“二重感染”

四、药物的作用机制

药物的种类繁多，作用机制也较为复杂。大多数药物的作用是通过与受体结合而呈现。药物与受体结合产生效应，必须具备两个条件：①药物与受体结合的能力，即亲和力。②药物与受体结合后，激活受体产生特异性药理效应的能力，即内在活性。根据药物与受体结合情况，将药物分为受体激动药和受体阻断药两类（表 1-2）。

表 1-2 受体激动药与受体阻断药比较表

分类	亲和力	内在活性
受体激动药	较强	较强
部分受体激动药	较强	较弱
受体阻断药	较强	无

药物的其他机制包括影响酶的活性、参与或干扰细胞代谢、影响生理物质的转运、影响核酸的代谢、影响免疫功能或改变理化环境等。

（考点：受体激动药和受体阻断药的概念）

小结

药物的基本作用包括兴奋作用和抑制作用。药物作用的两重性指防治作用和不良反应。药物不良反应包括副作用、毒性反应、变态反应、特异质反应、继发反应、后遗效应、停药反应、耐受性与耐药性和药物依赖性等。临床用药要充分发挥药物防治作用，尽量减少不良反应的产生。大多数药物通过作用于受体而发挥药理作用，包括受体激动药和受体阻断药。

第 3 节　机体对药物的影响——药动学

药动学是研究机体对药物的处置过程及血药浓度随时间的变化规律的科学。机体对药物的处置过程也称为药物的体内过程，包括药物的吸收、分布、代谢和排泄等过程（图 1-5）。

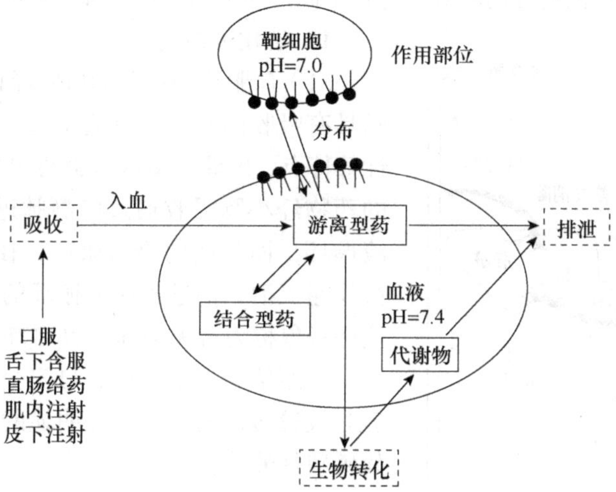

图 1-5　药物体内过程示意图

链　接

趣味地西泮“游历记”（图 1-6）

我是地西泮，是镇静催眠药大家庭中的一员。我的主人近期因工作压力过大，每晚都辗转难眠，不得不求助于我。在主人睡前 30～60 分钟，我进入主人的消化道，并快速进入血液（吸收）。随后，我穿越了旅行的最大障碍——血脑屏障，进入到中枢神经系统（分布），此时我的主人慢慢进入了梦乡。但中枢神经系统并不是我旅行的终点，我还要启程去下一站——肝和肾。在肝脏，我驻足观望并来了个华丽转身（代谢）。最后，我到达了旅行的终点——肾脏，在肾脏只作短暂的停留，便随尿而逝（排泄）。我的旅行结束了，我的主人也从梦中慢慢醒来，新的一天又开始了。

图 1-6　趣味地西泮“游历记”示意图

一、药物的体内过程

（一）药物的吸收

药物的吸收是指药物从给药部位进入血液循环的过程。药物吸收的快慢及多少可影响药物作用的快慢、强弱。不同的给药途径药物吸收过程不同（图 1-7），其影响吸收的因素主要有以下几种。

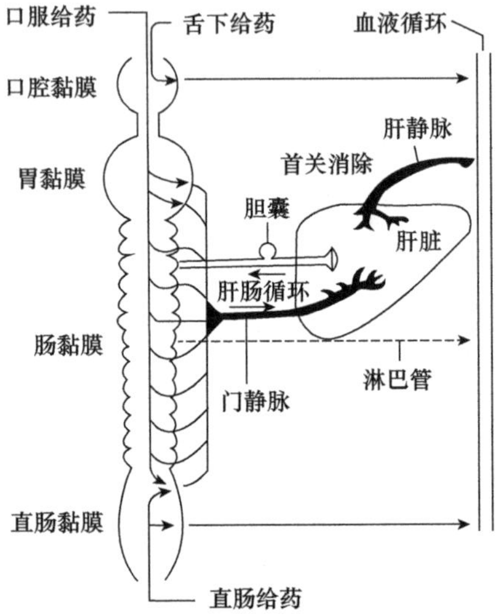

图 1-7　消化道给药的吸收过程及首关消除示意图

1．消化道给药

（1）口服给药：药物口服经食管、胃至小肠，因小肠具有吸收面积大、血流丰富、蠕动缓慢、pH 接近中性等特点，因此大多数口服药物主要经小肠吸收。口服的药物经小肠吸收通过门静脉进入肝脏然后再进入血液循环，而某些药物口服后，在经过肠黏膜和肝脏时被代谢灭活，使进入血液循环的药量减少，药效降低，这种现象称为首关消除，也称首关效应（图 1-7）。

口服给药是最常用、最安全和最便捷的给药途径。但起效较慢，而首关消除明显的药物，不宜口服给药，如硝酸甘油等。

（考点：首关消除对临床用药的影响）

（2）舌下给药：药物通过舌下静脉丛吸收，吸收较迅速，还可避免首关消除，但因舌下吸收面积有限，仅少数脂溶性大的药物采用舌下给药。

（3）直肠给药：经直肠静脉吸收，可避免首关消除。某些刺激性大的药物如水合氯醛常采用此方法给药。

2．注射给药　指用注射器将药液注入人体内的给药方法。常用的注射方法有皮内、皮下、肌内、静脉、动脉、鞘内注射六种（图 1-8）。

皮下、皮内注射或肌内注射给药（图 1-9），药物经毛细血管壁吸收，可避免首关消除及消

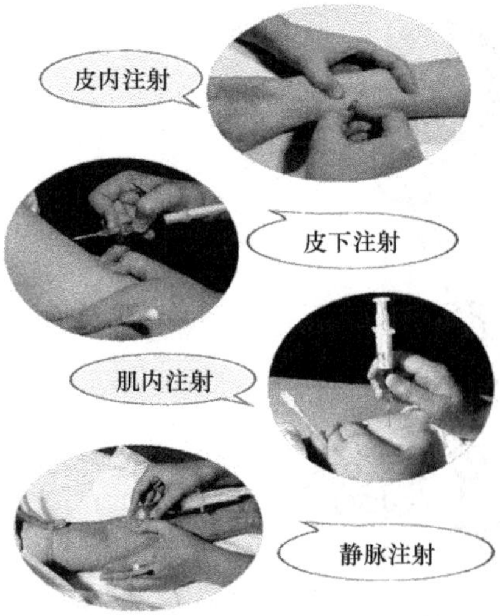

图 1-8　常用的注射给药方法示意图

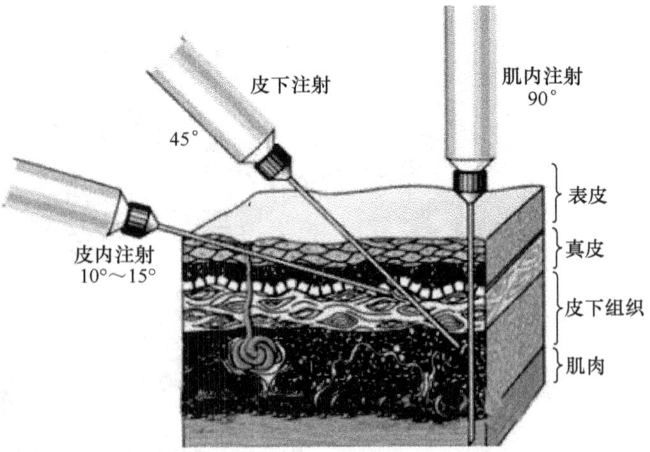

图 1-9　皮下、皮内和肌内注射示意图

化酶对药物的影响，吸收较口服快，但不适用于刺激性大的药物。肌肉组织比皮下组织血流丰富，感觉神经末梢较少，故肌内注射吸收快、疼痛轻，适用于油剂、混悬剂和稍具刺激性的药物。

静脉注射时，药物直接进入血循环，没有吸收过程，作用迅速，但对制剂和操作要求严格，注射时有疼痛感，注射部位有时发生局部不良反应。

3．吸入给药　气体、挥发性药物、微细粉末及药物溶液经喷雾器分散为微粒吸入，经支气管黏膜和肺泡吸收入血，吸收迅速，作用快。例如，平喘药沙丁胺醇、色甘酸钠等。

4．经皮给药　完整皮肤吸收能力差，常发挥药物的局部作用。脂溶性高的药物也可通过皮肤吸收而产生稳定持久的疗效，如硝苯地平贴剂、硝酸甘油贴剂。

5．影响药物吸收的其他因素

（1）药物的理化性质：药物的分子越小、脂溶性越高、解离度越小，越容易吸收。

（2）吸收环境：吸收面积、血液循环情况、局部环境 pH、胃排空速度、肠蠕动快慢等均可影响药物的吸收。

（3）药物的制剂：药物的剂型可影响药物的吸收。例如，片剂的崩解、胶囊剂的溶解等均可影响口服给药的吸收速度；油剂和混悬剂注射液可在给药局部滞留，使药物吸收缓慢而持久。

生物利用度是反映药物制剂被机体吸收速度和程度的重要指标，主要受药物制剂质量和给药途径的影响。不同剂型的药物、同一剂型不同厂家的药物、同一厂家不同批号的药物，其生物利用度有可能不同；相同药物、不同个体，其生物利用度也有差异。因此，在药物治疗时，应考虑生物利用度的差异性，调整用药剂量，以免影响药物治疗效果。其计算公式为

$$\text{生物利用度}=\frac{\text{吸收进入体循环的药量}}{\text{给药剂量}}\times 100\%$$

（二）药物的分布

药物的分布指药物从血液循环到达各组织器官的过程。影响药物分布的主要因素有以下几种。

1．血浆与蛋白结合　药物进入血液循环后能不同程度地与血浆蛋白结合。与血浆蛋白结合的为结合型药物，未被结合的称为游离型药物（图 1-10）。结合型药物分子量大，不易跨膜转运，暂时失去药理活性，同时也不能被代谢或排泄。而只有游离型药物才具有药物活性。

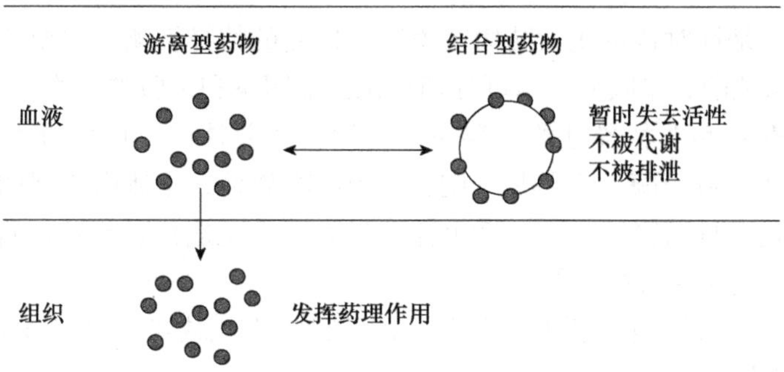

图 1-10　药物与血浆蛋白结合示意图

血浆蛋白结合率指药物吸收入血液后，与血浆蛋白结合的百分率。血浆蛋白结合率高的药物，起效较慢，作用维持时间较长。药物与血浆蛋白的结合是可逆的，结合型药物与游离型药

物以一定比例处于动态平衡，当血浆中游离型药物浓度降低时，结合型药物可转化为游离型，发挥药理作用。

当两种药物联合应用时蛋白结合能力较强的药物分子占领结合部位，使其他药物不能得到充分的结合，以致后者的游离部分增多，药效增强。例如，保泰松与双香豆素竞争血浆蛋白，使后者游离型浓度增高，可导致出血。

（考点：血浆蛋白结合率对临床用药的影响）

2．体液的 pH　生理状态下细胞内液 pH 约为 7.0，细胞外液约为 7.4。弱酸性药物在细胞内浓度低于细胞外液；弱碱性药物在细胞内浓度高于细胞外液。提升血液 pH 可使弱碱性药物向细胞内转移，弱酸性药物向细胞外转移。例如，弱酸性药物巴比妥类中毒时，用碳酸氢钠碱化血液和尿液，可促使巴比妥类药物从脑组织向血液转运，并加速药物从尿排出。

3．药物与组织的亲和力　有些药物与某些组织细胞有特殊的亲和力，使药物在组织中的浓度高于血浆药物浓度，如碘集中在甲状腺，钙沉积于骨骼。

4．器官的血流量　药物由血液向组织器官分布的速度，主要取决于该组织器官的血液量。例如，肝、肾、脑、肺等血流量大的组织器官，药物分布速度快，药量多；而皮肤、脂肪等分布较慢，药量少。

5．体内屏障

（1）血脑屏障：可阻碍许多大分子、水溶性解离型药物通过，只有脂溶性高的药物才能通过血脑屏障进入脑组织。炎症可改变血脑屏障的通透性，如脑膜炎时，血脑屏障对青霉素的通透性增高，使青霉素在脑脊液中达到有效治疗浓度。婴幼儿血脑屏障发育不完善，药物易通过而引起中枢神经系统不良反应，用药应慎重。

（2）胎盘屏障：与一般毛细血管通透性无明显差异，大多数药物可通过胎盘屏障进入胎儿体内，故妊娠期用药应谨慎，禁用对胎儿发育有不良影响的药物。

（三）药物的代谢

药物的代谢指药物在体内发生化学结构的变化，又称生物转化。药物代谢的主要器官是肝脏，其次也包括胃肠道、肺、肾等代谢器官。药物的代谢可改变药物的药理活性或毒性，大多数药物经代谢后药理作用降低或完全消失，少数药物经代谢后产生药理作用或毒性。

1．药物代谢酶　药物代谢需要酶的参与，药物代谢酶分为专一性酶和非专一性酶两大类。

（1）专一性酶：是针对特定化学结构基团进行代谢的特异性酶，主要存在于线粒体、细胞质及血浆中，如胆碱酯酶、单胺氧化酶可分别转化乙酰胆碱和单胺类药物。

（2）非专一性酶：是非特异性酶，存在于肝细胞微粒体内，可促进大多数药物代谢的混合酶系统，又称肝药酶或药酶。主要是细胞色素 P-450 酶系，是体内最强的氧化酶，其特点：①选择性低，能催化多种药物的代谢。②个体差异大，常受遗传、年龄、营养状态、机体状态等影响。③酶活性易受某些药物的影响。

2．药酶的诱导与抑制　某些药物可使药酶的活性增强或减弱，因而影响该药本身及其他经肝药酶代谢药物的作用。

（1）药酶诱导剂：凡能增强药酶活性或增加药酶生成的药物称药酶诱导剂。例如，苯巴比妥有药酶诱导作用，连续用药能加速自身的代谢和其他药物的代谢，使其药效降低。

（考点：药酶诱导剂和药酶抑制剂对用药的影响）

（2）药酶抑制剂：凡能减弱药酶活性或减少药酶生成的药物称为药酶抑制剂。例如，氯霉素有药酶抑制作用，能减慢苯妥英钠的代谢，两药合用可使苯妥英钠的血药浓度升高、药效增强，甚至出现毒性反应。

临床常见的药酶诱导剂和药酶抑制剂及其相互作用见表 1-3。

表 1-3　药酶诱导剂和药酶抑制剂及其相互作用

药物种类		受影响的药物
药酶诱导剂	苯巴比妥	苯妥英钠、香豆素类、氯霉素、氯丙嗪、可的松、地高辛、多柔比星、口服避孕药、甲苯磺丁脲
	灰黄霉素	华法林
	苯妥英钠	可的松、甲苯磺丁脲、口服避孕药
	利福平	香豆素类、甲苯磺丁脲、口服避孕药
药酶抑制剂	氯霉素	苯妥英钠、香豆素类、甲苯磺丁脲
	甲硝唑	乙醇、华法林
	阿司匹林	华法林、甲苯磺丁脲
	异烟肼	华法林

（四）药物的排泄

药物的排泄指药物的原形或其代谢物排出体外的过程。肾脏是排泄药物的主要器官，其次，胆道、肠道、呼吸道、乳腺、汗腺等也可排泄某些药物。

1．肾排泄　肾脏排泄药物的主要方式是肾小球滤过和肾小管分泌。经肾小球滤过进入肾小管的药物，可不同程度被肾小管重吸收，重吸收越多，排泄越慢（图 1-11）。重吸收的程度与药物的脂溶性、解离度、尿量、尿液 pH 有关。尿液 pH 可影响药物的解离度，从而影响肾排泄药物（表 1-4）。临床可通过改变尿液 pH 加速药物的排泄，以治疗药物中毒。例如，苯巴比妥中毒时，可用碳酸氢钠碱化尿液加速药物的排泄。

表 1-4　尿液 pH 对肾排泄药物的影响

尿液 pH	药物	排泄情况
碱性尿液	弱酸性药	解离多、重吸收少、排泄快
	弱碱性药	解离少、重吸收多、排泄慢
酸性尿液	弱酸性药	解离少、重吸收多、排泄慢
	弱碱性药	解离多、重吸收少、排泄快

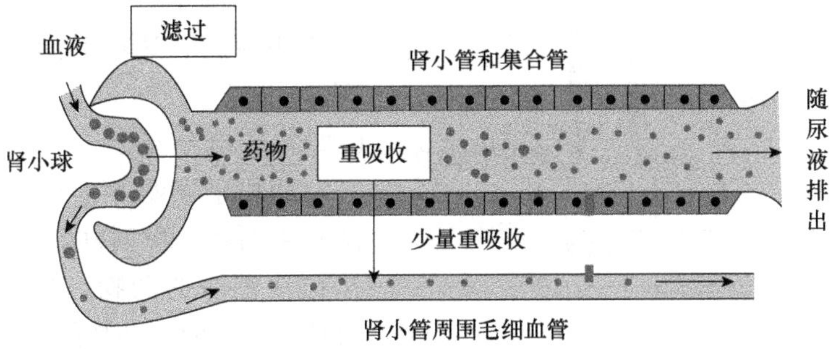

图 1-11　药物肾脏排泄示意图

2．胆汁排泄　某些药物随胆汁进入肠道，由粪便排出。有的药物随胆汁排入小肠，在肠道内又被重新吸收进入血液循环，形成肠肝循环，使药物作用时间延长。

3．乳汁排泄　乳汁 pH 略低于血浆，弱碱性药物（如吗啡、阿托品等）易由乳汁排泄而影响乳儿，故哺乳期妇女用药应慎重。

（考点：肝、肾功能不全时，对药物的体内过程有何影响？如何调整药物的剂量及给药间隔时间？）

二、药物的消除与蓄积

（一）药物的消除

消除是指药物在体内经过生物转化和排泄，血药浓度逐渐降低的过程。药物消除的主要方式有恒比消除和恒量消除。

1．恒比消除　指单位时间内药物按恒定比例消除，又称一级动力学消除。药物的消除速率与血药浓度的高低成正比关系。血药浓度高，单位时间内药物消除多；血药浓度下降后，药物消除的量也减少。大多数药物按此方式消除。

2．恒量消除　指单位时间内药物按恒定数量消除，又称零级动力学消除。药物的消除速率与血药浓度的高低无关。多数药物当用药量过大、血药浓度超过恒比消除能力极限时，以恒量方式进行消除，当血药浓度下降到较低浓度后则转为恒比消除。

（二）药物的蓄积

蓄积是指由于反复多次给药，体内药物不能及时消除，血药浓度逐渐升高的现象。临床用药时，可利用药物的蓄积使血药浓度达到有效水平，以获得有效的治疗效果。但药物在体内蓄积过多，血药浓度过高，则会引起药物的蓄积中毒。

三、血浆药物浓度的动态变化

（一）药物时-量关系和时-效关系

药物在吸收、分布、生物转化和排泄的过程中，始终伴随着血药浓度随着时间变化而变化。血浆药物浓度随时间变化的动态过程为时-量关系。药物作用强度随时间变化的动态过程为时-效关系。药-时曲线反映药物吸收、分布与消除之间相互消长的关系（图 1-12）。曲线的升段表明吸收速度大于消除速度；曲线峰值表示分布过程达到动态平衡浓度，表明吸收速度等于消除速度；曲线降段表明消除速度大于吸收速度。治疗范围介于最小有效浓度（MEC）和最小中毒浓度（MTC）之间。从图中可知药物作用的潜伏期、开始作用时间、达峰时间、持续期、治疗范围等。

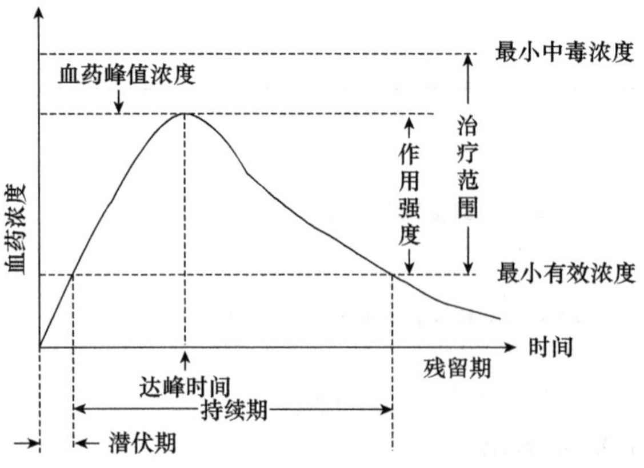

图 1-12　血药浓度与时间曲线示意图

（二）药物半衰期

药物半衰期（$t_{1/2}$），指血浆药物浓度下降一半所需要的时间，通常指血浆半衰期。按恒比消除的药物，其 $t_{1/2}$ 是恒定的。肝、肾功能不良时，药物的 $t_{1/2}$ 延长。

半衰期的意义：①药物分类的依据之

一，根据药物的 $t_{1/2}$ 可将药物分为短效类、中效类和长效类。②作为确定给药间隔时间和给药次数的重要参考；临床用药一般以一个 $t_{1/2}$ 为给药间隔时间；$t_{1/2}$ 长，给药间隔时间长，给药次数少；反之，给药间隔时间短，给药次数多。③预测药物基本消除的时间。停药 5 个 $t_{1/2}$，药物消除 95% 以上，即可认为药物基本消除（表 1-5）。

表 1-5　药物按半衰期给药的消除量和蓄积量关系表

半衰期数	一次给药		反复给药后体内蓄积药量（%）
	消除药量（%）	体内残存药量（%）	
1	50.0	50	50.0
2	75.0	25	75.0
3	87.5	12.5	87.5
4	93.8	6.2	93.8
5	96.9	3.1	96.9
6	98.4	1.6	98.4
7	99.2	0.8	99.2
8	99.6	0.4	99.6

（三）稳态血药浓度

以 $t_{1/2}$ 为间隔，反复恒量给药，经过 4～5 个 $t_{1/2}$，血药浓度可达到稳定水平，称为稳态血药浓度（C_{ss}）。此时药物吸收量与消除量达到平衡（图 1-13）。

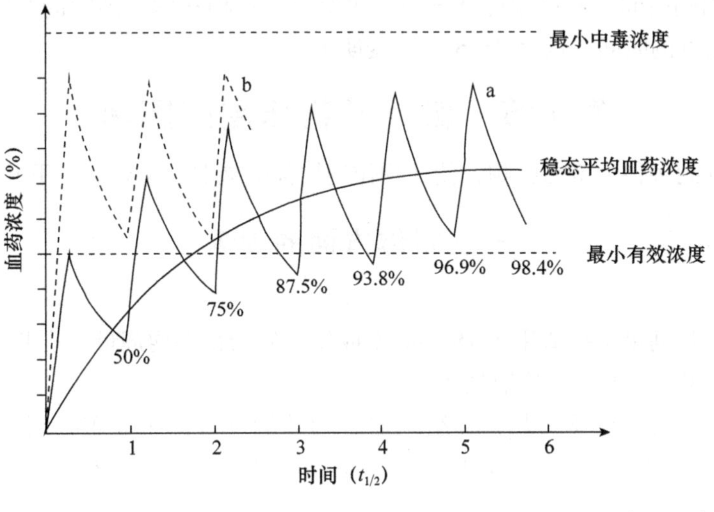

图 1-13　多剂量（a）和首剂加倍（b）给药的血药浓度时间曲线示意图

1．稳态血药浓度的特点

（1）单位时间内给药总量不变时，延长或缩短给药间隔，并不影响达到稳态血药浓度的时间。

（2）静脉恒速滴注可维持稳态血药浓度而无明显的上下波动。分次肌内注射或口服给药可使稳态浓度上下波动，而且，给药间隔时间越长，上下波动越大。

（3）稳态血药浓度的高低取决于恒量给药时连续给药的剂量。剂量大则稳态血药浓度高，剂量小则稳态血药浓度低。

2．稳态血药浓度的意义

（1）调整给药剂量的依据：当治疗效果不满意或发生不良反应时，可通过测定稳态血药浓度对给药剂量加以调整。

（2）确定负荷剂量的依据：病情危重需要立即达到有效血药浓度时应给负荷量，即首次剂量就能达到稳态血药浓度的剂量。当每隔一个半衰期给药一次时，可采用首次加倍剂量给药；当静脉滴注时可采用第一个半衰期滴注剂量的 1.44 倍静脉注射给药。

（3）制订理想给药方案的依据：理想的维持剂量应使稳态血药浓度维持在最小中毒浓度与最小有效浓度之间，即最高稳态血药浓度不超过最小中毒浓度，最低稳态血药浓度不低于最小有效浓度。因此，除治疗指数太小及半衰期特长或特短的药物外，快速、有效、安全的给药方法是每隔一个半衰期给半个有效剂量，并把首次剂量加倍。

（考点：药物的消除、半衰期、稳态血药浓度的概念及意义）

小结

药物的体内过程包括吸收、分布、代谢和排泄 4 个过程。药物从给药部位吸收进入血液（吸收），随着血液循环分布到组织脏器发挥药理作用（分布），然后经过代谢和排泄排出体外，随之血药浓度也呈现动态的变化过程。药物吸收血药浓度逐渐增高，而分布、代谢和排泄血药浓度逐渐下降，可用时量曲线和时效曲线表示。药物血浆半衰期是表示药物消除快慢的重要指标，可作为给药间隔时间，并可据此计算出一次给药后药物从体内消除的时间和连续多次给药后药物达到稳态浓度的时间（均为 4～5 个半衰期）。

第 4 节　影响药物作用的因素

药物的作用受到多种因素的影响，使药物作用增强或减弱。主要有以下几方面。

一、机体方面的因素

（一）年龄

一般所说的药物剂量是指适用于 18～60 岁成年人的药物平均剂量。小儿和老年人由于生理特点不同，对药物的反应与成年人有所不同。

1．小儿　儿童尤其是婴幼儿，各组织器官的功能发育尚未完善，对药物的代谢和排泄能力较差，易产生不良反应，用药量应减少。通常小儿用药剂量可按体重、年龄或体表面积计算。

（1）按体重计算：是最常用的方法。小儿体重可称量或用公式估算，其公式为：

1～6 月龄体重（kg）＝出生体重（kg）＋月龄（足月）×0.7（kg）

7～12 月龄体重（kg）＝6（kg）＋月龄（足月）×0.25（kg）

1～14 岁体重（kg）＝年龄（周岁）×2＋8（kg）

儿童用药剂量＝儿童体重 × 成人剂量 /60（成人平均体重千克）

每日或每次剂量＝体重（kg）× 每日（次）每千克体重所需药量

（2）按年龄计算：按成人剂量折算（表 1-6），较为方便，但不够准确。

（3）按体表面积计算：较为精确，但计算繁杂，应用不广。

表 1-6　老幼剂量折算表

年龄	剂量	年龄	剂量
初生至 1 个月	成人剂量的 1/18～1/14	6～9 岁	成人剂量的 2/5～1/2
1～6 个月	成人剂量的 1/14～1/7	9～14 岁	成人剂量的 1/2～2/3
6 个月～1 岁	成人剂量的 1/7～1/5	14～18 岁	成人剂量的 2/3～全量
1～2 岁	成人剂量的 1/5～1/4	18～60 岁	全量～成人剂量的 3/4
2～4 岁	成人剂量的 1/4～1/3	60 岁以上	成人剂量的 3/4
4～6 岁	成人剂量的 1/3～2/5		

注：本表仅供参考，使用时可根据患者体质、病情及药物性质等因素斟酌决定。

2．老年人　老年人由于器官功能减退，药物吸收和消除能力均下降，各种药物的半衰期都有不同程度的延长，因此老年人用药剂量要适当减少，一般为成人剂量的 3/4。此外，老年人的记忆力减退，用药依从性较差，服用多种药物时，应仔细交代服药方法，防止因误服、漏服影响疗效或产生毒性反应。

（二）性别

性别对药物的反应无明显差异，但妇女有月经、妊娠、分娩和哺乳等生理特点，对药物的反应较一般情况有所不同，用药时应适当考虑。如用药不当，可导致严重不良反应（表 1-7）。

表 1-7　部分药物对女性生理期的影响

生理期	不宜应用的药物	可能造成的不良后果
月经期	泻药	盆腔充血导致月经过多
	抗凝血药	影响血液凝固使经期延长
妊娠期	地西泮、苯妥英钠、抗肿瘤药	致胎儿畸形
	泻药（硫酸镁等）	兴奋子宫导致流产或早产
分娩期	吗啡	新生儿呼吸抑制
	麦角新碱	子宫出现强直性收缩，胎儿窒息
哺乳期	吗啡	通过乳汁排泄，引起乳儿呼吸抑制
	氯霉素	灰婴综合征

（三）个体差异

在年龄、性别、体重等基本条件相同的情况下，多数人对药物的反应是相似的，但有时也存在差异，这种因人而异对药物的反应差异称为个体差异。个体差异可表现为量的区别，也可有质的不同。少数人对某些药物特别敏感，应用较小剂量即可产生较强的作用，称为高敏性；少数人由于遗传因素对药物敏感性低，必须使用较大剂量才能产生治疗作用，称为先天耐受性。

（四）病理因素

病理状态可改变机体对药物的敏感性，如阿司匹林可使发热患者的体温下降，而对体温正常者无影响。当肝、肾功能不全时，药物代谢、排泄速度减慢时，血药浓度增高，应用某些药物会产生严重的不良反应。因此，用药前要详细了解患者病史及病理状态，严密观察病情变化及药物治疗效果。

（五）心理因素

药物疗效除了受生物等因素影响外，还与心理因素密切相关。患者的情绪、患者对医护人员的信赖程度及医护人员的言语、表情、态度、暗示及工作经验等在一定程度上均会影响药物疗效。例如，安慰剂用于治疗偏头痛、高血压、神经官能症等疾病，可获得意想不到的效果。

链 接

安 慰 剂

安慰剂是无药理活性的伪药剂，外观和口味与真实药物相同。一些患者服用安慰剂后病情得到缓解，这种现象称为“安慰剂效应”。任何治疗都有安慰剂效应，如患者对医护人员及药物信任度高，安慰剂效应就明显；如患者对医护人员缺乏信任，对治疗失去信心，则影响其疗效，甚至出现不良反应。因此，医护人员应充分利用“安慰剂效应”，增强药物治疗效果。并且，在评价新药的疗效价值时，也要采用双盲法评估药物的“安慰剂效应”。

（六）饮食因素

“药食同源”指有些食物兼有药物的作用。例如，动物肝脏因含有维生素A和维生素B_{12}，所以能够治疗夜盲症和贫血；麦麸中含有丰富的维生素B_1，能够治疗脚气病；同样，海藻因含碘，能治疗甲状腺肿；芹菜、大枣等因富含维生素P和维生素C，对高血压和冠状动脉粥样硬化能起到预防和治疗作用；山楂含有大量的维生素C和柠檬酸，能消食开胃等。

有些食物会增强药效，降低药物的毒性，消除不良反应。例如，食用含钾丰富的土豆、冬瓜、西瓜、葡萄、橘子等可防止长期服用利尿药引起的低血钾。有些食物会影响药物的吸收、分布、代谢和排泄，破坏药物的理化结构，增加药物的不良作用。头孢菌素、氨苄西林、苯巴比妥、溴丙胺太林、地高辛、呋塞米、四环素、利福平、左旋多巴、异烟肼等药物，因易受食物影响而减少或延缓体内吸收，宜饭前服。抗抑郁药、异烟肼、呋喃唑酮等药物，不宜与乳酪、鸡肝、扁豆和香蕉等食物同服，否则会出现面部潮红、脑血管病变等不良反应。

二、药物方面的因素

（一）药物制剂和给药途径

不同的剂型采用不同的给药途径通常作用相似，但药物作用的快慢、强弱和维持时间的长短有所不同。一般情况下，不同给药途径药物显效的速度由快到慢依次是静脉注射＞吸入＞肌内注射＞皮下注射＞舌下及直肠＞口服＞黏膜＞皮肤（图1-14）。有些药物给药途径不同，可产生不同的作用，如硫酸镁口服有导泻和利胆作用，注射有抗惊厥和降压作用，外用可消炎消肿。临床用药应根据病情、药物及制剂特点选择给药途径。

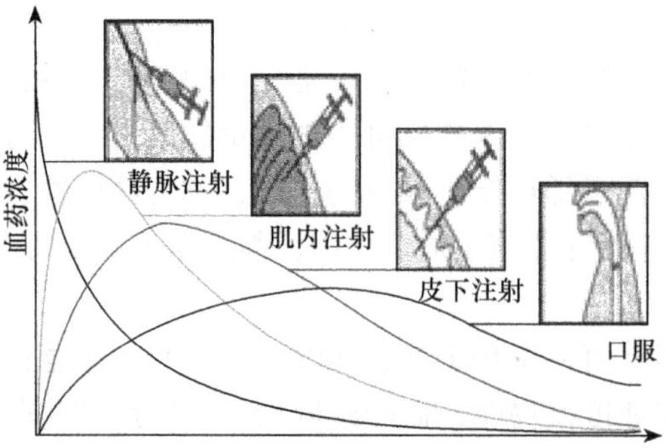

图1-14 不同给药途径血药浓度变化示意图

（二）药物剂量

药物剂量是指临床用药的分量。药物要有一定的剂量被机体吸收后，才能达到一定的药物浓度，只有达到一定的药物浓度才能出现药物作用。如果剂量过小，在体内不能获得有效浓度，药物就不能发挥其有效作用。但是如果剂量过大，超过一定限度，药物的作用可出现质的变化，对机体可能产生不同程度的毒性。剂量是影响药物作用的主要因素。在一定剂量范围内，剂量越大，作用越强。但超过一定范围，随着剂量增加，血药浓度不断提高，超过安全范围后，会导致药物中毒甚至引起死亡。因此，在临床用药时，要严格掌握用药剂量，充分发挥其防治作用，防止毒性反应的发生。通常以药物效应为纵坐标，血药剂量为横坐标，形成剂量 - 效应关系示意图（图 1-15）。

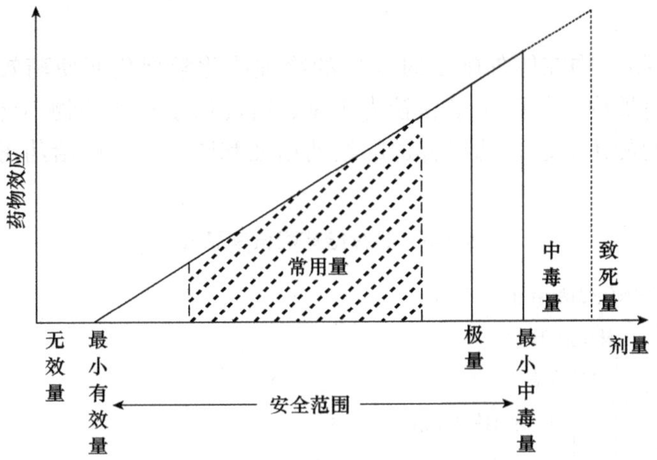

图 1-15　剂量 - 效应关系示意图

当用药剂量过小，在体内不能达到有效浓度，未能呈现药理作用的剂量称为“无效量”。随着用药剂量的逐渐增加，开始出现治疗作用的最小剂量称为“最小有效量”。当用药剂量继续加大，直至出现最大治疗作用，但尚未引起毒性反应的剂量称为“最大治疗量”，又称“极量”。从最小有效量到极量之间的剂量范围称为“治疗量”。超过极量，引起毒性反应的最小剂量称为“最小中毒量”。能引起死亡的剂量称为“致死量”。在临床用药时，为了使药物疗效可靠且用药安全，常采用比最小有效量大些，比极量小些的剂量范围称为“常用量”。

目前评价药物安全性的主要指标有以下几种。

1. 安全范围　指最小有效量与最小中毒量之间的范围。安全范围越大，药物毒性越小，用药越安全。

2. 治疗指数　指半数致死量（LD_{50}）与半数有效量（ED_{50}）的比值。半数致死量是指能使半数实验动物死亡的剂量；半数有效量是指能使半数实验动物出现疗效的剂量。治疗指数越大，药物的安全性越高；治疗指数越小，药物的安全性越低。

（三）给药时间和次数

给药时间不同有时也可影响药物疗效，临床用药时，应根据具体药物特点、病情需要及人体周期规律而定。例如，镇静催眠药应在睡前服用、利福平空腹使用疗效更好、阿司匹林等对胃有刺激的药物在饭后服以减轻消化道反应。给药次数和疗程对于维持稳定血药浓度和疗效也很重要，需根据药物的 $t_{1/2}$ 及病情等综合考虑确定。

人体的生理功能活动表现为昼夜节律性变化，机体在昼夜 24 小时内的不同时间，对某些药物的敏感性不同。顺应人体生物节律性变化给药，能更好地发挥药物疗效，减少不良反应。例如，糖皮质激素的分泌高峰在上午8时左右，然后逐渐降低，零时达低谷。临床需长期应用糖皮质激素类药物时，可依据其昼夜节律性在上午8时一次性给药，既能达到治疗效果，又可减少对肾上腺皮质的负反馈抑制，防止肾上腺皮质功能不全的发生。

（四）联合用药与药物的相互作用

两种或两种以上的药物合用或先后序贯应用，称为联合用药或配伍用药。联合用药的目的是为了提高疗效，减少不良反应，防止耐受性或耐药性的发生。联合用药引起的药物作用与效应的变化称为药物的相互作用。药物的相互作用可使药效加强，也可使药效降低或不良反应加重。

1. 配伍禁忌　指药物在体外配伍时发生的物理或化学变化而使药效降低，甚至产生毒性。静脉输液或注射器内药物配伍禁忌较为多见，有配伍禁忌的药物不能配伍使用。临床用药要注意避免药物的配伍禁忌，选择合适的给药途径和顺序，静脉给药可查询配伍禁忌表见表1-8。

表1-8　静脉给药配伍禁忌表

输液	1	1 0.9%氯化钠溶液pH 4.5～7														
输液	2	–	2 林格液pH 4.5～7													
输液	3	–	–	3葡萄糖溶液（5%、10%）pH 3.5～5.5												
输液	4	–	–	–	4 葡萄糖氯化钠溶液pH 3.5～5.5											
抗生素	5	–	–	–	–	5 青霉素钠（10万U/ml）pH 5.0～7.0										
抗生素	6	±	±	○	±	●	6 乳糖酸红霉素（50mg/ml）pH 6.0～7.5※									
抗生素	7	–	○	–	–	●	●	7 盐酸四环素（50mg/ml）pH 2.0～2.8								
抗生素	8	–	–	–	–	○	○	●	8氯霉素（0.2%）pH 5.4～7.5※							
盐类	9	–		○	–	●	●	+	±	9 磷酸氢钠（5%）pH 8.2～8.3						
心血管药	10	–	–	–	–	–	±	±	±	–	10 多巴胺（10mg/ml）pH 4.4～5.4					
心血管药	11	○	○	○	○	○	±	±	±	○	○	11 硝普钠（2.5mg/ml）pH 5.0～7.0				
呼吸系统药	12	–	–	–	–	○	●	+	±	–	–	○	12 氨茶碱（2.5%）pH 8.6～9.3			
中枢兴奋药	13	–	–	–	–	–	–	±	±	–	–	○	–	13尼可刹米（25%）pH 5.5～7.0		
中枢抑制药	14	–	–	–	–	±	±	±	±	±	±	±	±	±	14 地西泮（0.2mg/ml）pH 5.5～7.2※	
利尿药	15	–	–	–	–	–	+	▲	±	–	–	○	–	–	±	15 呋塞米（10mg/ml）pH 8.7～9.3
		1	2	3	4	5	6	7	8	9	10	11	12	13	14	15

说明：
1. “–”示配伍后溶液澄明，无外观变化，可配伍。
2. “+”示有混浊、沉淀或变色，不能配伍。
3. “±”示浓溶液配伍后混浊或沉淀，若将其中一种药先在输液中稀释，再加另一种药物可澄明。
4. “○”示配伍后药液效价降低，但外观无变化，不能配伍。
5. “●”示配伍时药液效价降低，并有混浊、沉淀或变色，不能配伍。
6. “▲”示毒性增加，并有混浊，沉淀或变色，不能配伍。
7. “※”示①红霉素先稀释（如注射用水）后再与其他药配伍；②氯霉素、地西泮注射液应先稀释，否则析出沉淀。

2. 药效学方面的相互作用

（1）协同作用：指联合用药后使药物作用增强的作用。例如，吗啡与阿托品合用治疗胆绞痛，吗啡有镇痛作用，阿托品可解除胆道痉挛。

（2）拮抗作用：指联合用药后使药物作用减弱的作用。例如，毛果芸香碱与阿托品，前者激动M受体，后者阻断M受体。拮抗作用也用于减少不良反应或解救药物中毒。

（考点：协同作用、拮抗作用、配伍禁忌的概念）

3. 药动学方面的相互作用　联合用药时，一种药物影响另一种药物的吸收、分布、代谢和排泄，从而使另一种药物的作用发生变化。例如，维生素C与铁剂同时服用可增加铁剂的吸收，四环素与铁剂同时服用可减少铁剂的吸收。碱化尿液既可促进弱酸性药物的排泄，碱化尿液也可增强氨基糖苷类抗生素在泌尿系统的抗菌效果。

小结

药物的作用受到多种因素的影响，除受药物体内过程的影响外，还包括机体方面和药物方面的因素。机体方面的因素有年龄、性别、个体差异、病理状态、心理精神因素等，而药物方面的因素有药物剂型、给药途径、给药剂量、给药时间次数、联合用药、配伍禁忌等。临床用药时，要充分考虑这些因素对药物作用的影响，使药物发挥最大的疗效，尽量避免或减少不良反应的出现。

第5节　用药护理相关知识

一、药品的名称

1. 通用名　是由国家药典委员会按照《药品通用名称命名原则》制定的法定名称。具有强制性和约束性。凡上市流通的药品标签、说明书或包装上必须要用通用名称，如普萘洛尔。

2. 别名　有些药品还有习惯上的称谓，称为别名。例如，对乙酰氨基酚又称扑热息痛，苯妥英钠又称大仑丁。

3. 商品名　是药品生产企业或药品研发公司为了保护知识产权而注册的专属名称。在一个通用名下，由于生产厂家的不同，可有多个商品名称。临床用药时要注意核对通用名和商品名，防止重复用药。例如，普萘洛尔的商品名为心得安，多潘立酮的商品名为吗丁啉。

4. 化学名　是依据药物的化学组成按公认的命名法命名。例如，单硝酸异山梨酯的化学名为1，4∶3，6-二脱水-D-山梨醇-5-单硝酸酯。化学名因过于烦琐，现临床很少采用。

二、药 物 剂 型

药物剂型是指根据药物特性和临床用药需要制成的药物制剂。常用药物剂型：①固体及半固体制剂，主要有片剂、散剂、胶囊剂、栓剂、丸剂、软膏剂等。②液体剂型，主要有溶液剂、注射剂、混悬剂、糖浆剂、酊剂、合剂、滴眼剂等。

不同剂型的药物用药有其特殊要求，如口服片剂、胶囊剂、颗粒剂等，一定要用适量水送服，不要干吞，否则黏附在食管壁上可引起刺激。喷雾剂使用时一定按说明书要求放准位置，手压喷雾钮与吸气同步，否则药物达不到治疗效果。肠溶片、肠溶胶囊、控释片、缓释片，不能掰开或嚼碎服用，否则会影响药物治疗效果。

链　接

缓释制剂和控释制剂

缓释制剂是指用药后能在较长时间内持续释放药物，以达到长效作用的制剂。而控释制剂是指药物能在预定的时间内自动以预定的速度释放，使血药浓度长时间恒定维持在有效浓度范围之内的制剂。这两种制剂可减少服药次数，提高患者服药的依从性，并且能维持平稳的有效血药浓度，有利于提高药物使用的安全性，减少药物的不良反应。例如，布洛芬缓释胶囊（芬必得）、硝苯地平缓释片、盐酸地尔硫䓬控释片。

三、药品的分类与特殊管理药品

（一）国家基本药物

国家基本药物是适应基本医疗卫生需求，剂型适宜，价格合理，能够保障供应，公众可公平获得的药品。国家基本药物目录是各级医疗卫生机构配备使用药品的依据。基本药物具有疗效好、不良反应小、质量稳定、价格合理、使用方便等特点。我国自 1992 年起结合医疗保险制度的改革，开展制定国家基本药物的工作。随着药物的发展和防病治病的需要，基本药物目录每三年调整一次。未被列入基本药物的药品不属于医疗保险支付范围。

（二）处方药与非处方药

1．处方药（POM） 指必须凭执业医师或执业助理医师的处方才可调配、购买和使用的药品。处方药不得在大众媒体进行宣传。

2．非处方药（OTC） 指经国家药品监督管理部门批准，不需要凭执业医师或执业助理医师的处方，消费者可自行购买和使用的药品。非处方药具有使用安全、质量稳定、疗效确切、标签说明通俗易懂、应用方便等特点。非处方药根据药物的安全性又分为甲类和乙类，分别有特殊的非处方药标识（图 1-16）。甲类非处方药可由执业药师指导使用；乙类非处方药可由消费者自行判断、购买使用。非处方药的安全性是相对的，长期过量应用也会产生不良反应，应严格按说明书使用，遇有问题及时向医务人员咨询或到医院就诊。

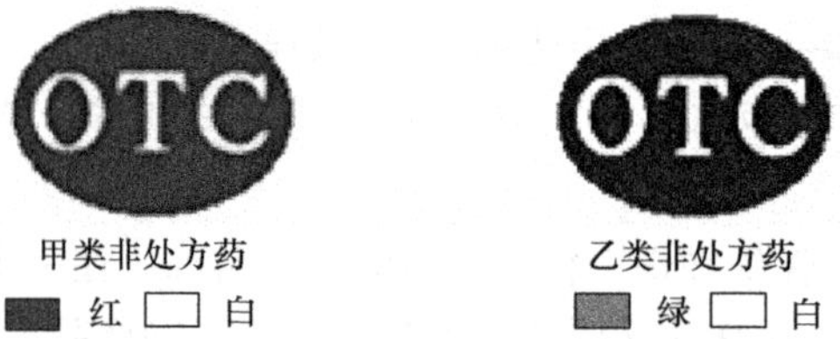

图 1-16　甲类和乙类非处方药标识示意图

（三）特殊管理药品

根据《中华人民共和国药品管理法》规定，对于麻醉药品、精神药品、毒性药品、放射性药品实行严格的特殊管理。特殊管理药品在药品包装和说明书中均有特殊标志（图 1-17）。这些药品合

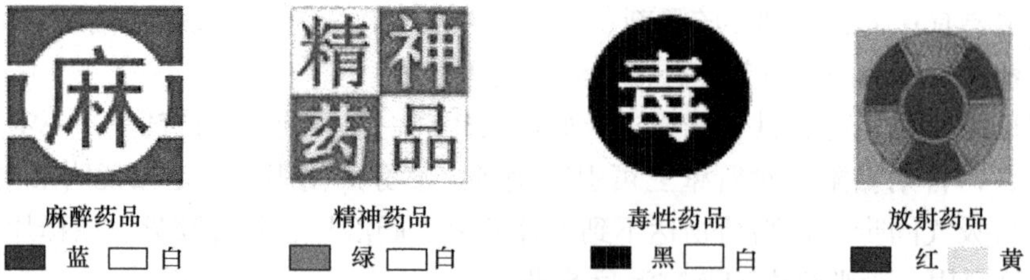

图 1-17　特殊管理药品标识示意图

理使用是医疗必需品，能解除患者病痛，如使用不当或滥用会影响到公众身心健康和生命安全。

1. 麻醉药品　指连续应用后易产生身体依赖性的药物。包括阿片类、可卡因类和大麻类等。临床上对此类药品实行“五专”管理（专人负责、专柜加锁、专用账册、专用处方、专册登记），从领取到应用都应遵守严格的程序。每张处方注射剂不得超过1次常用量，片剂、酊剂、糖浆剂等不超过3日常用量，连续使用不得超过7天。处方须至少保存3年。

2. 精神药品　指直接作用于中枢神经系统，产生兴奋或抑制作用，连续使用后可产生精神依赖性的药物。根据依赖的程度和危害，分为两类：一类精神药品和二类精神药品。一类精神药品比二类精神药品更易产生依赖性。一类精神药品如安钠咖、复方樟脑酊、三唑仑、咖啡因、司可巴比妥等；二类精神药品如地西泮、苯巴比妥等。一类精神药品处方开具规定同麻醉药品；二类精神药品处方一般不得超过7日用量。处方至少保存2年。

3. 毒性药品　指毒性强烈、治疗剂量与中毒剂量相近，使用不当会导致中毒或死亡的药物，如强心苷类、阿托品等。处方每次不得超过2日极量。处方保存2年。

4. 放射性药品　指含有放射性元素的一类特殊药品，可释放射线供医学诊断或治疗使用，如放射性碘等。

链　接

药品与毒品

毒品和药品有着错综复杂的关系：①合理用于医疗、为患者解除病痛的就是药品；反之，滥用的就是毒品。麻醉性镇痛药与部分精神药品就属此种情况，如吗啡、阿片、哌替啶、可卡因、二氢埃托啡等。②药品是出于医疗的需要，具有医疗价值；而毒品本身不具有药用价值，不是出于医疗目的而生产或使用。如海洛因、大麻、冰毒及摇头丸等，它们在临床上不具有任何药用价值，仅有毒品单一的属性。③药品和毒品具有双重属性，法律规定范围之内的就是药品，违背法律规定生产、使用的药品就是毒品。

四、药品的标识

（一）药品的批准文号、批号和有效期

1. 批准文号　供医疗使用的药品必须要有国家药品行政管理部门批准生产的文号，这是药品生产、上市、使用的依据。统一格式为“国药准字+1位字母+8位数字”。1位字母：化学药品为“H”，中药为“Z”，保健药品为“B”，生物制品为“S”，进口分装药品为“J”，药品辅料为“F”，体外化学诊断试剂为“T”等。8位数字：第1、2位代表批准文号的来源，第3、4位表示批准某药生产的公元年号的后两位数字，第5、6、7、8位数字为顺序号。

2. 批号　表示药品生产日期的一种编号，也是表示这批药品是同一次投料，同一生产工艺所生产的产品。通常以生产日期表示，国内多采用6位数表示，前2位表示年份，中间2位表示月份，最后2位表示日期，如141009表示2014年10月9日生产。如141009-2，后面“-2”一般表示厂内当日第2批产品。

3. 有效期　指药品在规定的贮藏条件下可保证药品安全有效使用的期限，其表示方法有3种。①直接标明有效期：以有效月份最后1天为到期日。例如，某药的有效期为2019年9月，表明该药在2019年9月30日前使用均有效。②直接标明失效期：进口药品一般多采用失效期，用Exp. Date或Use before来表示。例如，标明Exp. Date: May. 2017，表示该药失效期为2017

年 5 月，即有效使用时间为 2017 年 4 月 30 日。③标明有效年限：标明有效期几年，需配合生产批号才能判断有效期的具体时间。例如，某药品批号为 170514，有效期为 3 年。由批号可知该药为 2017 年 5 月 14 日生产，有效期 3 年，表明该药可使用到 2020 年 5 月 13 日为止。

图 1-18　药品说明书示意图

（二）药品说明书

药品说明书是载明药品重要信息的法定文件，是选用药品的法定指南。新药审批后的说明书，不得自行修改。药品说明书的内容应包括药品的名称、成分、性状、适应证、规格、用法用量、不良反应、禁忌、注意事项、药物相互作用、药理毒理、储存条件、批准文号、产品批号、有效期、生产企业等（图 1-18）。药品说明书能提供用药信息，是医务人员、患者了解药品的重要途径。说明书的规范程度与医疗质量密切相关。

五、处方与医嘱

（一）处方

处方是医师根据患者的病情需要开写给药房要求配方和发药的书面文件，并作为患者用药凭证的医疗文书。处方直接关系到患者健康，所以必须严肃、认真地开写处方和调配处方，以确保患者用药安全有效。处方还具有法律意义，一旦出现用药差错事故，处方可作为法律凭证，追究法律责任。

1．处方内容

（1）前记：包括医疗机构名称、患者姓名、性别、年龄、门诊号或住院病历号，科别或病区和床位号、临床诊断、开具日期等。麻醉药品和第一类精神药品处方还应当包括患者身份证号、代办人姓名及其身份证号。

（2）正文：以 Rp 或 R（拉丁文 Recipe“请取”的缩写）标示。在正文中，药物的剂型、名称、规格、数量须一行写完，用法（Sig）另起一行，应包括每次用量、给药次数、给药途径等。处方通式：

Rp（浓度）药名　剂型　单位剂量 × 总需要数（片、支等）

Sig　每次用量　每日次数　给药途径　给药时间

（3）后记：医师签名或者加盖专用签章，药品金额及审核、调配，核对、发药药师签名或者加盖专用签章。

2．处方颜色

（1）普通处方印刷用纸为白色。

（2）急诊处方印刷用纸为淡黄色，右上角标注“急诊”。

（3）儿科处方印刷用纸为淡绿色，右上角标注“儿科”。

（4）麻醉药品和第一类精神药品处方印刷用纸为淡红色，右上角标注“麻、精一”。

（5）第二类精神药品处方印刷用纸为白色，右上角标注“精二”。

3．处方的开写规则

（1）处方必须在专用处方笺上用钢笔或水性笔书写，亦可用打字机打印。要求字迹清晰、内容完整、剂量准确，不能涂改。如有涂改，医师必须在涂改处签名，以示负责。药品名称应以《中国药典》规定的通用名（中文或英文）书写。

（2）处方中每一药占一行，开写药物较多时，应按药物作用的主次顺序书写。

（3）处方中药物剂量与数量一律用阿拉伯数字表示，并采用药典规定的法定计量单位。固体或半固体药物以克（g）、毫克（mg）、微克（μg）、纳克（ng）为单位；液体药物以升（L）或毫升（ml）为单位；少数药物以国际单位（IU）或单位（U）表示。药物浓度一般采用百分浓度。

（4）每张处方开写的药物总量，一般以3日为宜，7日为限，慢性病或特殊情况可适当放宽。门（急）诊患者开具的麻醉药品、第一类精神药品注射剂，每张处方为1次常用量；第二类精神药品一般每张处方不得超过7日常用量。

（5）急需用药时使用急诊处方笺，若用普通处方，应在处方笺左上角写“急”或“Cito”字样，以便优先发药。

（6）处方只限当日有效，过期需经医师更改日期并签字方能生效。处方中任何差错和疏漏都必须经医师修改签字方可调配。

（二）医嘱

医嘱是由医师拟订并由护理人员执行的治疗计划。医嘱可分为长期医嘱、临时医嘱和备用医嘱。

1. 开写格式　用药医嘱与处方书写格式的不同点是医嘱无Rp（请取）、Sig（用法）字样，无须写出规格量、总量，其余相同。

开写格式：药名　剂型　每次剂量　给药次数　给药途径　时间　部位

2. 医嘱示例

例1：青霉素钠盐注射剂　80万U　一日2次　肌内注射

例2：利福平片剂　0.45g　一日1次　口服　清晨　空腹顿服

（三）处方与医嘱常用外文缩写词与中文对照表（表1-9）

表1-9　处方与医嘱常用外文缩写词与中文对照表

缩写词	中文	缩写词	中文	缩写词	中文
q.d.	每日1次	p.o.	口服	Tab.	片剂
b.i.d.	每日2次	i.d.	皮内注射	Caps.	胶囊剂
t.i.d.	每日3次	i.h.	皮下注射	Inj.	注射剂
q.i.d.	每日4次	i.m.	肌内注射	Sol.	溶液剂
q.m.	每晨	i.v.	静脉注射	Syr.	糖浆剂
q.n.	每晚	i.v.gtt.	静脉滴注	Tr.	酊剂
q.h.	每小时	i.p.	腹腔注射	Ung.	软膏剂
q.6h.	每6小时	pr.dos	顿服	Amp.	安瓿
q.2d.	每2日1次	p.r.	直肠给药	aa	各
a.c.	饭前	Us.ext	外用	Co.	复方的
p.c.	饭后	A.s.t.	皮试	U	单位
a.m.	上午	stat！	立即	I.U.	国际单位
p.m.	下午	Cito！	急速地	s.o.s.	必要时（一次）
h.s.	睡前	Lent！	慢慢地	p.r.n.	必要时（可重复）

（考点：处方或医嘱外文缩写的意义）

小结

药品的名称包括通用名、别名、商品名和化学名等，其中通用名是国家药典收载的法定名称。药物剂型是根据药物特性和临床用药需要制成的药物制剂。按国家药品分类管理规定，药品分为国家基本药物、处方药和非处方药、特殊管理药品等。药品的专有标识包括药品的批准文号、批号和有效期。药品说明书是载明药品重要信息的法定文件，是选用药品的法定指南。

自测题

1. 关于药物作用选择性的叙述，错误的是（　　）
   A. 选择性是相对的
   B. 大多数药物有各自的选择性
   C. 是临床选药的基础
   D. 是药物分类的依据
   E. 与药物剂量大小无关
2. 关于药物副作用的叙述，错误的是（　　）
   A. 是药物固有的作用
   B. 因用药剂量过大引起
   C. 在治疗剂量时出现
   D. 治疗作用与副作用可相互转化
   E. 与治疗目的无关
3. 药物作用的两重性是指（　　）
   A. 局部作用和吸收作用
   B. 副作用和毒性反应
   C. 治疗作用和副作用
   D. 防治作用和不良反应
   E. 毒性反应和变态反应
4. 关于变态反应的叙述，错误的是（　　）
   A. 与体质有关　B. 症状轻重不一
   C. 与剂量有关　D. 是病理性免疫反应
   E. 不易预知
5. G-6-PD 缺乏者，应用磺胺药、伯氨喹等药物时发生溶血性贫血，属于（　　）
   A. 变态反应　B. 特异质反应
   C. 停药反应　D. 后遗效应
   E. 副作用
6. 与药物的药理作用和剂量无关的反应是（　　）
   A. 毒性反应　B. 停药反应
   C. 副作用　D. 变态反应
   E. 后遗反应
7. 患者，男，23 岁。因上呼吸道感染致高热，医生给予阿司匹林退热，此药物作用为（　　）
   A. 对症治疗　B. 对因治疗
   C. 预防作用　D. 局部作用
   E. 副作用
8. 下列关于药物吸收的叙述，错误的是（　　）
   A. 从给药部位进入血液循环的过程
   B. 肌内注射因首关消除使药物吸收减少
   C. 大多数口服药物主要经小肠吸收
   D. 舌下给药可避免首关消除
   E. 可影响药物作用的快慢和强弱
9. 一般说来，吸收速度最快的给药途径是（　　）
   A. 吸入　B. 口服
   C. 肌内注射　D. 皮下注射
   E. 皮内注射
10. 药物与血浆蛋白结合后（　　）
    A. 作用增强
    B. 代谢加快
    C. 暂时失去药理活性
    D. 排泄加快
    E. 分布加快
11. 药物代谢的主要器官是（　　）
    A. 胃肠道　B. 血液
    C. 肌肉　D. 肾
    E. 肝
12. 药物的首关消除发生于（　　）
    A. 舌下给药　B. 吸入给药
    C. 口服给药　D. 静脉注射
    E. 皮下注射
13. 药物排泄的主要器官是（　　）
    A. 肾　B. 胆道

C．汗腺　　D．乳腺

E．胃肠道

14．药物的肝肠循环可影响（　　）

A．药物作用的快慢　B．药物的分布

C．药物的代谢　D．药物作用的持续时间

E．药物的药理活性

15．关于生物利用度的叙述，错误的是（　　）

A．是评价药物吸收程度的指标

B．吸收量与给药量之比

C．相同药物、不同个体，其生物利用度也不同

D．同一厂家不同批号的药物，其生物利用度也不同

E．与制剂的质量无关

16．药物达到稳态血药浓度时意味着（　　）

A．药物作用最强

B．药物的吸收过程已完成

C．药物的消除过程正开始

D．药物的吸收量与消除量达到平衡

E．药物在体内分布达到平衡

17．肌内注射阿托品治疗肠绞痛时，引起口干、便秘、心悸等，属于（　　）

A．治疗作用　B．后遗效应

C．变态反应　D．毒性反应

E．副作用

18．肺结核患者用链霉素治疗后引起永久性耳聋，属于（　　）

A．毒性反应　B．高敏性

C．副作用　D．后遗症状

E．治疗作用

19．关于药物代谢的非专一性酶的叙述，错误的是（　　）

A．又称肝药酶或药酶

B．选择性高

C．个体差异大

D．是非特异性酶

E．易受某些药物的影响

20．下列有关极量的描述，正确的是（　　）

A．比最小中毒量大

B．引起毒性反应的量

C．不在药物的安全范围之内

D．临床上绝对不采用

E．为最大治疗量

21．老年人用药剂量一般为（　　）

A．成人剂量的 2/3

B．成人剂量的 3/4

C．稍大于成人剂量

D．与成人剂量相同

E．成人剂量的 1/2

22．肝功能不良患者，应用药物时需着重考虑（　　）

A．对药物的转运能力

B．对药物的吸收能力

C．对药物的排泄能力

D．对药物的代谢能力

E．对药物的分布能力

23．关于肾排泄药物的叙述中，错误的是（　　）

A．尿液 pH 可影响排泄

B．尿量可影响排泄

C．弱碱性药在酸性尿液中排泄慢

D．肾功能不全时可致药物蓄积中毒

E．弱酸性药中毒，碱化尿液可加速药物的排泄

24．以 $t_{1/2}$ 为间隔，反复恒量给药，大约经几个 $t_{1/2}$ 可达稳态血药浓度（　　）

A．2～3　B．3～4

C．4～5　D．5～6

E．6～7

25．药物常用量的剂量范围是指（　　）

A．最小有效量与极量之间

B．最小有效量与最小中毒量之间

C．比最小有效量大些，比极量小些

D．不超过极量

E．比最小有效量大些，比最小中毒量小些

26．某药在多次应用治疗量后疗效下降，可能是患者对药物产生了（　　）

A．耐受性　B．耐药性

C．依赖性　D．过敏性

E．高敏性

27．决定药物每天用药次数的主要因素是（　　）

A．吸收快慢　B．作用强弱

C．体内分布速度　D．体内消除速度

E．体内转化速度

28．连续用药后机体对药物的敏感性降低是因为（　　）

A．习惯性　B．成瘾性

C．依赖性　D．耐药性

E．耐受性

29．机体对药物产生依赖性，一旦停药出现戒断症

状，称为（　　）

A．习惯性　　B．成瘾性

C．过敏性　　D．耐受性

E．抗药性

30．关于药物半衰期的叙述，错误的是（　　）

A．预测药物基本消除的时间

B．是药物分类的依据之一

C．可确定给药间隔时间

D．可确定给药次数

E．肝肾功能不良时，药物 $t_{1/2}$ 缩短

31．关于处方药的叙述，正确的是（　　）

A．可分为甲类和乙类

B．使用安全，一般不会产生不良反应

C．用“OTC”标识

D．须凭医师的处方才可调配、购买和使用

E．可由消费者自行购买和使用

32．特殊管理药品不包括（　　）

A．麻醉药　　B．毒性药品

C．精神药品　　D．放射性药品

E．麻醉药品

33．最常用的给药途径是（　　）

A．静脉注射　　B．口服

C．肌内注射　　D．皮下注射

E．雾化吸入

34．休克患者最适宜的给药途径是（　　）

A．皮下注射　　B．舌下给药

C．静脉给药　　D．肌内注射

E．口服

35．患者，男，57岁。心绞痛发作，给予硝酸甘油舌下含服而非口服，其原因是（　　）

A．口服不良反应多

B．口服易产生耐受性

C．口服易产生过敏反应

D．口服作用维持时间短

E．口服有明显的首关消除

36．护士给药时，错误的做法是（　　）

A．遵照医嘱给药

B．因特殊检查可提前给药

C．给药前向患者解释并做好指导

D．认真执行查对制度

E．随时观察药物疗效及反应

（符秀华　陈秀风）

第2章 抗微生物药

第1节 概　述

抗微生物药是指能抑制或杀灭病原微生物，用于防治感染性疾病的药物，包括抗菌药、抗真菌药和抗病毒药等。在应用抗微生物药时，应注意机体、药物和病原体三者之间的相互关系（图 2-1），增强机体的抗病能力，减少或避免不良反应和耐药性的产生，充分发挥药物的防治作用。

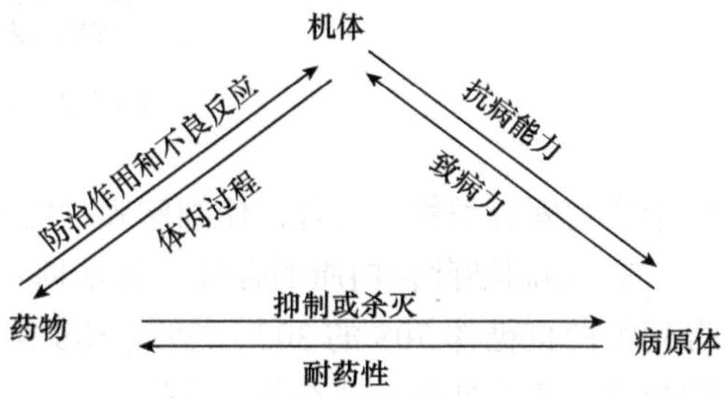

图 2-1　机体、药物和病原体三者关系示意图

一、抗菌药常用术语

1．抗菌药　指对细菌有抑制或杀灭作用的药物，包括抗生素、人工合成抗菌药物、半合成抗菌药物及消毒防腐药等。

2．抗生素　指某些微生物产生的能抑制或杀灭其他微生物的药物，包括天然抗生素、人工合成或半合成抗生素。

3．抑菌药与杀菌药　抑菌药指仅能抑制细菌生长繁殖而无杀灭作用的药物，如四环素、大环内酯类、磺胺类等。杀菌药指具有杀灭细菌作用的药物，如青霉素类、头孢菌素类、氨基糖苷类等。

4．抗菌谱　指抗菌药的抗菌作用范围。抗菌谱是临床选择抗菌药的重要依据。仅对一种细菌或局限于某属细菌有抗菌作用的药物称窄谱抗菌药，如异烟肼仅对结核分枝杆菌有效。对多种不同的病原微生物均有效的抗菌药物称为广谱抗菌药，如四环素、氯霉素等。

5．抗菌活性　指药物抑制或杀灭病原微生物的能力。常用最低抑菌浓度（MIC）和最低杀菌浓度（MBC）表示。

6．抗菌后效应（PAE）　指停用抗菌药后，药物在机体内的浓度低于最低抑菌浓度或者被机体完全清除，细菌在一段时间内仍处于持续受抑制状态。使用 PAE 长的药物时，可适当延长给药间隔时间而疗效不减。

二、抗菌药的作用机制

抗菌药物主要通过干扰病原微生物的生化代谢过程（图 2-2），影响其结构与功能而产生抗菌作用。具体包括：

1．抑制细菌细胞壁的合成　细菌的细胞壁是维持细菌正常形态和功能的重要结构。β- 内酰胺类抗生素能阻碍细胞壁肽聚糖的合成，使细胞壁缺损，导致菌体破裂死亡。

2．影响细菌细胞膜的通透性　两性霉素 B、多黏菌素等抗生素可以选择性地与胞浆膜中的

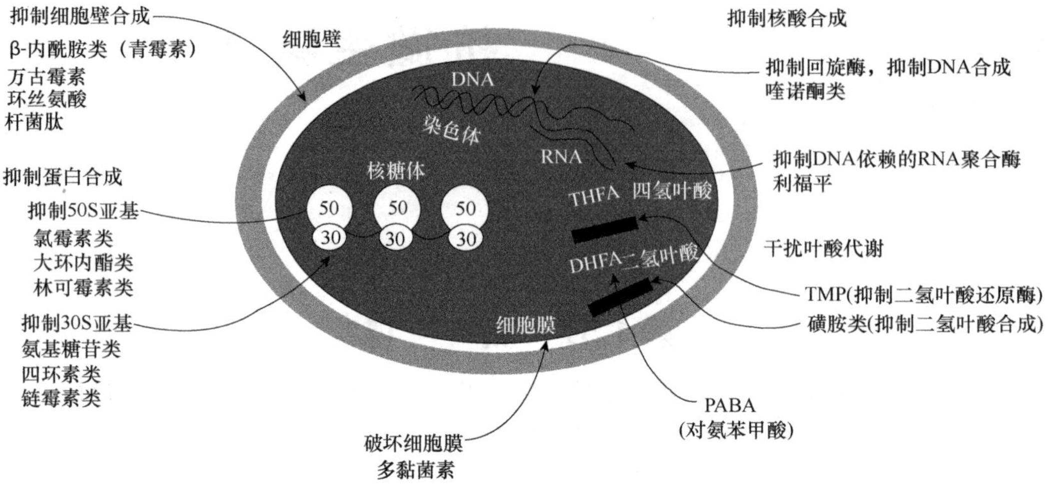

图 2-2 抗菌药作用机制示意图

磷脂或类固醇类物质结合，使细胞膜的完整性遭到破坏，菌体内物质外漏，造成细菌死亡。

3．抑制细菌蛋白质的合成 氨基糖苷类、四环素类、大环内酯类和氯霉素类等抗生素可结合到细菌核糖体 70S 的 30S 亚基或 50S 亚基上，作用于蛋白质生物合成环节，抑制细菌蛋白质的合成，产生抑菌甚至杀菌的作用。

4．抑制细菌核酸的合成 磺胺类药和甲氧苄啶通过干扰敏感细菌叶酸合成从而影响核酸的合成，抑制细菌生长繁殖。利福平特异性地抑制细菌 DNA 依赖的 RNA 多聚酶，阻碍 mRNA 的合成。喹诺酮类抑制 DNA 回旋酶，妨碍细菌 DNA 的复制，从而达到杀灭细菌的目的。

三、抗菌药的合理应用原则

抗菌药的应用涉及临床各科室，正确合理应用抗菌药是提高疗效、降低不良反应发生率及减少或减缓细菌耐药性发生的关键。

（一）诊断为细菌性感染者，方有指征应用抗菌药

初步诊断为细菌性感染者及经病原检查确诊为细菌性感染者方有指征应用抗菌药；应尽早查明感染病原，根据病原种类及细菌药物敏感试验结果选用抗菌药物。

（二）合理制订抗菌药物治疗方案

根据病原菌、感染部位、感染严重程度和患者的生理、病理情况制订抗菌药物治疗方案，包括抗菌药物的选用品种、剂量、给药次数、给药途径、疗程及联合用药等。在制订治疗方案时应遵循下列原则。

1．品种选择 根据病原菌种类及药敏结果选用抗菌药物。

2．给药剂量 按各种抗菌药物的治疗剂量范围给药。治疗重症感染和抗菌药物不易达到的部位的感染，抗菌药物剂量宜较大；而治疗单纯性下尿路感染时，由于多数药物尿药浓度远高于血药浓度，则可应用较小剂量。

3．给药途径 ①轻症感染可接受口服给药者，应选用口服吸收完全的抗菌药。重症感染、全身性感染患者初始治疗应予静脉给药，病情好转应及早转为口服给药。②治疗全身性感染或

脏器感染时应避免局部应用抗菌药。全身给药后在感染部位难以达到治疗浓度时可加用局部给药作为辅助治疗。

4．给药次数　应根据药动学和药效学相结合的原则给药。

5．疗程　抗菌药物疗程因感染不同而异，一般宜用至体温正常、症状消退后 72～96 小时。但败血症、感染性心内膜炎、化脓性脑膜炎、伤寒、结核病等需较长的疗程方能彻底治愈，并防止复发。

6．抗菌药物的联合应用指征　①病原菌尚未查明的严重感染，包括免疫缺陷者的严重感染。②单一抗菌药物不能控制的需氧菌及厌氧菌混合感染，2 种或 2 种以上病原菌感染。③单一抗菌药物不能有效控制的感染性心内膜炎或败血症等重症感染。需长期治疗，但病原菌易对某些抗菌药物产生耐药性的感染，如结核病、深部真菌病。④联合用药时宜选用具有协同或相加抗菌作用的药物联合。

链　接

超级细菌陆续驾到

对几乎所有抗生素有抗药性的细菌统称为超级细菌。这种病菌的可怕之处在于它对普通抗生素的抵抗能力，对这种病菌，人们几乎无药可用。想要扭转超级耐药性细菌肆虐的局面，必须控制抗生素滥用现象，合理、科学地使用抗生素。

第 2 节　抗　生　素

案例 2-1　患者，女，29 岁。近日出现高热、体温 39.5℃，咽痛、吞咽时疼痛加重。血液学检查可见白细胞计数总数显著增加，中性粒细胞明显增高。医生诊断为急性扁桃体炎，给予青霉素 G 治疗。3 天以后，病情逐渐缓解。

问题：1．为什么选择青霉素 G？

2．青霉素的用药注意事项有哪些？

一、β- 内酰胺类抗生素

β- 内酰胺类抗生素系指化学结构中具有 β- 内酰胺环的一大类抗生素，通过影响细菌细胞壁合成而发挥杀菌作用，包括青霉素类、头孢菌素类和其他 β- 内酰胺类。

（一）青霉素类

1．天然青霉素　青霉素 G 又名苄青霉素、盘尼西林，是从青霉菌培养液中提取的一类有机酸。临床上常用其钠盐或钾盐，其水溶液在室温中不稳定，20℃放置 24 小时，抗菌活性迅速下降，且可生成有抗原性的降解产物，故常将其制成性质稳定的粉针制剂，临用前配成溶液。青霉素 G 不耐热，也易被酸、碱、醇、重金属、氧化剂及青霉素酶所破坏。

青霉素 G 遇酸易分解，不宜口服，常采用肌内注射或静脉注射。可广泛分布于各种组织中，但不易透过血脑屏障，脑膜炎时，青霉素 G 透入脑脊液的量增加，可达到有效浓度。青霉素几乎全部以原形迅速经肾排泄，其半衰期为 0.5～1 小时。

链 接

青霉素的发现史

英国细菌学家亚历山大·弗莱明，1928 年在英国伦敦圣玛丽医院供职时，发现污染青霉素培养皿中的葡萄球菌生长被抑制，由此想到青霉菌可能在生长繁殖过程中产生了抑制其他细菌繁殖的物质，并将其命名为青霉素，后将其发现发表于《英国实验病理学杂志》，弗莱明 1930 年曾用粗培养液治愈了几名眼睛感染患者。1940 年澳大利亚的弗洛里和英国的钱恩成功地从粗培养液中提纯出青霉素，1943 年青霉素正式用于临床，当时正值第二次世界大战，青霉素的应用挽救了成千上万人的生命，1945 年，弗莱明、弗洛里和钱恩因“发现青霉素及其临床效用”共同荣获了诺贝尔生理学或医学奖。

〖作用与应用〗青霉素抗菌谱：①大多数革兰阳性球菌，如溶血性链球菌、草绿色链球菌、肺炎链球菌、敏感金黄色葡萄球菌和表皮葡萄球菌等。②革兰阳性杆菌，如白喉棒状杆菌、炭疽芽孢杆菌、破伤风梭菌等。③革兰阴性球菌，如脑膜炎奈瑟菌和淋病奈瑟菌等。④螺旋体、放线菌，如梅毒螺旋体、钩端螺旋体、放线菌等。青霉素 G 为治疗上述敏感菌感染的首选药。但青霉素 G 对革兰阳性杆菌产生的外毒素无作用，故治疗破伤风、白喉、气性坏疽时必须合用相应的抗毒素。

青霉素 G 对大多数革兰阴性杆菌作用弱或无效，对病毒、真菌、支原体、立克次体无效。金黄色葡萄球菌与青霉素反复接触后可产生青霉素酶，能裂解青霉素的 β- 内酰胺环，使其抗菌活性降低或消失，易产生耐药性。

（考点：青霉素的抗菌谱及适应证）

（考点：青霉素的耐药性）

〖不良反应与用药护理〗

（1）过敏反应：以药热、皮疹和血清病样反应较多见，停药后可消失。严重者可发生过敏性休克，临床表现为面色苍白、冷汗、胸闷、气促伴濒死感、发绀、脉细弱、血压下降、头晕眼花、意识丧失、抽搐、大小便失禁等，若抢救不及时，严重时可危及生命。

防治措施：①用药前详细询问患者用药史及过敏史，有青霉素过敏史者禁用。②凡初次用药或停药 3 日以上、用药过程中更换不同批号者，均需做皮肤过敏试验，皮肤过敏试验阳性者禁用。③避免局部用药和饥饿时用药，避免在不具备抢救条件下使用；注射后观察 30 分钟后方可离去。④一旦发生过敏性休克应当立即皮下注射或肌内注射肾上腺素抢救，必要时可稀释后缓慢静脉注射或静脉滴注，根据需要添加糖皮质激素或抗组胺药物，并采取人工呼吸、给氧等措施，必要时可气管切开。

（考点：青霉素过敏性休克的防治措施及用药护理）

（2）赫氏反应：青霉素在治疗梅毒或钩端螺旋体病初期时，可出现症状加重的现象，表现为全身不适、发热、寒战、咽痛、心跳加快等症状，严重时可危及生命，称为赫氏反应。

（3）其他：肌内注射时可出现局部红肿、疼痛、硬结、甚至引起周围神经炎，钾盐尤甚。鞘内注射和全身大剂量应用可引起头痛、肌肉痉挛、抽搐、昏迷等类似癫痫样发作，称为青霉素脑病。大剂量静脉注射应监测血清离子浓度，以防发生高钠血症、高钾血症。

2. 半合成青霉素　天然青霉素有抗菌谱窄，对革兰阴性杆菌无效；不耐胃酸，口服无效；不耐酶，易产生耐药性等缺点，通过改变天然青霉素的侧链结构等可获得耐酸、耐酶、广谱、抗铜绿假单胞菌及主要作用于革兰阴性杆菌等一系列不同品种的半合成青霉素（表 2-1）。

表 2-1　部分半合成青霉素的分类及特点

分类	代表药物	作用特点及用途
耐酸青霉素类	青霉素 V	①耐酸，可口服，但不耐酶，对耐药金黄色葡萄球菌无效；②用于预防感染或轻度感染
耐酶青霉素类	苯唑西林 氯唑西林 双氯西林	①耐酸，可口服；②耐酶，对产生 β- 内酰胺酶的金黄色葡萄球菌有效；③主要用于耐青霉素的金黄色葡萄球菌感染如肺炎、心内膜炎、败血症等
抗铜绿假单胞菌青霉素类	羧苄西林 哌拉西林 磺苄西林	①不耐酸，需注射给药；不耐酶，对耐药金黄色葡萄球菌无效；②抗菌谱广，对革兰阴性菌作用强，特别是对铜绿假单胞菌作用突出；③主要用于铜绿假单胞菌及某些革兰阴性菌所致的感染
广谱青霉素类	氨苄西林 阿莫西林	①耐酸，可口服，但不耐酶，对耐药金黄色葡萄球菌无效；②对革兰阳性、阴性菌均有杀菌作用，对革兰阴性菌的作用优于青霉素，但对铜绿假单胞菌无效；③用于各种敏感菌引起的伤寒、副伤寒、呼吸道、尿路等感染
抗革兰阴性杆菌青霉素类	美西林 替莫西林	①对革兰阴性菌作用强，对革兰阳性菌作用弱，对铜绿假单胞菌无效；②主要用于敏感菌所致尿路感染和软组织感染

半合成青霉素抗菌机制、不良反应、给药须知与天然青霉素相同，并与天然青霉素有交叉过敏反应，注射给药前均需做皮试。青霉素 G 及半合成青霉素特点见图 2-3。

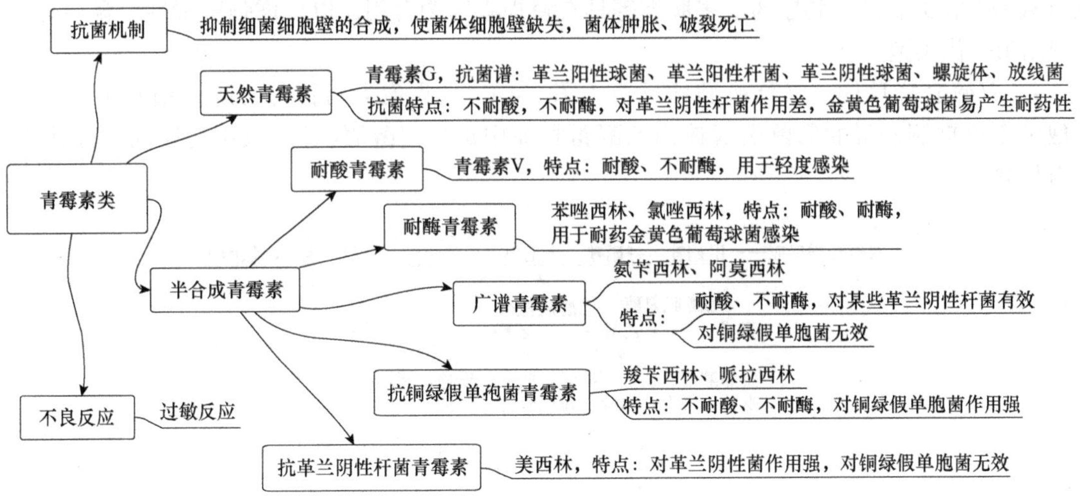

图 2-3　青霉素 G 及半合成青霉素特点思维导图

（二）头孢菌素类

头孢菌素类是 β- 内酰胺类抗生素中的 7- 氨基头孢烷酸（7-ACA）的衍生物，也称为先锋霉素类。本类药物可破坏细菌的细胞壁，属繁殖期杀菌药，具有抗菌谱广、抗菌作用强、对 β- 内酰胺酶稳定性高、过敏反应较青霉素类少等优点。根据抗菌特点、对酶的稳定性、肾毒性及临床应用的差异将其分为四代，各代作用特点及临床应用见表 2-2。

表 2-2 头孢菌素类药物的分类、作用特点及临床应用

分类	常用药物	作用特点及临床应用
第一代	头孢氨苄 头孢羟氨苄 头孢拉定	①抗革兰阳性菌作用优于革兰阴性菌，对铜绿假单胞菌无效；②对金黄色葡萄球菌产生的β-内酰胺酶稳定；③肾毒性较其他三代大；④主要用于耐青霉素的金黄色葡萄球菌及革兰阳性菌引起的呼吸道、泌尿道、皮肤软组织等感染
第二代	头孢孟多 头孢克洛 头孢呋辛	①对革兰阳性菌的作用较第一代稍差，对革兰阴性菌的作用较第一代强，但对铜绿假单胞菌无效；②对β-内酰胺酶较稳定，但不及第三、四代；③肾毒性较第一代小；④主要用于敏感菌所致的呼吸道、皮肤软组织、胆道、泌尿道及其他组织器官等感染
第三代	头孢他啶 头孢曲松 头孢噻肟 头孢哌酮	①对革兰阴性菌作用强，对革兰阳性菌作用不及第一、二代，对厌氧菌及铜绿假单胞菌有较强的作用；②对多种β-内酰胺酶高度稳定；③基本无肾毒性；④主要用于敏感菌所致的严重感染及铜绿假单胞菌感染等
第四代	头孢吡肟 头孢匹罗	①对革兰阳性菌的作用增强，对革兰阴性菌的作用比第三代强；②对β-内酰胺酶稳定性最高；③无肾毒性；④主要用于对第三代耐药的革兰阴性菌引起的重症感染

〖不良反应与用药护理〗

1. 过敏反应　以发热、皮疹、荨麻疹最为常见，偶见过敏性休克，与青霉素类抗生素有交叉过敏现象。

2. 胃肠道反应　口服剂型常引起患者恶心、呕吐、食欲减退等。应在饭前1小时或饭后2～3小时服药。

3. 肾毒性　第一代肾毒性较大，第二代肾毒性较轻，第三代、第四代几乎无肾毒性。应避免与氨基糖苷类、高效利尿药、多肽类等具有肾损害药物合用，以免增强肾毒性。肾功能不全者禁用第一代头孢菌素。

4. 双硫仑样反应　又称戒酒样反应（图2-4），当头孢类药物与乙醇合用时（喝酒等），头孢菌素可抑制乙醛脱氢酶引起体内乙醛蓄积而中毒呈"醉酒状"。故用药期间或停药3～7天内禁酒。

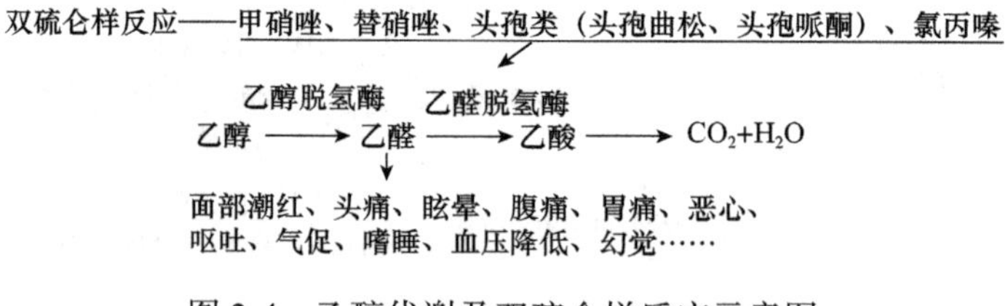

图 2-4　乙醇代谢及双硫仑样反应示意图

5. 二重感染　长期应用可引起菌群失调，导致二重感染。

6. 凝血功能障碍　由于头孢菌素抗生素都能抑制肠道菌群产生维生素 K_2，使凝血机制发生障碍，因此具有潜在的致出血作用。

（考点：头孢类抗生素的不良反应及用药护理）

（三）其他β-内酰胺类抗生素

头霉素类

目前广泛应用头霉素类为头孢西丁，抗菌谱与抗菌活性与第二代头孢菌素相同，对厌氧菌有良好作用，适用于盆腔感染、妇科感染及腹腔等需氧菌与厌氧菌混合感染。

氧头孢烯类

氧头孢烯类主要包括拉氧头孢和氟氧头孢。抗菌谱广，抗菌活性与第三代头孢菌素相似，对β-内酰胺酶极稳定，血药浓度维持较久。可用于脑膜炎、呼吸道、泌尿道、妇科、胆管感染及败血症等的治疗。

碳青霉烯类

碳青霉烯类抗生素是抗菌谱最广、抗菌活性最强的非典型β-内酰胺抗生素，因其具有对β-内酰胺酶稳定及毒性低等特点，已经成为治疗严重细菌感染最主要的抗菌药物之一。目前常用的有泰能（亚胺培南与西司他丁 1∶1）、美罗培南等。

单环β-内酰胺类

氨曲南是第一个成功用于临床的单环β-内酰胺类抗生素，对需氧革兰阴性菌具有强大杀菌作用，并具有耐酶、低毒、对青霉素等无交叉过敏等优点，主要用于革兰阴性杆菌所致下呼吸道、泌尿道、软组织感染及脑膜炎、败血症等。

β-内酰胺酶抑制剂

β-内酰胺酶抑制剂包括克拉维酸（棒酸）、舒巴坦、他唑巴坦等。本类药物本身没有或只有很弱的抗菌活性，但可抑制多种β-内酰胺酶，能保护一些不耐酶的抗生素。临床上常与β-内酰胺类抗生素联合应用或组成复方制剂，增强后者的抗菌作用。常用的复方制剂有阿莫西林-克拉维酸（奥格门汀）、氨苄西林-舒巴坦（舒他西林）等。

二、大环内酯类抗生素

大环内酯类抗生素是一类具有大环内酯结构的抗菌药物的总称，主要通过作用于50S核糖体50S亚基抑制细菌蛋白质合成，属于快速抑菌剂。第一代大环内酯类抗生素，包括红霉素、琥乙红霉素、乳糖酸红霉素等。第二代包括阿奇霉素、罗红霉素、克拉霉素、地红霉素和氟红霉素等。第三代上市品种有泰利霉素。

红　霉　素

〖作用与应用〗抗菌谱与青霉素近似，对革兰阳性菌，如葡萄球菌、化脓性链球菌、绿色链球菌、肺炎链球菌、溶血性链球菌、梭状芽孢杆菌、白喉杆菌、炭疽杆菌等有较强的抑制作用。对革兰阴性菌，如淋球菌、螺旋杆菌、百日咳杆菌、布氏杆菌、军团菌、脑膜炎双球菌及流感嗜血杆菌及大肠杆菌等也有一定的抑制作用。此外，对支原体、放线菌、螺旋体、立克次体、衣原体、少数分枝杆菌和阿米巴原虫有抑制作用。

临床上常用于耐青霉素的革兰阳性菌尤其金黄色葡萄球菌感染和对青霉素过敏者；亦用于溶血性链球菌及肺炎球菌所致的呼吸道感染、军团菌肺炎、支原体肺炎、沙眼衣原体所致的新生儿结膜炎、皮肤软组织感染等，是治疗军团菌病、婴儿支原体肺炎的首选药。

〖不良反应与用药护理〗

1．局部刺激　口服可出现腹泻、恶心、呕吐等胃肠道症状；肌内注射疼痛剧烈，不宜使用；静脉滴注过快或浓度过高可出现静脉炎。口服常采用肠溶片，应空腹整片吞服，不宜与碳酸饮料同服；红霉素注射剂不可用0.9%氯化钠溶液溶解，而应以5%葡萄糖注射液稀释后静脉滴注，滴注速度要缓慢，浓度不宜大于0.1%，以减少静脉炎的发生。

2．肝毒性　大剂量或长期应用，尤其是在应用酯化红霉素时，可致氨基转移酶升高、肝大、胆汁淤积等。孕妇及肝脏疾病患者容易发生，不宜应用；婴幼儿慎用。

3．耳毒性　大剂量（每天≥4g）给药或肝、肾疾病患者、老年患者用药后可能引起耳毒性。主要表现为听力减退，停药后大多可以恢复正常。

4．过敏反应　偶见药热、皮疹、嗜酸粒细胞增多等过敏反应。

（考点：红霉素的应用及用药护理）

罗红霉素

罗红霉素抗菌谱与红霉素相似，抗菌活性较红霉素高。用于敏感菌所致的呼吸道、泌尿生殖系统、皮肤软组织、耳鼻喉等部位感染。胃肠道反应较红霉素少，偶见皮疹、皮肤瘙痒、头痛、头晕等。服药期间应尽量避免驾驶或高空作业。

阿奇霉素

阿奇霉素口服迅速吸收，因其半衰期长，每日仅需服药一次。进食可影响阿奇霉素的吸收，故需在饭前 1 小时或饭后 2 小时服用。抗菌谱较红霉素广，而且作用强，特别是对肺炎支原体作用更强，主要用于治疗呼吸道、泌尿道、皮肤软组织等感染。不良反应轻，偶见肝功能异常及白细胞减少，肝功能不全者慎用。

克拉霉素

克拉霉素对酸稳定，口服吸收好，分布迅速。抗菌作用较强，尤其是对革兰阳性菌、军团菌、衣原体、支原体、流感嗜血杆菌、厌氧菌。主要用于敏感菌引起的呼吸道、泌尿生殖系统及皮肤软组织等感染，也可用于胃、十二指肠溃疡的治疗。胃肠道反应较轻，偶见头痛、皮疹及皮肤瘙痒等。

泰利霉素

泰利霉素具有广谱抗菌活性、较低的选择性和耐药性的优点。临床主要用于治疗呼吸道感染，包括社区获得性肺炎、慢性支气管炎急性加剧、急性上颌窦炎、咽炎和扁桃体炎等。

三、林可霉素类和多肽类抗生素

（一）林可霉素类

林可霉素（洁霉素）、克林霉素（氯洁霉素）

〖作用与应用〗作用于敏感菌核糖体的 50S 亚基，从而抑制细菌蛋白质的合成而呈现快效抑菌作用。对大多数厌氧菌及革兰阳性菌有较好的作用，对耐青霉素的耐药金黄色葡萄球菌有效。主要用于敏感菌所致的呼吸道感染、骨及皮肤软组织感染、女性生殖道感染、盆腔感染及腹腔感染等。

林可霉素类抗生素易渗透进入骨组织和关节腔，是治疗金黄色葡萄球菌引起的急、慢性骨髓炎的首选药。

〖不良反应与用药护理〗

1．胃肠道反应　表现为恶心、呕吐、腹痛、腹泻等，严重者可出现假膜性肠炎。除对症治疗外，可用万古霉素或甲硝唑口服。

2．心血管系统反应　大剂量快速静脉注射时可引起血压下降、甚至心跳和呼吸暂停，应缓慢静脉滴注，每小时输液速度不宜超过 100ml。

3．过敏反应　偶可引起过敏反应，表现为皮疹、血管神经性水肿、血清病。偶有剥脱性皮炎产生。

（二）多肽类抗生素

万古霉素

万古霉素可抑制细菌细胞壁的合成，对繁殖期革兰阳性菌有强大的杀菌作用，包括耐药金黄色葡萄球菌，厌氧的难辨梭菌等都有较好的抗菌作用。与其他抗生素无交叉耐药性，极少耐药菌株。临床主要用于治疗耐甲氧西林和耐青霉素肠球菌所致的严重感染如败血症、心内膜炎、骨髓炎、假膜性肠炎等。对于耐药金黄色葡萄球菌院内肺部感染，万古霉素为首选药物。

口服不吸收，静脉滴注时必须先用注射用水溶解，静脉滴注时间不得少于 1 小时。浓度过高可致血栓性静脉炎；肌内注射可致剧烈疼痛，故不可肌内注射；有严重耳毒性及肾毒性，故宜短期用于抢救。与氯霉素、甾体激素等药物配伍可产生沉淀反应。

多黏菌素 B

多黏菌素 B 对多数革兰阴性杆菌，尤其对铜绿假单胞菌有强大的杀菌作用。因毒性较大，临床主要局部用于敏感菌所致的眼、耳、皮肤、黏膜感染及烧伤后的铜绿假单胞菌感染。主要不良反应为肾毒性，如蛋白尿、血尿等，肾功能不全者慎用；亦可发生神经系统损害，导致眩晕、乏力、共济失调等，停药后可消失。

四、氨基糖苷类抗生素

氨基糖苷类抗生素包括链霉素、庆大霉素等天然氨基糖苷类和阿米卡星等半合成氨基糖苷类。主要作用于细胞核糖体的 30S 亚基，抑制细菌蛋白质的合成，从而导致细菌死亡。仅对需氧菌有效，对厌氧菌无效；抗菌谱较广，对革兰阴性菌的作用强于革兰阳性菌；在碱性环境中抗菌活性增强；口服难吸收，仅作肠道消毒用；全身给药多采用肌内注射，吸收迅速而完全。临床常用氨基糖苷类抗生素特点及应用见表 2-3。

表 2-3 临床常用氨基糖苷类抗生素的作用特点及应用

药物	作用特点及临床应用
链霉素	①对结核杆菌、革兰阴性杆菌作用强大，对铜绿假单胞菌无效；②为治疗兔热病与鼠疫的首选药；③与其他抗结核药联合用于治疗结核；④与青霉素联合用于溶血性链球菌、草绿色链球菌及肠球菌引起的心内膜炎的治疗
庆大霉素	①对革兰阴性杆菌包括铜绿假单胞菌作用强，对耐药性金黄色葡萄球菌有效，对结核杆菌无效；②临床主要用于革兰阴性杆菌感染，如败血症、骨髓炎、肺炎、腹腔感染，腹膜炎等，与羧苄西林等合用治疗铜绿假单胞菌感染；③用于耐青霉素的金黄色葡萄球菌感染；④口服用于肠道感染或用于结肠术前、术后预防感染
妥布霉素	①抗菌作用与庆大霉素相似，抗铜绿假单胞菌活性比庆大霉素强；②用于治疗铜绿假单胞菌所致的各种感染，通常应与青霉素类或头孢菌素类药物合用
卡那霉素	①与其他抗结核病药物合用，治疗对一线抗结核药物有耐药性的结核杆菌患者；②口服用于肝昏迷或腹部术前准备的患者
大观霉素（淋必治）	①仅对淋病奈瑟菌有较强抗菌活性，容易耐药；②用于青霉素、四环素耐药或青霉素过敏的淋病患者
阿米卡星	①抗菌谱最广的氨基糖苷类抗生素；②对多种氨基糖苷类灭活酶稳定，故可作为治疗耐药革兰阴性杆菌感染的首选药

〖不良反应与用药护理〗

1. 耳毒性　包括前庭功能障碍与耳蜗神经损害，前庭功能障碍表现为头晕、视力减退、眼球震颤、眩晕、恶心、呕吐和共济失调；耳蜗听神经损伤表现为耳鸣、听力减退和永久性耳聋。用药过程中应严密观察有无眩晕、耳鸣等早期症状，一旦发现，立即停药。避免与高效利尿药等有耳毒性的药物合用。

2. 肾毒性　表现为蛋白尿、管型尿、血尿等，严重者可致无尿、氮质血症和肾衰竭。用药期间应定期检查肾功能，避免同时应用能增加肾毒性的药物，如呋塞米等。老年人及幼儿、哺乳期妇女慎用，孕妇禁用。

3. 神经肌肉接头阻断　大剂量腹膜内或胸膜内应用或静脉滴注速度过快可出现心脏抑制、血压下降、肢体瘫软无力、呼吸衰竭等。尤其肾功能减退、血钙过低及重症肌无力患者易发生，一旦发生，应立即静脉注射新斯的明和钙剂，并配合其他抢救措施。重症肌无力患者禁用。

4. 过敏反应　可引起皮疹、药热等症状，甚至引起过敏性休克，防止措施同青霉素，其过敏性休克需肾上腺素配合钙剂抢救。

链　接

耳　毒　性

2005年央视春晚上，舞蹈“千手观音”震撼了每一个人。不仅是因为舞蹈本身的华美，更在于参加这个舞蹈表演的全部都是聋哑演员。但更令人震惊和遗憾的是21名演员中的18位均是在2岁左右因发热而使用氨基糖苷类抗生素导致的耳聋。

五、四环素类和氯霉素类抗生素

（一）四环素类

四环素类根据来源不同，可分为天然品和部分合成品两大类。天然品包括四环素、土霉素、金霉素等；部分合成品有多西环素、美他环素和米诺环素等。

本品作用于细菌核糖体30S亚基，影响细菌蛋白质的合成，为广谱抑菌剂，高浓度时具有杀菌作用。除常见的革兰阳性菌、革兰阴性菌及厌氧菌外，多数立克次体属、支原体属、衣原体属、非典型分枝杆菌属、螺旋体也对本品敏感，对铜绿假单胞菌无抗菌活性。目前主要用于立克次体感染、衣原体感染、支原体感染、回归热螺旋体所致的回归热、布鲁氏菌病、霍乱、鼠疫等疾病。

四　环　素

〖作用与应用〗主要作为支原体肺炎、立克次体病（斑疹伤寒、羌虫病）和霍乱的首选药，也可用于螺旋体、衣原体感染的治疗，同时也是各种细菌感染的次选药物。由于目前常见致病菌对四环素耐药现象严重，仅在病原菌对本品呈现敏感时，方有指征选用该类药物。

〖不良反应与用药护理〗

1. 局部刺激　口服常见恶心、呕吐、厌食、腹胀等症状，严重者出现食管炎或食管溃烂，宜饭后服用。钙离子及二价以上金属离子可与四环素形成络合物从而妨碍其吸收，因此不可与含钙食物同服；不宜肌内注射，应充分稀释后缓慢静脉滴注。

2. 二重感染　较常见的二重感染有两种。①真菌病：白念珠菌引起的鹅口疮、肠炎等；

②难辨梭菌所致的假膜性肠炎，表现为剧烈的腹泻、发热、肠壁坏死、体液渗出，休克甚至死亡。

链 接

二重感染

二重感染（菌群失调症）是继发于抗感染治疗后的另一种微生物感染（图 2-5）。正常人口腔、鼻咽、肠道等处有多种微生物寄生，菌群间维持平衡的共生状态，称为菌群平衡。若长期或大量使用广谱抗生素，使敏感菌受到抑制而数量减少，不敏感菌将乘机大量生长繁殖，造成新的感染。二重感染治疗较为困难，危害很大，应高度重视。

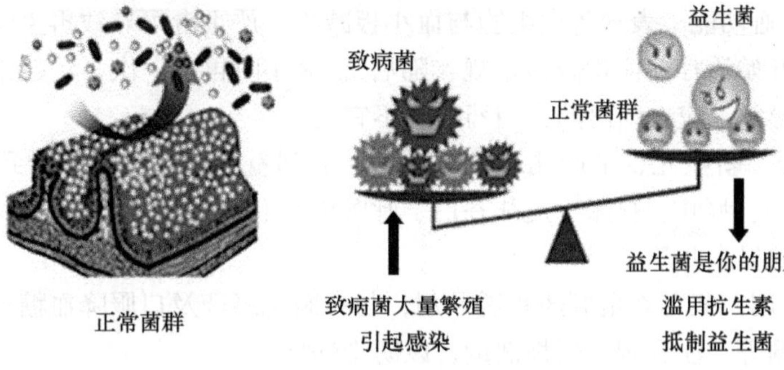

图 2-5 二重感染示意图

3. 影响骨骼、牙齿生长 四环素可与牙本质和牙釉质中的磷酸盐结合，因此服用四环素可致牙齿黄染、牙釉质发育不良及龋齿，并可导致骨发育不良。8 岁以下儿童、孕妇、哺乳期妇女禁用。

链 接

四环素牙

20 世纪 60 年代末 70 年代初，四环素是我国很常用的抗生素，因当时该药抗菌效果好，被广泛使用，那时人一有病就喜欢使用四环素，特别是儿童，但随着用药次数的增多，人们发现儿童本来一口洁白如皓可爱的乳牙有色素沉着，并出现牙釉发育不良，进而牙齿发黄、变灰。其原因在于四环素络合物沉积于牙齿里，导致钙离子不能进入牙齿部位，妨碍了钙离子成骨成牙的生长，影响了许多人牙齿的健康，成为其挥之不去的伤痕。

4. 其他 长期大剂量使用可致肝损害或加重原有的肾损伤。

（考点：四环素的不良反应与用药护理）

多西环素

多西环素抗菌谱和四环素相似，抗菌活性较四环素强。具有长效、速效、高效的特点，目前临床上较为常用，尤其适合肾外感染伴肾衰竭者以及胆道系统感染。常见不良反应有胃肠道反应及皮疹等。静脉注射时，可出现舌麻木及口腔异味感。偶见剥脱性皮炎，易致光敏反应，应嘱患者用药后注意皮肤暴露部位避光。

米诺环素

米诺环素在四环素类中抗菌活性最强，抗菌谱与四环素相似。主要用于治疗痤疮和其他皮肤感染，对表皮葡萄球菌感染和金黄色葡萄球菌引起的软组织感染效果较好，还可用于治疗淋病、非淋菌性尿道炎、沙眼衣原体宫颈炎等性传播疾病。不良反应与其他四环素类相似，可见眩晕、耳鸣、共济失调伴恶心、呕吐等前庭功能紊乱症状（女性比男性多见），常发生于首剂量时，一般停药后可恢复。

（二）氯霉素类

氯霉素

〖作用与应用〗为广谱抗生素，主要通过作用于细菌核糖体的50S亚基，抑制菌体蛋白质合成而呈现广谱抗菌作用，属快速抑菌药，高浓度时也有杀菌作用。是治疗伤寒、副伤寒的首选药，其次局部应用可治疗各种敏感菌所致的眼、耳等部位感染。因不良反应严重，现已少用。

〖不良反应与用药护理〗

1. 抑制骨髓造血功能　表现为白细胞与血小板减少，严重者可导致再生障碍性贫血，发生率低但病死率高。开始治疗前应检查血常规，随后每48小时再查一次，治疗结束还要定期检查血常规，一旦出现异常，应立即停药，用药时间不宜过长。

2. 灰婴综合征　新生儿、早产儿肝发育不全，大剂量应用氯霉素易导致药物在体内蓄积而中毒，表现为恶心、呕吐、腹胀、皮肤苍白、呼吸困难、循环衰竭等症状，称为灰婴综合征。新生儿及2岁以内的早产儿禁用。

3. 药物相互作用　氯霉素是肝药酶诱导剂，与口服抗凝药及口服降血糖药等合用时应监测凝血酶原时间、血糖等，注意调整药物剂量，以防毒性增强。

4. 其他　胃肠道反应、视神经炎、视力障碍、皮疹、药热、二重感染、溶血性贫血（葡萄糖-6-磷酸脱氢酶缺陷者慎用）等。

（考点：氯霉素的主要不良反应）

小结

β-内酰胺类抗生素主要作用于革兰阳性菌及有关敏感菌感染，为繁殖期杀菌药。青霉素G为治疗革兰阳性敏感菌感染的首选药，半合成青霉素弥补了天然青霉素不耐酸、不耐酶、抗菌谱窄等缺点。头孢菌素抗菌谱较广，对β-内酰胺酶更稳定、过敏反应少，临床应用广泛，但第一代、第二代药有一定的肾毒性。红霉素主要用于耐青霉素的金黄色葡萄球菌感染和对青霉素过敏者。氨基糖苷类对需氧革兰阴性杆菌有强大杀灭作用，为静止期杀菌药，但耳毒性、肾毒性大，临床应用应密切关注。四环素类和氯霉素类虽是广谱抗生素，但不良反应多且大多细菌对其已产生耐药性，临床现已少用。

第3节　人工合成抗菌药

案例 2-2　患者，女，18岁。畏寒、发热，全身不适，腹痛腹泻。大便初为稀便，后转为脓血便，量不多，每日10余次，伴有里急后重。查体：T38.3℃，精神较差，左下腹压痛明显，粪便细菌培养可见大量痢疾杆菌。诊断：急性细菌痢疾。医嘱给予诺氟沙星治疗。

问题：1. 为什么选用该药物治疗？

2. 选用该药物可能出现哪些不良反应？

3. 作为护士，需注意哪些用药护理？

一、喹诺酮类

喹诺酮类药物是临床上应用最为广泛的一类人工合成抗菌药，根据其问世先后分为四代（表 2-4）。

表 2-4　喹诺酮类药物发展史

时间	代表药物	作用（抗菌谱）	应用
第一代（1962 年）	萘啶酸 吡咯酸	只对大肠杆菌、痢疾杆菌、克雷伯杆菌、少部分变形杆菌有抗菌作用	疗效弱，已被淘汰
第二代（1974 年）	吡哌酸 西诺沙星	抗菌谱有所扩大，对肠杆菌属、柠檬酸杆菌、铜绿假单胞菌、沙雷杆菌也有一定抗菌作用	难治性尿路感染，如肾盂肾炎、肾盂炎，现较少使用
第三代 氟喹诺酮（20 世纪 80 年代）	诺氟沙星 氧氟沙星 环丙沙星	对葡萄球菌等革兰阳性菌有抗菌作用，对一些革兰阴性菌的抗菌作用则进一步加强	广泛应用肠道感染。尿路感染，呼吸系统感染
第四代（20 世纪 90 年代）	莫西沙星 克林沙星 加替沙星	对革兰阳性菌抗菌活性增强，对厌氧菌包括脆弱杆菌的作用增强，对典型病原体如肺炎支原体、肺炎衣原体、军团菌及结核分枝杆菌作用增强	价格较贵，目前应用较少，主要用于呼吸道感染

〖作用与应用〗抗菌机制为抑制敏感菌的 DNA 回旋酶，阻止细菌 DNA 复制，属广谱杀菌药。对静止期和繁殖期细菌均有明显作用。第二代抗菌谱窄，仅对革兰阴性菌有效，第三代除对革兰阴性菌，如大肠杆菌、变形杆菌、伤寒杆菌、沙门菌属、志贺菌属的部分菌株等作用进一步增强外，对铜绿假单胞菌也有效，且抗菌谱扩大到金黄色葡萄球菌、肺炎链球菌、溶血性链球菌、肠球菌等革兰阳性球菌，立克次体、衣原体、支原体、军团菌及结核杆菌。临床广泛应用于泌尿生殖系统、胃肠道、呼吸道、皮肤组织等细菌性感染的治疗。

（考点：喹诺酮类药物的作用）

〖不良反应与用药护理〗

1．胃肠道反应　最常见，表现为食欲缺乏、上腹部隐痛、恶心、呕吐、腹痛、腹泻及便秘等。

2．神经系统反应　剂量过大可导致头晕、头痛、失眠、眩晕及情绪不安等，以失眠最多见，严重时出现精神异常、抽搐、惊厥等。应严格控制药量，不可随意增加用量和服药次数；疗程控制在 5～7 天。必要时可停药或在医生的指导下调整用药。

3．过敏反应　出现皮疹、药物热及荨麻疹等一般性过敏表现。可致光敏反应，表现为阳光照射部位的皮肤出现瘙痒性红斑，严重者出现皮肤糜烂、脱落，其中洛美沙星、氟罗沙星、司帕沙星诱发光敏反应最常见。因此，用药前询问患者是否有过敏反应史。出现光敏反应，应立即停药，并适当服用抗过敏药物或外用止痒剂。用药期间应多饮水，避免阳光或紫外线直接照射。

4．软骨损害　儿童用药后部分患者可出现关节疼痛和水肿。用药 30 天以上应注意观察有无关节肿胀等症状出现。不宜用于儿童和孕妇。

5．其他　少数患者有肌无力、肌肉疼痛、肝肾损害等，停药后可恢复。可经乳汁分泌，用药期间暂停哺乳。

喹诺酮类过敏者、孕妇、18 岁以下青少年、癫痫患者禁用。消化性溃疡、肝肾功能不良者慎用，哺乳期妇女应用时应停止哺乳，肾功能不良者应减少剂量。

（考点：喹诺酮类药物的不良反应）

诺氟沙星

诺氟沙星对大多数革兰阴性杆菌有较强抗菌活性。对金黄色葡萄球菌、肺炎链球菌、溶血性链球菌等革兰阳性菌也有一定作用，主要用于治疗肠道和泌尿生殖道感染。

氧氟沙星

氧氟沙星在体内抗菌活性为诺氟沙星的 3～5 倍，对革兰阳性菌、革兰阴性菌的作用比诺氟沙星强，对衣原体、支原体及部分厌氧菌也有杀灭作用，主要用于敏感菌所致的泌尿道、呼吸道、胆管、皮肤软组织、耳鼻喉及眼部的感染。因有较好的抗结核杆菌活性，是治疗结核病的二线药物，与其他抗结核药合用时呈相加作用。不良反应少，主要有胃肠道反应、光敏反应，偶见神经系统症状和氨基转移酶升高。

左氧氟沙星

左氧氟沙星是氧氟沙星的左旋体，抗菌活性比氧氟沙星强 2 倍。抗菌谱、用途与氧氟沙星相同。其不良反应是目前喹诺酮类药物中最小的。

环丙沙星

环丙沙星对革兰阴性杆菌的抗菌活性强。主要用于敏感菌引起的泌尿道、胃肠道、呼吸道、骨关节、腹腔及皮肤软组织等感染。不良反应常见胃肠道反应，也有神经系统症状，静脉滴注时有血管局部刺激反应。

二、磺胺类及甲氧苄啶

（一）磺胺类

磺胺类药为慢速抑菌剂，对大多数革兰阳性和阴性菌，部分放线菌及沙眼衣原体、弓形虫、疟原虫等病原体均有较好的抗菌活性，但对病毒、螺旋体、支原体、立克次体无效，磺胺米隆和磺胺嘧啶银盐对铜绿假单胞菌有效。磺胺类药物通过抑制细菌二氢叶酸合成酶而产生抑菌作用（图 2-6）。细菌对磺胺类药物易产生耐药性，且各种磺胺药物之间有交叉耐药性。

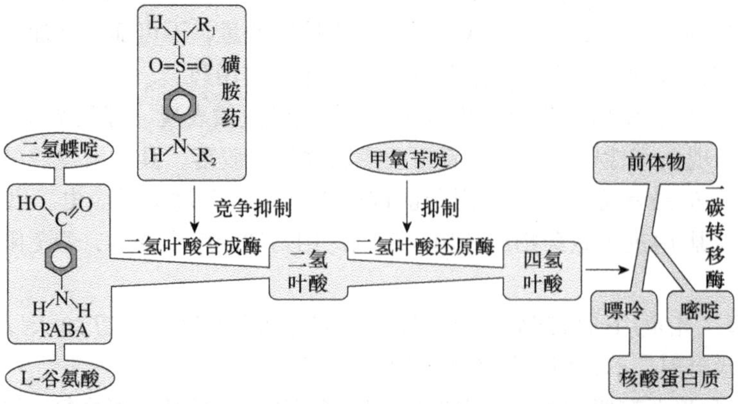

图 2-6 磺胺类及甲氧苄啶抗菌作用机制示意图

磺胺类药可分为全身感染类、肠道感染类、局部感染类三大类药物，其应用特点及临床应用见表 2-5 和图 2-7。

表 2-5　常用磺胺类药作用特点和临床应用

分类药物		作用特点及应用
全身感染类	磺胺嘧啶（SD）	口服易吸收，血浆蛋白结合率低、脑脊液浓度高，为治疗流行性脑脊髓膜炎的首选药，也可治疗敏感菌所致的急、慢性尿路感染
	磺胺甲噁唑（SMZ，新诺明）	口服易吸收，血浆蛋白结合率高，尿中药物浓度高，主要用于泌尿道、呼吸道、肠道感染，常与甲氧苄啶（TMP）合用
肠道感染类	柳氮磺吡啶（SASP）	口服难吸收，大部分在直肠内分解出磺胺吡啶和 5- 氨基水杨酸，具有抗菌、抗炎和抑制免疫作用，临床主要用于溃疡性和局限性结肠炎
局部感染类	磺胺米隆（SML）	抗菌作用不受脓液和坏死组织的影响，且能渗入创面及焦痂中，适用于烧伤和大面积创伤和感染
	磺胺嘧啶银（SD-Ag，烧伤宁）	具有 SD 的抗菌作用和银盐的收敛作用，对铜绿假单胞菌作用强大，临床用于烧伤和烫伤
	磺胺醋酰钠（SA）	局部应用穿透力强，可渗入眼部晶状体及眼内组织，适用于治疗沙眼、结膜炎、角膜炎

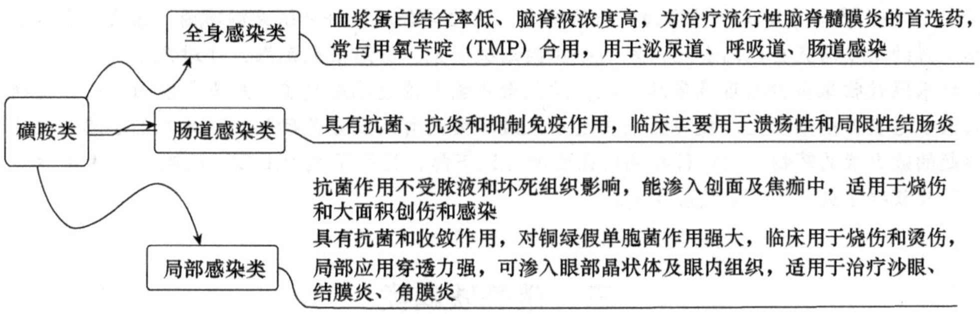

图 2-7　磺胺类的分类及特点思维导图

（考点：磺胺类药物的应用）

〖不良反应与用药护理〗

1．泌尿系统损害　磺胺类药的乙酰化代谢产物在尿中溶解度较低，尤其在尿液偏酸性时易析出结晶而损害肾，出现结晶尿、血尿、尿少、尿闭等症状。用药时应同服碳酸氢钠碱化尿液和适当增加饮水，可以减少尿液中结晶析出而预防肾损害。

2．过敏反应　以皮疹、药疹较常见。偶见剥脱性皮炎和多形性红斑，严重者可致死。本类药物间有交叉过敏反应。

3．血液系统反应　偶见粒细胞减少、血小板减少甚至再生障碍性贫血等，对葡萄糖 -6- 磷酸脱氢酶缺乏的患者可致溶血性贫血，应禁用。

4．其他　新生儿可致脑红素脑病和溶血，尚可引起恶心、呕吐、头痛、乏力、精神不振等。

老年人及肝、肾功能不全者慎用和禁用；驾驶员及高空作业者工作期间禁用。新生儿、临产妇及哺乳期妇女禁用。

（考点：磺胺类药物的不良反应和用药护理）

（二）甲氧苄啶

甲氧苄啶（TMP）又称磺胺增效剂或抗菌增效剂。能增强磺胺类或氨基糖苷类等抗菌药的抗菌活性。TMP 口服吸收迅速而完全，体内分布广，易透过血脑屏障，炎症时脑脊液中药物浓度接近血药浓度。

〖作用与应用〗甲氧苄啶的抗菌谱与磺胺类药相似。单用易产生耐药性，抗菌机制是抑制二氢叶酸还原酶，使二氢叶酸不能还原为四氢叶酸，阻碍细菌核酸合成，而产生抑菌作用。TMP 与磺胺类药物合用，可使细菌的核酸合成受到双重阻断，磺胺类药物的抗菌作用增强数倍至数十倍，甚至出现杀菌作用，并可延缓耐药性的产生。常与 SMZ 或 SD 合用或制成复方制剂。用于治疗敏感菌引起的呼吸道、泌尿道和肠道（包括伤寒、副伤寒）感染。

〖不良反应〗可引起恶心、过敏性皮疹等。大剂量长期用药或原有叶酸缺乏（营养性或吸收不良、孕妇等），可出现轻度可逆性血常规变化，如白细胞减少、血小板减少、巨幼红细胞性贫血，严重者可用亚叶酸钙治疗。严重肝、肾功能不良、骨髓造血功能不全者、孕妇、新生儿禁用。

链　接

磺胺的发现

1932 年，多马克发现一种名为“百浪多息”的化学合成染料可杀灭链球菌。而第一个接受百浪多息治疗的是多马克自己的女儿，她的手指因划破感染，医治很久无果，面对危重病情，多马克冒险用还未经过临床实验的百浪多息一试，结果女儿竟奇迹般地康复了。后来，法国的巴斯德研究所对百浪多息展开全面研究，发现百浪多息杀灭链球菌的有效成分是磺胺，从此找到了治疗链球菌感染引起的败血症的药物，使这种疾病的死亡率迅速下降，挽救了成千上万人的生命。1939 年，多马克也因此获得诺贝尔生理学或医学奖。

三、硝基呋喃类

本类药物抗菌谱广，对多数革兰阳性和阴性菌都有抑制或杀灭作用。细菌对其不易产生耐药性，且与其他抗菌药物无交叉耐药性（表 2-6）。

表 2-6　硝基呋喃类药物及其作用特点

药物名称	作用特点及应用	不良反应
呋喃妥因（呋喃坦啶）	口服吸收迅速，排泄快、血药浓度低、尿中药物浓度高，仅用于治疗泌尿系统感染	消化道反应，大剂量引起周围神经炎，偶见皮炎、药热
呋喃唑酮（痢特灵）	口服吸收差，肠腔内药物浓度高，主要用于治疗肠炎，细菌性痢疾。近年来应用本品治疗幽门螺杆菌所致的胃窦炎和溃疡病疗效较好	不良反应与呋喃妥因相似，但较轻
呋喃西林	仅作表面消毒剂，用于化脓性中耳炎、皮肤黏膜感染	毒性大

四、硝基咪唑类

甲　硝　唑

〖作用与应用〗对革兰阳性和阴性厌氧菌均有抗菌作用，对需氧菌无效。还具有抗滴虫和阿米巴原虫的作用。临床用于治疗厌氧菌感染、滴虫性阴道炎和阿米巴原虫感染的首选药。

〖不良反应〗

1．胃肠道反应　可引起恶心、厌食、口腔金属味、腹泻、腹痛等。可口服或静脉滴注，宜饭后服用。

2．神经系统　大剂量使用时出现头痛、头晕、四肢麻木及感觉异常等。发生感觉异常或四肢麻木时停药。

3．过敏反应　少数患者可出现皮疹、白细胞减少等。

4．其他　本药可干扰乙醇代谢，用药期间饮酒可导致双硫仑样反应。长期大量口服有致癌、致畸可能。妊娠早期及哺乳期妇女禁用。

替　硝　唑

替硝唑与甲硝唑的作用相似。半衰期较甲硝唑长，毒性较轻，对脆弱类杆菌及梭杆菌的作用较甲硝唑强，对梭状芽孢杆菌属作用较甲硝唑弱。

小结

喹诺酮类抗菌药具有广谱、高效、口服吸收好、体内分布广、不良反应较少、与其他抗菌药无交叉耐药性等优点，临床主要用于治疗肠道感染、泌尿生殖道感染、呼吸道感染、骨与关节感染等；磺胺类药与TMP合用后其抗菌活性大大提高，可用于敏感菌所致的泌尿道、呼吸道感染等，还能用于烧伤创面感染等；甲硝唑抗厌氧菌作用强，主要用于厌氧菌感染、外科手术及预防术后厌氧菌感染等，也可用于治疗阴道滴虫病和肠内、肠外阿米巴病。

第4节　抗结核病药

结核病是由结核分枝杆菌引起的慢性传染病。可累及多个脏器，以肺部感染最多见。临床常用的抗结核病药可分一线药和二线药。一线抗结核病药有异烟肼、利福平、乙胺丁醇、链霉素、吡嗪酰胺等，其疗效高、毒性小，为常用药；而对氨基水杨酸、丙硫异烟胺、卡那霉素等，一般疗效较差、毒性大，属二线抗结核病药，仅在一线药物产生耐药或患者不能耐受时使用。氧氟沙星等氟喹诺酮类药对耐药结核分枝杆菌也有效。

案例 2-3　患者，男，43岁。半个月前因感冒出现咳嗽，后伴咯血，并有午后低热、盗汗，查体：T 38℃，肺部叩诊浊音，右肺湿啰音，胸片示右上肺斑片状阴影，有空洞形成。诊断为：右上肺结核。医嘱给予利福平、异烟肼、吡嗪酰胺联合用药。

问题： 1．选用这些药物治疗合理吗？

2．此类药物可能出现哪些不良反应？

3．作为护士，需注意哪些用药护理？

一、常用抗结核病药

异烟肼（INH、雷米封）

〖作用与应用〗①异烟肼对结核分枝杆菌有高度选择性，抗菌作用强，对繁殖期和静止期细菌有杀菌作用。②穿透力强，可渗入关节腔，胸腔积液、腹水及纤维化或干酪化的结核病灶中，也易透入细胞内作用于已被吞噬的结核杆菌。③异烟肼单用易产生耐药性，与其他抗结核药联合用药可延缓耐药性产生，并增强疗效。与其他抗结核药无交叉耐药性。

异烟肼是预防和治疗结核病的首选药，适用于治疗各种类型的结核病，如肺、淋巴、骨、肾、肠等结核，结核性脑膜炎、胸膜炎及腹膜炎等。预防用药可单独使用。

〖不良反应〗

1. 神经系统反应　表现为周围神经炎（表现为肌肉痉挛、四肢感觉异常、视神经炎、视神经萎缩等）和中枢症状（头痛、失眠、疲倦、记忆力减退、精神兴奋、易怒、欣快感、反射亢进、幻觉、抽搐、排尿困难、昏迷等），可用维生素 B_6 防治。异烟肼急性中毒时，大剂量维生素 B_6 可对抗，并需进行其他对症治疗。

2. 肝毒性　可损伤肝细胞引起氨基转移酶升高、食欲减退、腹胀及黄疸等，严重者可出现肝小叶坏死，故应定期检查肝功能。

3. 其他　胃肠道症状（如食欲缺乏、恶心、呕吐、腹痛、便秘等）及变态反应如药热、皮疹等，偶尔可引起粒细胞缺乏、血小板减少等。

利福平（RFP）

〖作用与应用〗利福平与异烟肼相比，其特点：①抗菌谱广，对结核分枝杆菌、麻风杆菌、革兰阳性菌有抗菌作用，尤其是对耐药性金黄色葡萄球菌均有较强的抗菌作用；②穿透力强，分布广；③抗结核病疗效与异烟肼相近，单用易产生耐药性，与异烟肼、乙胺丁醇等合用有协同作用，并能延缓耐药性的产生。

利福平可用于治疗各种类型的结核病，对耐药性金黄色葡萄球菌及其他敏感菌引起的感染也有效，也可用于沙眼等眼部感染。

〖不良反应〗

1. 肝毒性　为该药的主要不良反应，在疗程最初数周内，少数患者可出现血清氨基转移酶升高、肝大和黄疸。

链　接

氨基转移酶

氨基转移酶是人体肝脏这个“化工厂”正常运转过程中必不可少的“催化剂”，是肝脏的一个“晴雨表”，肝细胞是氨基转移酶的主要生存地。当肝细胞发生炎症、中毒、坏死等时会造成肝细胞的受损，氨基转移酶便会释放到血液里，使血清氨基转移酶升高。

2. 消化道反应　最为多见，口服本品后可出现厌食、恶心、呕吐、上腹部不适、腹泻等胃肠道反应，但均能耐受。

3. 变态反应　大剂量间歇疗法后偶可出现“流感样症候群”，表现为畏寒、寒战、发热、不适、呼吸困难、头晕、嗜睡及肌肉疼痛等。

4. 其他　患者服用后可引起大小便、唾液、痰液、泪液等呈橘红色。

（考点：异烟肼、利福平的不良反应）

利福定、利福喷丁

利福定和利福喷丁均为利福平的衍生物，抗菌谱与利福平相似，抗结核杆菌作用强度分别是利福平的 3～8 倍。主要用于结核病的治疗，与异烟肼、乙胺丁醇等有协同作用。不良反应较利福平少且轻。

乙胺丁醇

乙胺丁醇（EMB）对结核杆菌有抑制作用，对耐链霉素、异烟肼的结核菌仍敏感。单用易产生耐药性，常与其他抗结核病药联合用药。主要用于治疗各型结核病。

长期大剂量使用可致球后视神经炎，表现为视力下降、红绿色盲、视野缩小等，一旦出现应及时停药，用药期间定期检查视力。偶见消化道反应、变态反应和高尿酸血症。

链霉素

链霉素（SM）在体内对结核杆菌仅有抑菌作用，疗效不及异烟肼和利福平，且穿透力弱，不易渗入纤维化、干酪样病灶，也不易透过血脑屏障。单用可迅速耐药，临床主要与其他抗结核药联合应用。治疗浸润性肺结核、粟粒性结核等，长期使用易产生耐药性和严重的耳毒性、肾毒性等。儿童禁用。

（考点：链霉素的不良反应）

吡嗪酰胺

吡嗪酰胺（PZA）口服易吸收，分布广泛，细胞内和脑脊液中的浓度与血液浓度相近，对结核分枝杆菌有抑制和杀灭作用。在酸性环境中抗菌作用增强，单用易产生耐药性，但与其他抗结核病药之间无交叉耐药性，与利福平、异烟肼合用有协同作用。主要用于各型结核病的联合用药，以缩短疗程，长期、大剂量使用可产生严重的肝损害，出现氨基转移酶升高、黄疸甚至肝坏死。

对氨基水杨酸

对氨基水杨酸（PAS）通过对叶酸合成的竞争抑制作用而抑制结核分枝杆菌的生长繁殖。仅对结核杆菌有抑菌作用，对其他细菌无效。单独应用时结核杆菌能迅速产生耐药性，常与其他抗结核药合用，以延缓细菌产生耐药性，为二线抗结核病药。不良反应发生率较多者有瘙痒、皮疹、关节酸痛与发热、极度疲乏，嗜酸粒细胞增多等。消化道反应较常见，宜饭后服用，不宜与利福平同服以免妨碍吸收。

二、抗结核病药的用药护理

1．服用异烟肼须在饭前1小时或饭后2小时服用，现常采用清晨空腹顿服。嘱患者按时用药，不可自行停药，用药期间不能饮酒，注意休息。静脉注射宜加5%葡萄糖或0.9%氯化钠溶液20～40ml缓慢推注，应同时服用维生素B_6以防止周围视神经炎的发生。孕妇、癫痫或精神病患者慎用。

2．异烟肼为肝药酶抑制剂，可抑制香豆素、苯妥英钠、三环类抗抑郁药等药物的代谢。合用利福平或饮酒可加重肝毒性，合用肼屈嗪可使异烟肼代谢受阻，毒性增加。

3．利福平宜空腹服用，其排泄物可将尿液、唾液、泪液染成橘红色，应提前告知患者对健康无影响。胶囊剂遇湿不稳定，光照易氧化，一旦变色、变质不宜服用。服药期间每天饮酒可导致肝毒性，发生率增加。动物实验证实该药有致畸胎作用，妊娠早期（前3个月）禁用，肝功能不良者、老年人、幼儿、嗜酒者慎用。

4．服用乙胺丁醇期间，应注意患者的视力变化和红绿色分辨力，出现异常应立即报告医生，立即停药，一般用药期间2～4周做一次眼科检查。

5．长期使用异烟肼、利福平及吡嗪酰胺等药物须定期检查肝功能。

6．吡嗪酰胺可抑制尿酸盐排泄，诱发痛风，故痛风者慎用。

7. 对氨基水杨酸钠静脉滴注时，应新鲜配制并注意避光。

三、抗结核病药的应用原则

1. 早期用药　早期结核病变主要是渗出性炎症反应，病灶局部血液循环没有明显障碍，药物易渗入而发挥抗菌作用。早期病灶内的结核杆菌正处在代谢旺盛、繁殖最快的时期，易被药物抑制或杀灭，可获得较好疗效。

2. 联合用药　两种或两种以上抗结核病药联合使用，可以延缓耐药性的产生，提高疗效，降低毒性。常以异烟肼为基础，加用其他敏感的抗结核病药。采用二联、三联或四联则取决于疾病的严重程度、以往用药情况及结核分枝杆菌对药物的敏感性。

3. 适量用药　药量不足，组织内药物难以达到有效浓度，达不到治疗效果，且可诱发结核菌产生耐药性而使治疗失败，剂量过大，则易产生严重不良反应而使治疗无法继续，因此用药剂量要适当。

4. 规律用药　结核杆菌是一种分裂周期长、杀灭困难大的顽固细菌。治疗过程中，要在专科医生指导下按规定疗程完成治疗方案。随意改变药物的种类、剂量或过早停药均可使被抑制的细菌再度繁殖或迁延，导致治疗失败。

5. 全程督导治疗　WHO 提出督导治疗，是当今控制结核病的首要策略，即患者的病情、用药、复查等均应在医务人员的监督之下。在全程化疗期间（一般 6～12 个月，耐药结核病疗程更长）均由医务人员指导，规范治疗。

药疗警示

患者，男，25 岁。因患肺结核在医院治疗 2 个月后，带药回家继续治疗。医嘱：按时按量，规律服药，并定期回医院复查。患者回家服药 1 个月后，自觉病情痊愈，没有继续服药，之后 1 个月又出现剧烈干咳、低热、盗汗等症状。

小结

一线抗结核病药是目前临床常用的抗结核病药，单用均易产生耐药性，联合用药可提高疗效、延缓耐药性的产生，异烟肼、利福平作用强、穿透力强，可用于全身各部位、各种类型的结核病的治疗。异烟肼仅用于预防和治疗结核病，主要不良反应为周围神经炎及肝毒性；利福平为广谱抗菌药，除抗结核病外，还可用于其他敏感菌感染所致疾病，应用抗结核病药时，应遵循早期用药、联合用药、适量用药及全程规律用药的原则。

第 5 节　抗真菌药与抗病毒药

一、抗 真 菌 药

真菌分为浅表真菌和深部真菌。浅表真菌主要侵犯皮肤、毛发、指（趾）甲等，常由各种癣菌引起，引起体癣、头癣、手足癣、花斑癣等，发病率高。深部真菌主要侵犯内脏器官和深部组织，常由白念珠菌和新型隐球菌引起，发病率低，但危害大。临床常用的抗真菌药有抗生素类抗真菌药，如两性霉素B、灰黄霉素等和人工合成的广谱抗真菌药，如酮康唑、咪康唑、克霉唑、特比萘芬等（表2-7）。

表2-7 临床常用人工合成抗真菌药

药物	作用与应用	不良反应及注意事项
克霉唑	口服吸收少而不规则，仅局部用于治疗浅表真菌感染	毒性大，局部用药毒性小
酮康唑	可口服用于治疗全身、皮下及浅部真菌感染；外用治疗各种癣菌等浅部真菌感染	口服常见恶心、呕吐、厌食等，严重者可出现肝毒性。服药期间禁酒
氟康唑	对多种真菌抗菌活性强，脑脊液中浓度高，口服吸收好，体内分布广，具有广谱抗真菌包括隐球菌属、念珠菌属和球孢子菌属等作用，是治疗艾滋病患者隐球菌性脑膜炎的首选药	不良反应少，常见恶心、腹痛、腹泻等轻度消化道反应；肝毒性较小
伊曲康唑	对多种浅表、深部真菌有较强抑制作用，是治疗罕见真菌如组织胞浆菌、芽生菌感染的首选药	不良反应少，常见消化道反应、头痛、头晕、低血钾等，肝毒性较小
特比萘芬	口服吸收好，主要分布于皮肤角质层。作用特点是高效、速效、低毒、低复发率。外用或口服用于治疗体癣、股癣、手足癣及甲癣等。另外，也可用于念珠菌病	不良反应少，消化道反应多见
氟胞嘧啶	口服吸收好，体内分布广，用于治疗隐球菌、念珠菌和着色菌引起的严重感染	消化道反应及肝损害

两性霉素B

〖作用与应用〗广谱抗真菌药，对多种真菌如新型隐球菌、白念珠菌、皮炎芽生菌、荚膜组织胞浆菌等具有良好抗菌作用，是治疗深部真菌病的首选药。主要用于真菌性肺炎、心包膜炎、脑膜炎及泌尿道感染等。

口服和肌内注射均难吸收，治疗深部真菌感染性疾病采用静脉注射给药。脑脊液中浓度低，治疗脑膜炎时需鞘内注射。口服仅用于肠道真菌感染，外用可治疗皮肤、指甲及黏膜等浅表真菌感染。

〖不良反应与用药护理〗不良反应多且严重，静脉滴注时可出现寒战、高热、头痛、恶心、呕吐等。静脉滴注过快可引起惊厥、低血压、呼吸困难、心律失常，可出现肾损害，表现为蛋白尿、管型尿、血尿酸氮升高。静脉滴注宜用注射用水或5%的葡萄糖溶液配制，不宜用0.9%氯化钠注射液或含酸含盐的溶媒配制，患者用药初期须住院严密观察，定期检查血钾、血尿常规及肝肾功能和心电图。

灰黄霉素

〖作用与应用〗口服易吸收，在脂肪、皮肤、毛发等组织中分布较多，能渗入病灶储存在皮肤角质层、毛发及指（趾）甲角质内抵御真菌继续入侵，对各种皮肤癣菌有较强的抑制作用，但对深部真菌无效。主要用于头癣、体癣、股癣、甲癣等癣病的治疗，其中以头癣疗效最好，对指（趾）甲癣疗效较差。

本药不能直接杀死真菌，需服用数月直至被感染的皮肤、毛发或指甲脱落方可治愈，不易透过表皮角质层，故外用无效。

〖不良反应〗常见恶心、腹泻、皮疹、头痛、白细胞减少等，孕妇、哺乳期妇女禁用。

制霉菌素

制霉菌素对白念珠菌等有抑制作用，局部外用可防治皮肤、口腔及阴道念珠菌感染，口服用于治疗胃肠道感染，亦可用于长期使用广谱抗生素患者，防治真菌引起的二重感染，毒性较大，不良反应有胃肠道反应，个别患者阴道给药可见白带增多。

二、抗病毒药

病毒寄生在人体活细胞内，利用宿主的各种生化机制进行增殖，病毒引起的感染性疾病很常见，如流行性感冒、水痘、麻疹等。目前治疗病毒感染性疾病除依赖于疫苗、抗体、干扰素等免疫手段外较常用的抗病毒药物有阿昔洛韦、金刚烷胺、碘苷、利巴韦林、齐多夫定和干扰素等。

阿昔洛韦

此药为广谱抗病毒药，对单纯性疱疹病毒、带状疱疹、水痘等均有效，是治疗单纯疱疹病毒感染的首选药。局部应用治疗疱疹病毒性角膜炎、皮肤黏膜感染、生殖器疱疹和带状疱疹等。

不良反应中，口服有恶心、呕吐等胃肠道反应，饭后服药可减轻，滴眼和外用可出现局部轻微疼痛，静脉滴注可发生静脉炎，不宜肌内注射。孕妇禁用，肾功能减退者慎用。

金刚烷胺

金刚烷胺能特异性地抑制甲型流行性感冒病毒。主要用于甲型流行性感冒的防治，亦可治疗帕金森病。不良反应有恶心、厌食、头晕、失眠等，孕妇慎用。

（考点：金刚烷胺的应用）

奥司他韦

奥司他韦阻止流感病毒在人体内复制，能减轻流感症状并减少甲型或乙型流感病毒的播散。临床主要用于成人和1岁及1岁以上儿童的甲型和乙型流感治疗和预防。患者应在首次出现症状48小时以内使用。最常见的不良反应是恶心和呕吐，出现于用药后的前两天，与食物同服可减轻。其他不良反应包括腹泻、胃痛、腹痛，鼻出血，头痛和疲劳等。

利巴韦林

利巴韦林为广谱抗病毒药。对多种DNA和RNA病毒均有抑制作用，包括疱疹病毒、腺病毒、痘病毒，甲、乙型流行性感冒病毒，呼吸道合胞病毒，麻疹病毒等。可采用口服、滴鼻、气雾吸入和静脉滴注等。主要用于防治甲、乙型流行性感冒，流行性出血热、疱疹、小儿腺病毒肺炎、甲型肝炎和角膜炎、结膜炎等。

不良反应有头痛、乏力、腹泻和血清胆红素增加等，大剂量使用可导致白细胞减少及溶血性贫血等，用药期间应定期检查血常规。本品有致畸作用，孕妇禁用。

碘苷

碘苷可抑制单纯疱疹病毒、水痘带状疱疹病毒，全身作用毒性大，临床仅限于局部短期用药，治疗疱疹性角膜炎及其他疱疹性眼病。

长期应用可出现角膜混浊或染色小点，局部有瘙痒、疼痛、水肿，甚至眼睫毛脱落等。对碘过敏者禁用。

齐多夫定

齐多夫定口服吸收快，可透过血脑屏障，体内分布广。此药物是治疗艾滋病的首选药，可减轻艾滋病相关症候群。联合用药可降低艾滋病感染者的发病率，延长其存活期，减少母婴传播率。可抑制乙型肝炎病毒，是目前治疗乙型肝炎病毒感染常用药之一。其主要不良反应有骨髓抑制，表现为贫血、中性粒细胞和血小板减少等，用药期间要定期检查血常规。治疗初期常出现头痛、恶心、呕吐、味觉改变、肌痛等，继续用药可自行消退。

链　接

艾滋病的“鸡尾酒”疗法

艾滋病由感染艾滋病病毒（HIV）引起，患者最终多因全身衰竭而死亡，目前尚无根治的特效药物。常采用三联治疗方案即拉米夫定和齐多夫定配合奈韦拉平或依非韦伦，就好像调酒师将几种不同的酒调在一起一样，因此被形象地称为“鸡尾酒”疗法，该疗法能减少单一用药产生的抗药性，最大限度地抑制病毒复制，使被破坏的机体免疫功能部分甚至全部恢复，从而延缓病程进展，延长生命。

干　扰　素

干扰素有 α、β、γ 三种类型。目前临床常用的是利用基因重组技术生产的 α- 干扰素，本品口服无效需注射给药，具有广谱抗病毒作用。通过使未受感染的细胞产生抗病毒蛋白而干扰病毒的复制和增殖，对 RNA 和 DNA 病毒均有效。临床主要用于防治病毒性肝炎、呼吸道病毒感染、疱疹性角膜炎、带状疱疹、单纯疱疹、巨细胞病毒感染，此外还具有抗恶性肿瘤的作用等。不良反应少，注射部位可出现硬结，偶见可逆性骨髓抑制。

小结

抗深部真菌感染，常用药有两性霉素 B 、酮康唑、伊曲康唑等。两性霉素 B，是广谱抗真菌药；抗浅部真菌感染，常用药有灰黄霉素、制霉菌素、克霉唑、咪康唑等。克霉唑对皮肤真菌作用强，对头癣无效。由于病毒的特性，尚难找到疗效确切、安全低毒、选择性高的抗病毒药，目前常用药有利巴韦林、阿昔洛韦、干扰素等。

第 6 节　消毒防腐药

消毒药指能迅速杀灭微生物的药物；防腐药指能抑制病原微生物生长繁殖的药物。两者无严格界限，低浓度消毒药有防腐作用，防腐药在高浓度时也可能有杀菌作用，故统称为消毒防腐药。主要用于体表（皮肤、黏膜、伤口）、器械、患者排泄物和周围环境的消毒。

消毒防腐药对各种生物机体（包括微生物、病原微生物和人体组织）无明显选择性，不能作全身用药。脓性分泌物可降低消毒防腐药的效果，用药前注意清创。临床常用消毒防腐药的应用见表 2-8。

表 2-8　临床常用消毒防腐药

药物	作用与应用	用药护理
乙醇	作用强，对芽孢、肝炎病毒无效；过高浓度使菌体蛋白质凝固妨碍杀菌效果。75% 乙醇用于皮肤及器械表面消毒等；50% 乙醇用于预防压疮，20%～30% 乙醇用于高热患者物理退热擦浴	有刺激，不能用于破损皮肤及糜烂渗液的部位，使用时避免接触眼睛
甲酚	作用强，腐蚀性及毒性较小；2% 溶液用于皮肤、橡胶手套消毒；3%～5% 溶液用于器械消毒；5%～15% 溶液用于环境及排泄物消毒	有臭味，对黏膜有刺激性。一般不用于餐具和厨房的消毒

续表

药物	作用与应用	用药护理
甲醛	杀菌作用强，对细菌、芽孢、真菌、病毒均有效；10% 甲醛溶液用于固定标本及保存疫苗等；2% 甲醛溶液用于器械消毒	挥发性较强，对黏膜和呼吸道有强烈刺激性，可引起流泪、咳嗽等
苯甲酸	毒性小，抑制细菌和真菌，用于体癣、手足癣；也可用于食物和药品防腐	酸性环境中作用增强，忌与重金属盐合用
碘酊	对阿米巴原虫有效；2% 碘酊用于皮肤消毒，10% 浓碘酊可治疗甲癣	碘酊消毒后须用 75% 乙醇脱碘
聚维酮碘	作用强、持久，能杀死细菌、病毒、芽孢、真菌、原虫等；0.5% 溶液用于手术部位的皮肤消毒；5%～10% 溶液用于治疗烫伤；0.05% 溶液用于餐具的消毒	刺激性小，毒性低。碘过敏者禁用，不宜用于 20% 以上的大面积烧伤消毒
次氯酸钠	对细菌、病毒、芽孢均有杀灭作用；84 消毒液由次氯酸钠＋表面活性剂组成，具有广谱、高效、快速、去污性强等特点，用于各种用具、排泄物及不锈钢医疗器械消毒	有腐蚀性，避免与眼睛接触，金属器械消毒后及时取出擦干存放
苯扎溴铵	对革兰阳性菌作用强，对铜绿假单胞菌和芽孢无效，杀菌和去污作用快而强、渗透力强、无刺激性。0.05%～0.1% 溶液用于外科手术前洗手（浸泡 5 分钟）；0.01%～0.05% 溶液用于黏膜和创面消毒；0.1% 溶液用于餐具及器械消毒（浸泡 30 分钟）	毒性低，不宜用于膀胱镜等器械消毒及痰、粪便排泄物的消毒。忌与肥皂、洗衣粉等合用。金属器械需加 0.5% 亚硝酸钠以防锈
氯己定	作用快而强，对芽孢、真菌和病毒无效，无刺激性。0.02% 溶液用于手术前洗手消毒（浸泡 3 分钟）；0.05% 溶液用于冲洗伤口及牙龈炎、牙周炎；0.1% 溶液用于器械消毒；0.5% 醇溶液用于手术前皮肤消毒；1% 氯己定软膏用于烧伤、创伤表面消毒	毒性小，不可与碘酊、高锰酸钾、红汞配伍以免沉淀。不可与肥皂、合成洗涤剂同用。高温时易分解
甲紫	对革兰阳性菌、念珠菌、皮肤真菌有杀灭作用；对铜绿假单胞菌有效。对大多数革兰阴性菌无效；本品有收敛作用，无刺激性及毒性，1%～2% 溶液用于皮肤、黏膜、创伤感染、烫伤及真菌感染，也可用于小面积烧伤	动物实验表面有致癌作用，故伤口破溃处禁用，不宜长期使用
红汞	杀菌作用弱，无刺激性，穿透力弱，对芽孢无效；2% 溶液用于皮肤及表面、创面消毒	不可与碘酊同涂一处
过氧乙酸	强氧化剂，对细菌、芽孢、真菌、病毒均有较强的杀灭作用。0.1%～0.2% 溶液用于吸收消毒，浸泡 1 分钟；0.3%～0.5% 溶液用于器械消毒，浸泡 15 分钟；0.04% 溶液喷雾或熏蒸用于餐具、空气、地面、墙壁、家具及垃圾消毒；1% 溶液用于衣服、被单消毒，浸泡 2 小时	禁用于金属器械消毒；气温低时应延长消毒时间；现配现用，存于阴凉干燥处
过氧化氢	杀菌力弱，对细菌、芽孢、病毒均有效，作用时间短，遇有机物放出氧分子产生气泡，可机械消除脓快、血痂及坏死组织，除臭。3% 溶液用于清除创伤、松动痂皮尤其是厌氧菌感染的伤口；1% 溶液用于化脓性中耳炎和口腔炎、扁桃体炎和坏死性牙龈炎等局部冲洗	遇光、热易分解变质，避光保存。高浓度对皮肤、黏膜有刺激性灼伤，形成疼痛性“白痂”。连续漱口可出现舌头肥厚，停药可恢复

续表

药物	作用与应用	用药护理
高锰酸钾	为强氧化剂，杀菌力强，有收敛作用。0.1%～0.5%溶液用于膀胱及创面洗涤；0.01%～0.02%溶液用于某些药物中毒时洗胃；0.0125%用于阴道冲洗或坐浴；0.01%溶液用于足癣浸泡；0.02%溶液用于口腔科冲洗感染；0.1%溶液用于蔬菜、水果消毒（浸泡5分钟）	临用时用凉开水配制；高浓度溶液有刺激性，易损伤皮肤；宜避光保存
环氧乙烷	是广谱、高效的气体消毒剂，穿透力强，可达到物品深部杀灭细菌、芽孢、病毒和真菌。常用于其他方法不能消毒的如皮革、棉织品、精密仪器、纸张、生物制品、书籍、文件橡皮制品等	消毒时必须在密闭容器内进行，常用的有固定容器消毒法、消毒袋消毒法

（考点：消毒防腐药乙醇的应用）

链　接

84消毒液

84消毒液是北京第一传染病医院（现北京地坛医院）于1984年研制的一种消毒液，是以次氯酸钠为主的无色或淡黄色高效液体消毒剂，有效氯含量为55%～65%，能迅速杀灭各类肝炎病毒。现广泛用于宾馆、旅游、医院、食品加工行业、家庭等卫生消毒。

小结

消毒防腐药是一类能杀灭或抑制病原体的药物。本类药物一般毒性较大，选择性低，故通常不用于体内，而只用于体表、环境、排泄物的处理消毒，防止感染的发生或治疗体表的感染。目前，临床使用的消毒防腐药共有10类，使用时应注意浓度、用法及其他影响因素。

自测题

1．抗菌药抑制或杀灭病原微生物的能力称为（　　）
A．抗菌药物　B．抗菌谱
C．耐受性　D．抗菌活性
E．抗菌后效应

2．下列关于抗菌药合理应用的叙述不合理的为（　　）
A．尽早预防性使用抗菌药
B．尽早确定病原菌
C．根据患者的肝、肾功能合理选择用药
D．根据患者的感染部位选择用药

3．抗微生物药物的抗菌范围称为（　　）
A．抗菌谱　B．抗菌活性
C．耐药性　D．抗菌机制
E．化疗指数
F．尽量避免局部使用抗菌药

4．青霉素G的抗菌作用机制是（　　）
A．抑制细菌蛋白质合成
B．抑制细菌细胞壁合成
C．抑制细菌叶酸合成
D．影响细菌叶酸代谢
E．以上都不是

5．头孢菌素类药物的主要不良反应不包括（　　）
A．恶心　B．肾损害
C．过敏反应　D．二重感染

E. 肝损害

6. 急性扁桃体炎首选的药物是（　　）

A. 青霉素G　　B. 阿莫西林
C. 庆大霉素　　D. 红霉素
E. 头孢他啶

7. 头孢菌素用于抗铜绿假单胞菌感染的药物是（　　）

A. 头孢氨苄　　B. 头孢哌酮
C. 头孢呋辛　　D. 头孢羟氨苄
E. 头孢拉定

8. 青霉素过敏的患者可选用（　　）

A. 头孢唑啉　　B. 阿莫西林
C. 氨苄西林　　D. 苯唑西林
E. 红霉素

9. 红霉素的主要不良反应是（　　）

A. 胃肠刺激性　　B. 肾损害
C. 骨髓移植　　D. 灰婴综合征
E. 过敏反应

10. 最适于治疗金黄色葡萄球菌引起的急性、慢性骨髓炎的药物是（　　）

A. 红霉素　　B. 氨苄西林
C. 青霉素　　D. 多黏菌素
E. 克林霉素

11. 庆大霉素与呋塞米合用时会引起（　　）

A. 抗菌作用增强　　B. 肾毒性增强
C. 耳毒性加重　　D. 利尿作用增强
E. 肾毒性减轻

12. 氨基糖苷类药物过敏性休克发生率最高的是（　　）

A. 阿米卡星　　B. 奈替米星
C. 链霉素　　D. 庆大霉素
E. 妥布霉素

13. 下列关于氨基糖苷类抗生素的叙述正确的是（　　）

A. 口服吸收良好
B. 氨基糖苷类抗生素之间无交叉耐药性
C. 为繁殖期杀菌药
D. 所有氨基糖苷类对铜绿假单胞菌均有效
E. 氨基糖苷类抗生素的主要不良反应为耳毒性和肾毒性

14. 适用于创伤面铜绿假单胞菌感染的药物是（　　）

A. 磺胺醋酰钠　　B. 磺胺嘧啶银
C. 甲氧苄啶　　D. 磺胺嘧啶
E. 磺胺甲噁唑

15. 能竞争性对抗磺胺类药的物质是（　　）

A. GABA　　B. PABA
C. 维生素C　　D. 甲氧苄啶
E. 乙胺嘧啶

16. 磺胺嘧啶的主要特点是（　　）

A. 杀菌药
B. 血浆蛋白结合率高
C. 脑脊液中药物浓度高
D. 与TMP合用产生拮抗作用
E. 抑制二氢叶酸还原酶

17. 局部应用治疗眼部感染的药物是（　　）

A. 磺胺嘧啶　　B. 磺胺甲噁唑
C. 磺胺嘧啶银　　D. 磺胺醋酰钠
E. 磺胺米隆

18. 服用磺胺类药物加用碳酸氢钠的主要目的是（　　）

A. 减少胃肠道反应
B. 增强抗菌活性
C. 碱化尿液增加磺胺类药及其代谢产物在尿中溶解度
D. 促进磺胺类药的吸收
E. 促进磺胺类药的分布

19. 下列药物中易引起新生儿黄疸的是（　　）

A. 青霉素　　B. 磺胺甲噁唑
C. 头孢氨苄　　D. 庆大霉素
E. 红霉素

20. 氯霉素最严重的不良反应是（　　）

A. 抑制骨髓造血功能
B. 消化道反应
C. 灰婴综合征
D. 二重感染
E. 血管神经性水肿

21. 应用异烟肼时常加服维生素B_6的目的是（　　）

A. 防治周围神经炎
B. 增强疗效
C. 减轻肝毒性
D. 防止过敏反应
E. 延缓耐药性的产生

22. 各类型的结核病首选药是（　　）

A. 异烟肼　　B. 利福平
C. 链霉素　　D. 乙胺丁醇
E. 吡嗪酰胺

23. 连续大量使用导致球后视神经炎的药物有（　　）

A．异烟肼　　B．利福平
C．链霉素　　D．乙胺丁醇
E．对氨基水杨酸

24．对浅部和深部真菌感染的有效的抗真菌药物是（　　）
A．灰黄霉素　　B．氟胞嘧啶
C．两性霉素 B　　D．克霉素
E．咪康唑

25．碘苷主要用于治疗（　　）
A．甲型流感　　B．甲型肝炎
C．乙型肝炎　　D．病毒性脑膜炎
E．疱疹性角膜炎

26．单纯疱疹病毒感染的首选药是（　　）
A．金刚烷胺　　B．奥司他韦
C．齐多夫定　　D．阿昔洛韦
E．干扰素

27．治疗厌氧菌感染的首选药物是（　　）
A．乙胺丁醇　　B．两性霉素 B
C．甲硝唑　　D．酮康唑
E．制霉菌素

28．皮肤按摩防止压疮常用的乙醇浓度是（　　）
A．20%～30%　　B．40%～50%
C．70%～75%　　D．80%～85%
E．50%～60%

29．常用于洗胃、水果消毒冲洗的氧化剂是（　　）
A．含氟石灰水　　B．高锰酸钾溶液
C．苯扎氯胺溶剂　　D．碘酊
E．乳酸

30．患者，男，35 岁。大肠杆菌性尿路感染，下列药物中首选的抗菌药是（　　）
A．环丙沙星　　B．青霉素
C．阿莫西林　　D．克拉霉素
E．红霉素

31．患者，女，35 岁。现患浸润型肺结核，有癫痫病史，在选择抗结核药物时应避免选用何药（　　）
A．乙胺丁醇　　B．异烟肼
C．吡嗪酰胺　　D．对氨基水杨酸
E．利福平

32．患者，女，30 岁。滴虫性阴道炎，首选的药物是（　　）
A．庆大霉素　　B．氯喹
C．甲硝唑　　D．酮康唑
E．制霉菌素

（高艳丽　覃　琳）

第3章 传出神经系统药

第1节 概　　述

一、传出神经系统的分类与化学传递

（一）传出神经系统分类、递质、受体及效应

1. 胆碱能神经　末梢能释放乙酰胆碱（ACh），包括：①全部交感神经和副交感神经的节前纤维；②副交感神经的节后纤维；③极少数交感神经的节后纤维，如支配汗腺分泌和骨骼肌血管舒张的神经；④运动神经。

2. 去甲肾上腺素能神经　末梢能释放去甲肾上腺素（NA），包括绝大部分的交感神经节后纤维（图 3-1）。

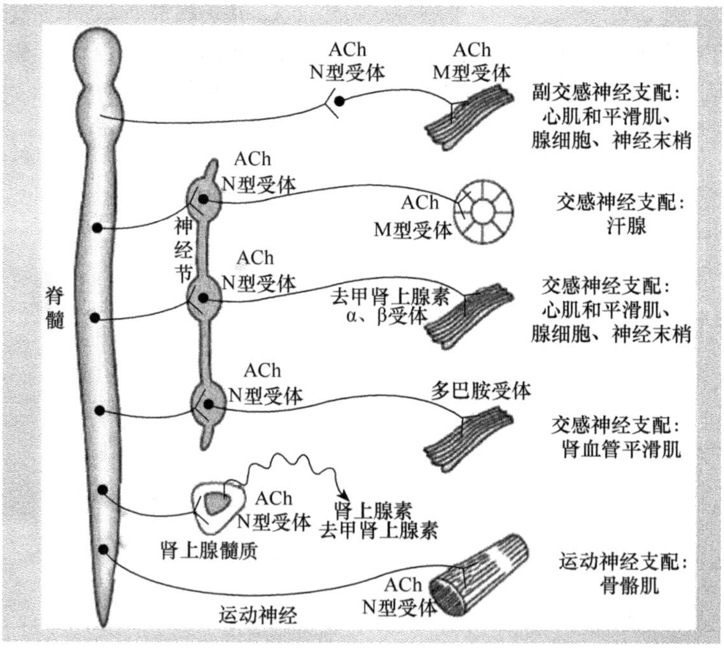

图 3-1　传出神经系统分类、递质、受体及效应示意图

（二）传出神经系统的化学传递

传出神经是通过从突触前膜释放的化学物质（递质）将冲动由神经末梢传递给次一级神经元或效应器而完成的。传出神经递质主要包括乙酰胆碱（ACh）和去甲肾上腺素（NA），也还存在着多巴胺、5-HT 和多肽等神经递质。

二、传出神经递质的合成与转归

（一）乙酰胆碱

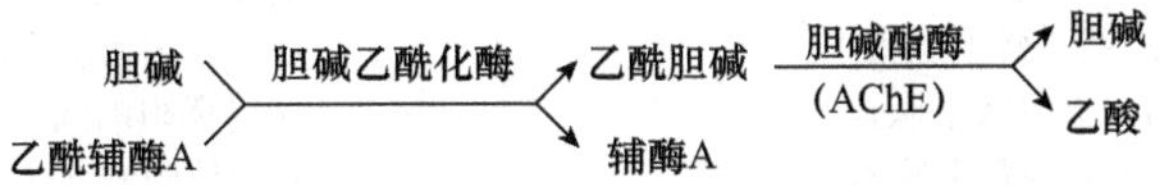

（二）去甲肾上腺素

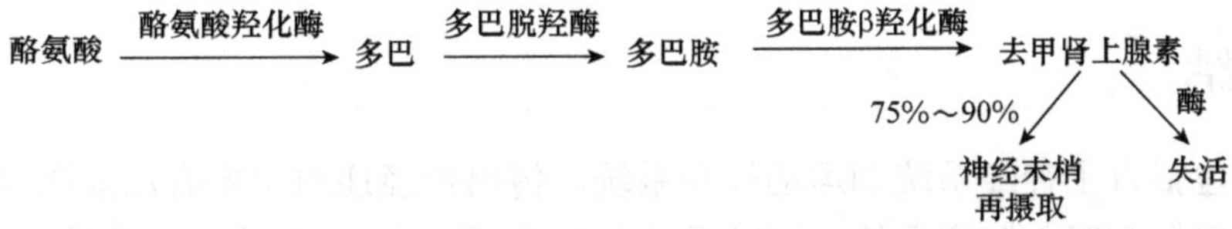

三、传出神经系统受体的类型及其生理效应

能与乙酰胆碱结合的受体称为胆碱受体，其中对毒蕈碱敏感的受体称为毒蕈碱型胆碱受体（M 受体），对烟碱敏感的受体称为烟碱型胆碱受体（N 受体）。能与去甲肾上腺素或肾上腺素结合的受体称为肾上腺素受体（包括 α、β 受体）；能与多巴胺结合的受体称为多巴胺受体（DA 受体）（表 3-1）。

表 3-1　传出神经受体的分型和效应

受体类型	主要效应
M 受体	心脏抑制、血管扩张、胃肠平滑肌收缩、腺体分泌增加、瞳孔缩小
N_1 受体	神经节兴奋、肾上腺髓质分泌增加
N_2 受体	骨骼肌收缩
α 受体	皮肤、黏膜和内脏血管收缩、瞳孔扩大、胃肠和膀胱括约肌收缩
$β_1$ 受体	心脏兴奋
$β_2$ 受体	支气管舒张、骨骼肌和冠状血管扩张
DA 受体	肾、肠系膜和冠状血管扩张

机体多数组织器官都接受胆碱能神经和去甲肾上腺素能神经的双重支配，在同一器官上，两类神经的作用大多是相互对抗的。但在中枢神经系统的调节下，它们的功能既是对立的，又是统一的。当两类神经同时兴奋时，则占优势的神经的效应通常会显现。

四、传出神经系统药物的作用方式与分类

传出神经系统药通过直接作用于受体影响受体的活性而产生与递质相似或相反的作用，前者称为激动药，后者称为阻断药。有些药物能影响递质的释放与消除，如抗胆碱酯酶药和胆碱酯酶复活药。常用传出神经系统药按其作用性质和作用方式不同分类如表 3-2 所示。

表 3-2　传出神经系统药物的分类

拟似药	拮抗药
1. 胆碱受体激动药	1. 胆碱受体阻断药
M 受体激动药（毛果芸香碱）	M 受体阻断药（阿托品）
N 受体激动药（烟碱）	N 受体阻断药（美卡拉明、琥珀胆碱）
2. 抗胆碱酯酶药（新斯的明）	2. 胆碱酯酶复活药（解磷定）

续表

拟似药	拮抗药
3. 肾上腺素受体激动药 α、β受体激动药（肾上腺素） α受体激动药（去甲肾上腺素） β受体激动药（异丙肾上腺素）	3. 肾上腺素受体阻断药 α、β受体阻断药（拉贝洛尔） α受体阻断药（酚妥拉明、哌唑嗪） β受体阻断药（普萘洛尔）

小结

传出神经包括自主神经系统和运动神经系统。传出神经递质主要有乙酰胆碱和肾上腺素，受体分为胆碱受体和肾上腺素受体。胆碱受体分为M受体和N受体，M受体激动时发生腺体分泌、心脏抑制、平滑肌收缩及缩瞳效应。N受体激动时主要是骨骼肌收缩。肾上腺素受体分为α受体和β受体，α受体激动时血管收缩和扩瞳。β受体激动时心脏兴奋、血管扩张、支气管舒张等。传出神经系统药物通过直接作用于受体或影响递质发挥作用，分为受体激动药和受体阻断药。

第2节　M受体激动药与抗胆碱酯酶药

案例 3-1　患者，男，47岁。右眼胀痛，视力极度下降，患眼侧头部剧痛，并伴有恶心、呕吐等症状，测眼压示明显升高。诊断为急性闭角型青光眼，用毛果芸香碱治疗。

问题：1. 应用毛果芸香碱的用药依据是什么？

2. 使用毛果芸香碱滴眼液时应注意哪些问题？

一、M受体激动药

M受体激动药是一类能选择性地与M胆碱受体结合并激动该受体，产生与M受体激动效应相似的药物。

毛果芸香碱

〖作用与应用〗直接激动M受体，产生M样作用，其对眼和腺体的作用尤为明显。

1. 对眼的作用　滴眼后可引起缩瞳、降低眼压和调节痉挛等作用。

（1）缩瞳：直接激动瞳孔括约肌上的M受体，使瞳孔括约肌收缩，瞳孔缩小。临床上与扩瞳药交替应用，治疗虹膜炎，可防止虹膜与晶状体粘连。

（2）降低眼压：通过缩瞳作用，使虹膜向中心方向收缩，虹膜根部变薄，前房角间隙扩大，房水易于经巩膜静脉窦流入血循环而使眼压降低。临床主要用于治疗闭角型青光眼。

链　接

青　光　眼

青光眼主要是由于房水回流不畅或房水产生过多而引起眼压增高，有前房角狭窄者称为闭角型青光眼，无前房角狭窄者称为开角型青光眼。其主要表现为头痛、视力减退、视野缩小，严重者可致失明，为全球排名第二的致盲眼部疾病，被称为视力的沉默杀手。

（3）调节痉挛：眼的调节作用主要依赖于晶状体屈光度的变化。毛果芸香碱能激动睫状肌环状纤维上的M受体，使睫状肌向瞳孔中心方向收缩，造成悬韧带松弛，晶状体因自身弹性而变凸，屈光度增加，导致视近物清楚，而视远物模糊，这一作用称为调节痉挛（图3-2）。

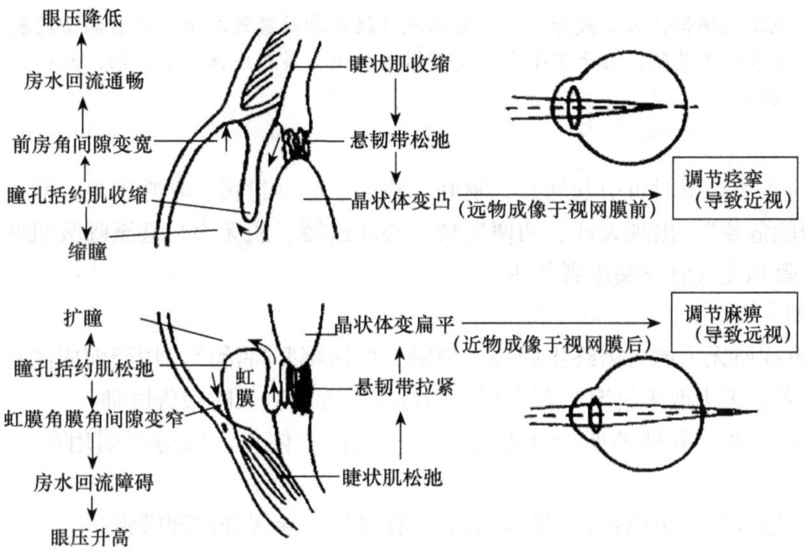

图3-2　拟胆碱药（上）和M受体阻断药（下）对眼的作用示意图

2. 对腺体的作用　能激动M受体，使腺体分泌增加，以汗腺和唾液腺分泌增加最为明显。临床上可全身给药，用于解救M胆碱受体阻断药中毒。

〖不良反应〗吸收过量可出现流涎、多汗、腹痛、腹泻、支气管痉挛等M样症状，可用阿托品对抗。

〖用药护理〗

1. 告知患者用药后可引起视远物不清，在此期间不做用眼的精细工作或需远视的工作（如驾驶）；指导患者滴眼时要压迫内眦，避免药液流经鼻泪管从鼻黏膜吸收。

2. 用药后若出现流涎、多汗、腹痛、腹泻、支气管痉挛等症状，提示药物吸收过量，应报告医师以便及时处理。

二、抗胆碱酯酶药

抗胆碱酯酶药能抑制胆碱酯酶活性，使乙酰胆碱水解减少，导致乙酰胆碱在突触间隙蓄积而激动M受体及N受体，呈现M样及N样作用。抗胆碱酯酶药可分为易逆性抗胆碱酯酶药和难逆性抗胆碱酯酶药。前者如新斯的明、毒扁豆碱等，后者为有机磷酸酯类杀虫药。本节重点介绍易逆性抗胆碱酯酶药。

新斯的明

〖作用与应用〗能抑制胆碱酯酶，使乙酰胆碱蓄积而呈现M样及N样作用，表现为兴奋骨骼肌、兴奋胃肠平滑肌和膀胱平滑肌、抑制心脏（能减慢房室传导、减慢心率）。

临床用于治疗重症肌无力、手术后平滑肌麻痹引起的腹气胀和尿潴留、阵发性室上性心动过速。

链 接

重症肌无力之"晨轻暮重"

重症肌无力为一种神经肌内接头传递障碍的自身免疫性疾病，患者发病初期往往感到眼或肢体酸胀不适，或视物模糊，容易疲劳，天气炎热或月经来潮时疲乏加重。随着病情发展，骨骼肌明显疲乏无力，显著特点是肌无力于下午或傍晚劳累后加重，晨起或休息后减轻，此称为重症肌无力的"晨轻暮重"现象。

〖不良反应〗治疗量时可引起恶心、呕吐、腹痛、心动过缓、呼吸困难、肌肉震颤等。过量可引起"胆碱能危象"，出现大汗、两便失禁、心动过缓、肌无力，甚至呼吸肌麻痹。机械性肠梗阻、尿路梗阻和支气管哮喘患者禁用。

〖用药护理〗

1. 告诉重症肌无力患者需终生服药，鼓励其按医嘱坚持治疗。用药前应注意测心率，用药后注意观察患者肌无力改善情况，若出现心动过缓等现象应及时报告医师。

2. 向患者解释，新斯的明个体差异大，用量需个体化，应遵医嘱用药，不可自行增加剂量。

3. 对腹气胀和尿潴留患者，同时应采取肛管排气、导尿等护理措施。

（考点：新斯的明用药注意事项）

毒 扁 豆 碱

毒扁豆碱对眼的作用与毛果芸香碱相似，但作用强而持久，毒性大、刺激性较大，主要用于治疗青光眼。滴眼后可出现头痛、眼痛、视物模糊。用药护理同毛果芸香碱。

小结

毛果芸香碱和毒扁豆碱滴眼可产生缩瞳、降低眼压和调节痉挛的作用，用于治疗青光眼。滴眼剂应用时要压迫内眦，避免药液流入鼻腔吸收而产生副作用。新斯的明对骨骼肌兴奋作用强，用于治疗重症肌无力、手术后腹气胀、尿潴留等，禁用于机械性肠梗阻、尿路梗阻和支气管哮喘。

第 3 节　胆碱受体阻断药

案例 3-2　患者，男，25 岁。夜间上腹部疼痛，无呕吐，腹泻，面色苍白，大汗淋漓，诊断为胃肠痉挛，用阿托品治疗，处方如下：

Rp：

硫酸阿托品注射液　0.5mg×1 支

用法：0.5mg　肌内注射

问题：1. 应用阿托品的用药依据是什么？

2. 使用阿托品应注意哪些问题？

阿 托 品

〖作用与应用〗

1. 阿托品能阻断 M 受体，产生下列作用。

（1）松弛内脏平滑肌：可解除内脏平滑肌痉挛，对胃肠平滑肌作用最强，其次为尿道和膀胱平滑肌，对胆管、输尿管和支气管平滑肌松弛作用较弱。常用于缓解内脏绞痛，对胃肠绞痛及膀胱刺激症状疗效较好，对胆绞痛和肾绞痛应配伍镇痛药。

（2）抑制腺体分泌：对汗腺和唾液腺作用最强，其次是呼吸道腺体和胃腺。可用于麻醉前给药，防止吸入性肺炎的发生；也可治疗严重盗汗及流涎症。

（3）对眼的作用：可产生扩瞳、升高眼压和调节麻痹（导致远视）作用。用于①虹膜睫状体炎的治疗；②验光配眼镜；③眼底检查（已被消除较快的后马托品等代替）。

（4）兴奋心脏：能解除迷走神经对心脏的抑制，加快心率，加速房室传导。用于治疗心动过缓和房室传导阻滞。

（5）解除有机磷酸酯类中毒：能解除中毒的 M 样症状及部分中枢症状，用于治疗有机磷酸酯类中毒，对中度、重度中毒，应配合使用胆碱酯酶复活药。

2. 扩张血管 大剂量阿托品可引起血管扩张，改善微循环。用于治疗感染性抗休克。

链 接

从“女巫的毒草”变成“美丽的淑女”——阿托品的故事

在很早以前，颠茄在西方被称作“女巫的毒草”且很有名，那时谋杀者常用颠茄作为毒药使人致死，阿托品是一种富含于茄科植物颠茄中的生物碱。而阿托品这个名字来也源于颠茄的学名（*Atropa belladonna*）中的 *Atropa*。传说 Atropa 是希腊神话里的三位命运女神（三姐妹）中最年长的，职责是剪断命运之线。寓意阿托品虽临床应用广泛，但其毒性也同样强烈，过量会危及生命，属于特殊管理药品中的“毒药”。

“女巫的毒草”如何变为“美丽的淑女”？源于在文艺复兴时代，意大利的贵妇人们常利用颠茄叶子的溶液滴入眼睛来使眼睛变得看起来更大更美丽（阿托品扩瞳作用），也正是女性这种为了美貌不惜使用毒草的挑战精神，使“女巫的毒草”悄然间被当作“美丽的淑女”宠爱之物。

〖不良反应〗副作用主要有口干、视近物模糊、畏光、心悸、皮肤干燥潮红、排尿困难和体温升高等。用量过大可出现中枢兴奋症状，如烦躁不安、失眠、谵妄甚至惊厥。青光眼、幽门梗阻、前列腺增生、高热患者禁用，老年人、心动过速者慎用。

〖用药护理〗

1. 用药前向患者说明药物可能引起的副作用，教给患者用药知识，如用药前排便排尿，滴眼时压迫内眦，口干时少量多次喝水，外出时戴上墨镜；多吃含纤维丰富的食物。

2. 用药后应密切观察心率及体温变化，如果患者出现心动过速、体温达 38℃或眼压升高等，应及时报告医师。

3. 用于有机磷中毒时，其用量可不受药典规定的极量限制，应用至“阿托品化”（用阿托品后出现瞳孔扩大、颜面潮红、皮肤干燥、四肢变暖、心率加快、肺部湿啰音明显减少或消失、轻度躁动不安等）后，减量维持。

4. 注射大剂量阿托品时，应备好毛果芸香碱或新斯的明及地西泮等。

（考点：阿托品的作用和临床应用）

其他M胆碱受体阻断药见表3-3。

表3-3 其他M胆碱受体阻断药特点及应用

药物	特点	主要应用
山莨菪碱	对血管平滑肌和内脏平滑肌的解痉作用选择性较高	治疗感染性休克、胃肠绞痛
东莨菪碱	抑制腺体分泌、扩瞳和调节麻痹作用较强，还有中枢镇静、防晕止吐和中枢抗胆碱作用	用于麻醉前给药、晕动病和帕金森病的治疗
后马托品	扩瞳和调节麻痹作用较弱，视力恢复较快	检查眼底及验光
溴丙胺太林	对胃肠道平滑肌选择性高，解痉作用强且持久，能延缓胃排空，并能抑制胃酸分泌	胃、十二指肠溃疡、胃肠绞痛和泌尿道痉挛

链 接

"654-2"命名缘由

山莨菪碱是1965年4月从我国特产植物山莨菪中提取的一种生物碱，取代号654，其天然制品称为654-1，因药源有限，提取工艺烦琐、困难、成本高，于是采用了人工合成的方法生产出合成制品，取名为654-2。

附：有机磷酸酯类农药中毒及解救药

有机磷酸酯类主要用作农业杀虫剂。常用的有剧毒类如内吸磷（1059）、对硫磷（1605）和马拉硫磷，强毒类如敌百虫和敌敌畏（DDVP），低毒类如乐果等。此外，还有毒性更大的如塔朋、沙林和梭曼等神经毒气。在生产、使用过程中，如不注意防护会引起中毒。

1. 中毒机制与表现　有机磷酸酯类进入机体后，可与胆碱酯酶结合成难以水解的磷酰化胆碱酯酶，使胆碱酯酶失去水解乙酰胆碱的能力，造成乙酰胆碱在体内大量积聚，引起一系列中毒症状。如不及时抢救，该酶会发生"老化"，此时胆碱酯酶的活性不能恢复。因此，一旦中毒，应迅速抢救，及早使用解毒药。急性中毒的表现：

（1）M样症状：表现为瞳孔缩小、视物模糊、流涎、出汗甚至大汗淋漓、呼吸困难、恶心、呕吐、腹痛、腹泻甚至大小便失禁、心率减慢、血压下降等。

（2）N样症状：表现为肌束颤动、抽搐、心率加快、血压升高等。

（3）中枢症状：先表现为兴奋、不安、谵语及全身肌肉抽搐等症状，进而出现昏迷、循环和呼吸衰竭以致死亡。

轻度中毒主要表现为M样症状，中度中毒可同时有M样症状和N样症状，重度中毒除M样症状和N样症状外，还可表现出中枢神经系统症状。

2. 急性中毒的解救原则

（1）迅速清除毒物：立即将患者移出中毒现场；经口中毒者，应首先洗胃、导泻；对由皮肤中毒者，应脱去污染衣物，用温水或肥皂水清洗皮肤。

（2）积极使用解毒药：如抗胆碱药阿托品和胆碱酯酶复活药碘解磷定、氯解磷定、双复磷等。

氯解磷定与碘解磷定

〖作用与应用〗氯解磷定能迅速解除有机磷中毒的N样症状，消除肌束颤动，但对M样症状效果差，故应与阿托品同时应用。此外，碘解磷定使胆碱酯酶复活的效果因不同有机磷酸酯类而异，对剧毒类如内吸磷、对硫磷和马拉硫磷疗效较好，对强毒类如敌百虫和敌敌畏疗效稍差，对低毒类如乐果则几乎无效。

〖不良反应〗静脉注射速度过快或剂量过大可引起轻度乏力、视物模糊、眩晕，以及恶心、呕吐和心动过速等。碘解磷定药液漏至皮下导致剧痛，可有咽痛和碘过敏反应。

氯解磷定（氯磷定）水溶液较稳定，使用方便（可肌内注射或静脉注射），起效迅速，不良反应较小，特别适合于农村基层使用和初步急救。

〖用药护理〗

1. 对有机磷中毒宜尽早、足量、反复使用解救药。

2. 用药前应询问患者是否对碘过敏，对碘过敏者禁用碘解磷定。

3. 配药时禁与碱性药物混合，注射时速度宜慢。

小结

阿托品作用广泛，临床用于缓解胃肠绞痛、窦性心动过缓、感染性休克等，是有机磷酸酯类中毒的特效解毒药，对抗其中毒的 M 样症状。常见不良反应有口干、面部潮红、视物模糊、心悸等，过量中毒出现中枢先兴奋后抑制。山莨菪碱能选择性抑制内脏平滑肌，用于内脏平滑肌痉挛和血管解痉；东莨菪碱抑制腺体分泌作用明显，主要用于麻醉前给药、抗晕动病等。

第 4 节　肾上腺素受体激动药

案例 3-3　患者，男，36 岁。青霉素皮试时出现心慌、气憋、呼吸不畅、四肢发冷，随即呼吸困难，大汗淋漓、面色苍白、呼吸急促，而后抽搐、表情淡漠。测血压 0mmHg，脉搏微弱，呼吸 35 次 / 分，神志不清，呼之不应。诊断：青霉素过敏性休克。处方如下：

Rp:

1% 盐酸肾上腺素注射液　　1ml×1 支

用法：0.5ml　　　皮下注射，立即

问题：1. 肾上腺素的用药依据是什么？

2. 使用肾上腺素时应注意哪些问题？

一、α、β 受体激动药

肾上腺素（AD）

〖作用与应用〗对 α 受体和 β 受体激动作用较强。

1. 兴奋心脏　激动心脏 β_1、β_2 受体，使心肌收缩力加强，传导加速，心率加快，心排血量增加。因心肌兴奋性提高，氧耗量增加，用量过大或注射速度过快易引起心律失常。

2. 舒缩血管　由于皮肤、黏膜血管和内脏血管 α 受体占优势，肾上腺素可使其血管收缩，而骨骼肌血管及冠状血管以 β_2 受体占优势，肾上腺素使其血管舒张。

3. 影响血压　治疗量肾上腺素能兴奋心脏，使心排血量增加，故收缩压升高；由于骨骼肌血管舒张作用抵消或超过了皮肤、黏膜血管收缩作用，故舒张压不变或下降。较大剂量静脉注射时，收缩压和舒张压均升高。如果先用 α 受体阻断药，则使肾上腺素的升压作用翻转，只表现出降压效应。

4. 扩张支气管　激动支气管平滑肌 β_2 受体，使支气管平滑肌舒张，并抑制肥大细胞释放过敏介质如组胺等，还可激动支气管黏膜血管 α 受体，使支气管黏膜血管收缩，毛细血管的通透性降低，有利于消除支气管黏膜水肿。

5. 促进代谢　提高机体代谢，加速糖原分解，抑制胰岛素的释放，可使血糖升高；激动脂肪组织 β 受体，加速三酰甘油分解，使血液中游离脂肪酸升高。

临床上可用于：①心搏骤停，抢救溺水、麻醉意外、药物中毒、传染病和心脏传导阻滞等所致的心搏骤停。常使用“心脏复苏三联针”，心室内注射或静脉注射，并当机立断采取心肺复苏措施。②过敏性休克，其作用快而强，是治疗过敏性休克的首选药。③控制支气管哮喘的急性发作。④与局麻药配伍，可延缓局麻药的吸收，减少局麻药中毒的可能性，同时延长局麻药的麻醉时间。⑤鼻黏膜和齿龈出血等局部止血。

链　接

“心脏复苏三联针”

由肾上腺素 1mg、阿托品 1mg、2% 盐酸利多卡因 100mg 组方为“心脏复苏三联针”。用于抢救心搏骤停，可用静脉注射或心室内注射。心室内注射是指从第 4～5 肋间，胸骨左缘外 1.5～2cm（或贴近胸骨左缘）垂直进针，到达右心室。

〖不良反应〗治疗量可出现心悸、烦躁、失眠、头痛、出汗和血压升高等。剂量过大或静脉注射速度过快时，可使血压骤升，有发生脑出血的危险。也可引起期前收缩、心动过速，甚至心室纤颤。

高血压、脑动脉硬化、器质性心脏病、糖尿病及甲状腺功能亢进患者禁用。老年人慎用。

（考点：肾上腺素的临床应用）

多巴胺（DA）

〖作用与应用〗能激动 α 受体、β_1 受体和 DA 受体。

1. 兴奋心脏　能激动心脏 β_1 受体，也能促进去甲肾上腺素释放，加强心肌收缩力，增加心排血量。一般剂量对心率影响不明显，很少引起心律失常，大剂量可加快心率。

2. 舒缩血管　治疗量时能激动肾脏、肠系膜和冠状血管的 DA 受体，使肾脏、肠系膜和冠状血管舒张；激动皮肤、黏膜血管的 α 受体，使皮肤、黏膜血管收缩。对 β_2 受体的影响十分微弱。大剂量时则以 α 受体的兴奋作用占优势，主要表现为血管收缩。

3. 升高血压　治疗量时能升高收缩压和加大脉压差，而对舒张压无明显影响或轻微升高。大剂量时，除激动心脏 β_1 受体外，还激动 α 受体，引起血管收缩，外周阻力增加，收缩压和舒张压均升高。

4. 改善肾功能　治疗量时能激动肾血管 DA 受体，使肾血管舒张，肾血流量和肾小球滤过率增加。此外，多巴胺还具有排钠利尿作用，故可改善肾功能。但大剂量时使肾血管收缩，则可减少肾血流量，应予注意。

临床用于：①抗休克，适用于感染性休克、出血性休克及心源性休克等。对于伴有心收缩力减弱及尿量减少而血容量已补足的休克患者疗效较好。②急性肾衰竭，因能改善肾功能，增加尿量，与利尿药合用治疗急性肾衰竭。

〖不良反应〗一般剂量较轻，偶见恶心、呕吐。如剂量过大或静脉滴注速度过快可出现心动过速、心律失常和肾功能下降、滴注局部血管收缩等。心动过速者禁用。

麻 黄 碱

〖作用与应用〗能激动 α 受体和 β 受体，又能促进去甲肾上腺素能神经末梢释放去甲肾上腺素。与肾上腺素比较，麻黄碱具有下列特点：①性质稳定，可以口服；②对心血管作用弱而持久；③中枢兴奋作用较明显；④易产生快速耐受性。

临床用于：①预防支气管哮喘发作和轻症的治疗，对于重症急性发作效果较差。②缓解鼻黏膜肿胀，消除鼻黏膜充血引起的鼻塞。③防治硬脊膜外麻醉及蛛网膜下腔麻醉引起的低血压。④缓解荨麻疹和血管神经性水肿的皮肤黏膜症状。

〖不良反应〗大剂量可引起兴奋不安、失眠等。禁忌证同肾上腺素。

二、α 受体激动药

去甲肾上腺素（NA）

〖作用与应用〗主要激动 α 受体，对心脏 β_1 受体作用较弱，对 β_2 受体几无作用。

1．舒缩血管　激动血管平滑肌 α_1 受体，使血管普遍收缩（冠状血管除外），皮肤、黏膜血管收缩最明显，其次是肾脏血管，脑、肝、肠系膜甚至骨骼肌的血管也呈收缩反应。

2．兴奋心脏　使心肌收缩力加强，传导加速，心排血量增加，心率可由于血压升高而反射性减慢。

3．升高血压　可使收缩压和舒张压均升高。其升压作用明显，且不被 α 受体阻断药所翻转，因此 α 受体阻断药引起的低血压可用本药治疗。

主要用于：①上消化道出血，以去甲肾上腺素 1～3mg 稀释后口服，产生局部止血效果。②静脉滴注用于药物中毒性低血压、神经性休克早期。

〖不良反应〗滴注浓度过高、滴注时间过长或药液外漏，可引起局部血管强烈收缩，发生局部组织缺血坏死、急性肾衰竭。高血压、动脉硬化症、器质性心脏病、少尿、无尿及严重微循环障碍的患者禁用。

间羟胺（阿拉明）

特点：①收缩血管、升高血压作用较弱、缓和而持久；②收缩肾血管作用较弱，很少引起急性肾衰竭；③兴奋心脏作用较弱，使休克患者的心排血量增加，很少引起心律失常。常作为去甲肾上腺素的良好代用品，用于各种休克早期和低血压。

去氧肾上腺素（苯肾上腺素）

去氧肾上腺素能收缩血管，升高血压，反射性地使心率减慢。可用于阵发性室上性心动过速、防治低血压。去氧肾上腺素还有短效的扩瞳作用，但不升高眼压、无调节麻痹作用。可作为快速短效的扩瞳药用于检查眼底。因减少肾血流作用明显，故很少用于休克。

（考点：去甲肾上腺素的临床应用及主要不良反应）

三、β 受体激动药

异丙肾上腺素

〖作用与应用〗主要激动 β 受体，对 β_1 受体和 β_2 受体选择性差，对 α 受体几无作用。

1．兴奋心脏　加快心率、加速传导的作用较强，能使心肌耗氧量明显增加。

2．舒张血管　激动血管 β_2 受体，使骨骼肌血管明显舒张，对肾血管、肠系膜血管和冠状血管也有舒张作用。

3．影响血压　能使收缩压升高而舒张压下降，脉压增大。

4．扩张支气管　激动支气管平滑肌 β_2 受体，使支气管平滑肌松弛，并可抑制组胺等过敏介质释放。但消除黏膜水肿的作用不如肾上腺素。

5．其他　增加脂肪和糖原分解，升高血中游离脂肪酸，升高血糖，增加组织的耗氧量。

临床用于：①控制支气管哮喘急性发作；②治疗Ⅱ、Ⅲ度房室传导阻滞；③心搏骤停。

〖不良反应〗常见心悸、头晕。支气管哮喘患者用药剂量过大易引起心律失常，甚至产生心室纤颤而猝死。冠心病、心肌炎和甲状腺功能亢进症等患者禁用。

多巴酚丁胺

多巴酚丁胺选择性激动 β_1 受体，使心肌收缩力增强，心排血量增加，对心率影响不明显。主要用于心肌梗死后心功能不全和心脏手术后心排血量低的休克及对强心苷反应不佳的严重左室功能不全。连续应用可产生快速耐受性。

不良反应有血压升高、心悸、头痛、气短等。偶致室性心律失常。梗阻型肥厚型心肌病、心房纤颤者禁用。

β受体激动药还有沙丁胺醇等，能选择性激动 β_2 受体（见第 7 章呼吸系统药物）。

四、肾上腺素受体激动药用药护理

1．应严格掌握适应证，有禁忌证者禁用；注意用药剂量和给药途径；静脉滴注时要严格控制滴速。

2．肾上腺素、去甲肾上腺素性质不稳定，遇光易分解，应避光保存；在碱性环境中易氧化失效，故禁与碱性药物配伍。

3．给药前后应仔细观察患者的血压、脉搏、心率、面色及情绪。静脉滴注去甲肾上腺素和多巴胺应选用大而弹性较好的血管。滴注过程中要监测尿量，若尿量少于 25ml/h 应及时报告医师；每隔 1 小时观察给药部位，若出现局部水肿或皮肤苍白，应立即更换注射部位、热敷，必要时用 α 受体阻断药酚妥拉明局部浸润注射。

4．肾上腺素等用于治疗支气管哮喘时，用药后半小时如果哮喘仍不缓解，或出现气道阻塞、呼吸困难，应及时报告医师。

5．使用麻黄碱滴鼻时，勿使药物流入咽喉部而下咽，使用时间不要超过 3 日，否则易致快速耐受性，并可加重鼻黏膜肿胀。麻黄碱尽可能不在睡前服，如果必须在晚间服用应加用镇静催眠药以防止失眠。

小结

肾上腺素可兴奋心脏，舒缩血管，舒张支气管平滑肌，用于心搏骤停复苏、过敏性休克、局麻药配伍及黏膜止血。多巴胺可舒张肾血管，增加肾血流，用于对伴有心肌收缩力减弱及尿量减少的休克及急性肾功能不全。去甲肾上腺素可兴奋心脏，收缩血管，升高血压，用于血管扩张性休克和上消化道出血。异丙肾上腺素用于支气管哮喘、房室传导阻滞、心搏骤停等。

第 5 节　肾上腺素受体阻断药

案例 3-4　患者，男，25 岁。左足外伤，复受寒湿，伤口愈合后常感右足趾麻木疼痛。逐渐右大趾皮色紫黯，疼痛加剧。夜重昼轻，行走困难。诊断为血栓闭塞性脉管炎，用酚妥拉明治疗。

问题： 1. 酚妥拉明的用药依据是什么？

2. 使用酚妥拉明应注意哪些问题？

一、α 受体阻断药

α 受体阻断药能选择性地与 α 受体结合，阻断去甲肾上腺素能神经递质及肾上腺素受体激动药与 α 受体结合，从而产生抗肾上腺素作用，还能将肾上腺素的升压作用翻转为降压作用（称为“肾上腺素作用的翻转”）。

酚妥拉明

〖作用与应用〗

1. 扩张血管　能使血管舒张，外周血管阻力降低，血压和肺动脉压下降。

2. 兴奋心脏　反射性地兴奋交感神经，促进去甲肾上腺素释放。

3. 其他　使胃肠平滑肌兴奋，胃酸分泌增加，皮肤潮红等。

临床可用于：①肢端动脉痉挛症、血栓闭塞性脉管炎、去甲肾上腺素滴注发生外漏等；②抗休克；③心力衰竭；④肾上腺嗜铬细胞瘤的诊断和此病骤发高血压危象以及手术前的准备；⑤男性勃起功能障碍。

〖不良反应〗直立性低血压、腹痛、腹泻、呕吐和诱发溃疡病。静脉给药可有心率加快、心律失常和心绞痛。胃、十二指肠溃疡病及冠心病患者慎用。

酚苄明

临床用于：①外周血管痉挛性疾病，常在酚妥拉明应用无效时使用。②抗休克，适用于感染性休克。③用于嗜铬细胞瘤术前准备或高血压危象的治疗。④良性前列腺增生。本品不良反应与酚妥拉明相似。

（考点：α 受体阻断药的应用）

二、β 受体阻断药

β 受体阻断药能选择性地与 β 受体结合，阻断去甲肾上腺素能神经递质及肾上腺素受体激动药与 β 受体结合，产生抗肾上腺素作用。根据对 β_1、β_2 受体选择性的不同分为三类（表 3-4）。

表 3-4　常用 β 受体阻断药分类和作用比较

分类及药名	β 受体阻断作用	膜稳定作用	内在拟交感活性	抑制肾素释放	抗血小板聚集	降低眼压
非选择性 β 受体阻断药						
普萘洛尔	β_1、β_2	++	−	+++	+	
噻吗洛尔	β_1、β_2	−	−	+++	−	++
吲哚洛尔	β_1、β_2	+	++	−	+	
选择性 β_1 受体阻断药						

续表

分类及药名	β受体阻断作用	膜稳定作用	内在拟交感活性	抑制肾素释放	抗血小板聚集	降低眼压
阿替洛尔	β_1	−	−	++	−	
美托洛尔	β_1	+	−	+++	++	
α、β受体阻断药						
拉贝洛尔	β_1、β_2、α	+	+	+++		

〖作用与应用〗

1．阻断β受体

（1）心血管反应：能阻断心脏β_1受体，使心率减慢，心收缩力减弱，心排血量减少，传导减慢，心肌耗氧量下降，血压降低。

（2）收缩支气管平滑肌：阻断支气管平滑肌β_2受体所致，可诱发或加重哮喘。

（3）其他：可抑制脂肪和糖原分解；抑制肾素释放，以普萘洛尔的作用最强。

2．内在拟交感活性　有些药物阻断β受体的同时，尚有较弱的β受体激动作用，称为内在拟交感活性。具有内在拟交感活性的药物阻断β受体作用较弱。

3．膜稳定作用　有些药物能降低细胞膜对离子的通透性，与其治疗作用的关系不大。

4．其他　抗血小板聚集，降低眼压（噻吗洛尔）。

临床用于：①心律失常；②心绞痛和心肌梗死；③高血压；④充血性心力衰竭；⑤甲状腺功能亢进及甲状腺危象，嗜铬细胞瘤和肥厚型心肌病，偏头痛、青光眼等。

〖不良反应〗常见不良反应：①恶心、呕吐、轻度腹泻等；②心脏抑制；③偶见过敏反应如皮疹、血小板减少等；④诱发或加重支气管哮喘；⑤外周血管收缩致肢体发冷、苍白；⑥骤然停药有反跳现象。

本类药物禁用于：严重心功能不全、窦性心动过缓、重度房室传导阻滞和支气管哮喘等。心肌梗死患者、肝功能不良者应慎用。

（考点：β受体阻断药的应用及主要不良反应）

三、肾上腺素受体阻断药用药护理

1．应用本类药物后，应仔细观察患者的心血管系统疾病症状是否缓解、有无不良反应发生。如发现心率低于50次/分，要及时向医师报告。

2．应告诉患者用药后可能出现头晕、乏力和直立性低血压等，应避免从事高空作业或驾驶工作，改变体位要缓慢。教会患者测量脉搏、血压的方法，如有异常及时告诉医师。

3．应告知患者，长期用药不能突然停药，否则会诱发心绞痛、血压骤升等反应，停药前应有2周的减量过程。

4．应指导患者服药。如服用普萘洛尔应避开用餐时间，以免影响其吸收；普萘洛尔不宜睡前服用，以免引起多梦、失眠、抑郁、幻觉等。

5．应注意加强对心血管疾病患者的健康指导，饮食上以低热量、低脂、低盐为宜，要戒除烟、酒等不良生活习惯，合理锻炼，消除不良情绪和疾病诱因，如过度劳累、激动、暴饮暴食等。

6．注意药物的相互作用。糖尿病患者在使用降糖药期间，不宜合用β受体阻断药，以免掩盖低血糖休克引起的心动过速、出汗等症状。巴比妥类、苯乙双胍及利血平可增强α受体阻断药的降压作用，应避免合用。

药疗警示

患者，女，52 岁。因头晕、头痛 1 个月就诊。既往有支气管哮喘病史 30 年。血压 165/95mmHg。初步诊断为：①原发性高血压。②支气管哮喘。应用普萘洛尔降压。用药后哮喘加重，为什么会出现哮喘加重现象？

小结

酚妥拉明可扩张血管，兴奋心脏，用于外周血管痉挛性疾病、休克及嗜铬细胞瘤诊断治疗。β 受体阻断药能使心脏抑制、支气管平滑肌收缩、肾素分泌减少，用于治疗高血压、心绞痛、心律失常、甲亢等。严重心脏抑制与支气管哮喘患者禁用，长期服药不可突然停药，以防出现“反跳现象”。

自 测 题

1. 能选择性地与毒蕈碱结合的胆碱受体是（　　）
A. M 受体　　B. N 受体
C. α 受体　　D. β 受体
E. DA 受体

2. 在下列药物作用方面，去甲肾上腺素与肾上腺素哪项不同（　　）
A. 加强心肌收缩力　　B. 减慢心率
C. 兴奋 α 受体　　D. 兴奋 β_1 受体
E. 收缩皮肤黏膜血管

3. M 受体激动时，可使（　　）
A. 骨骼肌兴奋
B. 血管收缩，瞳孔散大
C. 心脏抑制，腺体分泌，胃肠平滑肌收缩
D. 血压升高，眼压降低
E. 心脏兴奋，血管扩张

4. 治疗青光眼宜选用（　　）
A. 阿托品　　B. 新期的明
C. 氯解磷定　　D. 毛果芸香碱
E. 异丙肾上腺素

5. 毛果芸香碱对眼睛的作用是（　　）
A. 缩瞳、降低眼压、调节麻痹
B. 散瞳、降低眼压、调节痉挛
C. 缩瞳、降低眼压、调节痉挛
D. 散瞳、升高眼压、调节麻痹
E. 散瞳、升高眼压、调节痉挛

6. 新斯的明兴奋骨骼肌的作用机制是（　　）
A. 抑制胆碱酯酶　　B. 激动 β 受体
C. 激动 α 受体　　D. 阻断 M 受体
E. 阻断 N 受体

7. 胆绞痛时，宜选用何药治疗（　　）
A. 颠茄片　　B. 山莨菪碱
C. 吗啡　　D. 哌替啶
E. 山莨菪碱并用哌替啶

8. 支气管哮喘伴有机械性肠梗阻的患者应禁用（　　）
A. 阿托品　　B. 东莨菪碱
C. 新斯的明　　D. 后马托品
E. 山莨菪碱

9. 治疗量的阿托品能引起（　　）
A. 胃肠平滑肌松弛
B. 腺体分泌增加
C. 瞳孔散大，眼压降低
D. 心率减慢
E. 中枢抑制

10. 麻醉前为了抑制腺体分泌，保持呼吸道通畅，可选用（　　）
A. 毛果芸香碱　　B. 新斯的明
C. 阿托品　　D. 毒扁豆碱
E. 以上都不行

11. 阿托品对下列症状治疗无效的是（　　）
A. 瞳孔缩小

B. 恶心、呕吐、腹泻、流涎
C. 肌纤维颤动
D. 心动过缓
E. 平滑肌痉挛

12. 过敏性休克的首选药是（　　）
A. 去甲肾上腺素　B. 肾上腺素
C. 异丙肾上腺素　D. 多巴胺
E. 间羟胺

13. 肾上腺素与局麻药合用延长局麻药的作用时间是因为肾上腺素能（　　）
A. 收缩血管
B. 升压作用
C. 减慢局麻药代谢
D. 使血钾增加
E. 加速局麻药代谢

14. 为了处理腰麻术中所致的血压下降，可选用（　　）
A. 麻黄碱　B. 肾上腺素
C. 去甲肾上腺素　D. 多巴胺
E. 间羟胺

15. 下述哪种药物过量，易致心动过速、心室颤动（　　）
A. 肾上腺素　B. 多巴胺
C. 麻黄碱　D. 间羟胺
E. 普萘洛尔

16. 具有明显舒张肾血管，增加肾血流量的药物是（　　）
A. 肾上腺素　B. 间羟胺
C. 去甲肾上腺素　D. 麻黄碱
E. 多巴胺

17. 对异丙肾上腺素描述不正确的是（　　）
A. 兴奋心脏　B. 血管扩张
C. 支气管扩张　D. 瞳孔扩大
E. 促进糖原、脂肪分解

18. 剂量过大易导致肾衰竭的药物是（　　）
A. 肾上腺素　B. 去甲肾上腺素
C. 异丙肾上腺素　D. 间羟胺
E. 多巴胺

19. 对去甲肾上腺素引起的局部组织坏死的防治方法有（　　）
A. 更换注射部位
B. 用普鲁卡因局部浸润注射
C. 局部热敷
D. 用酚妥拉明局部浸润注射
E. 以上均可

20. 下述哪类药物可诱发或加重支气管哮喘（　　）
A. α 受体激动药　B. α 受体阻断药
C. β 受体激动药　D. β 受体阻断药
E. 以上都不能

21. 下列何药可翻转肾上腺素的升压效应（　　）
A. 酚妥拉明　B. 普萘洛尔
C. 异丙肾上腺素　D. 阿托品
E. 以上都不能

22. 治疗外周血管痉挛病可选用（　　）
A. M 受体阻断药　B. β 受体激动药
C. α 受体阻断药　D. N 受体激动药
E. 以上均不行

23. 患者，女，40 岁。因右下肺炎、感染性休克急诊住院。当即给青霉素和多巴胺静脉滴注。治疗中发现点滴局部皮肤苍白、发凉，有明显疼痛。此时应给予何种药物治疗（　　）
A. 酚妥拉明　B. 毛果芸香碱
C. 普萘洛尔　D. 阿托品
E. 以上都不行

（24、25 题共用题干）

患者，女，23 岁。2 小时前口服 50% 敌敌畏 60ml，大约 10 分钟后出现呕吐、大汗，随后昏迷，急送入院。检查：呼吸急促，32 次 / 分，血压 18.7/13.3kPa（140/100mmHg），心律失常，肠鸣音亢进，双侧瞳孔 1～2mm，胸前有肌颤，全血 ChE 活力下降为 30%。

24. 患者入院后，除给予洗胃和氯解磷定治疗外，还应立即注射何种药物抢救（　　）
A. 氯丙嗪　B. 普萘洛尔
C. 阿托品　D. 毛果芸香碱
E. 新斯的明

25. 患者呼吸或呕吐物有（　　）
A. 酒味　B. 尿味
C. 大蒜味　D. 烂苹果味
E. 恶臭味

（付红焱）

第4章 麻醉药

第1节 局部麻醉药

案例 4-1　患者，女，38岁。因工作右手掌外伤，需切开取出异物，采取普鲁卡因＋肾上腺素浸润麻醉的局麻方式。

问题：1. 普鲁卡因的用药依据是什么？

2. 为何与肾上腺素合用？

3. 用药还需要注意什么问题？

局部麻醉药（简称局麻药）是一类作用于神经末梢或神经干周围，可逆性阻断神经冲动的产生和传导，使患者能在意识清醒、痛觉消失的状态下进行手术的药物。其麻醉范围小，不良反应也少，临床应用广泛。

一、局麻作用

局麻药主要作用于神经细胞膜上的钠通道，通过阻止Na^+内流，阻断动作电位的产生和神经冲动的传导，从而产生局麻作用。

局麻药的麻醉作用与药物的浓度和神经结构特点有关。药物浓度越高，麻醉作用越强。不同结构的神经纤维对局麻药的敏感度不同，感觉消失的顺序：首先是痛觉，温觉、触觉、压觉依次消失，恢复时顺序相反。

二、吸收作用

局麻药吸收后可引起全身作用，属于局麻药的不良反应。

1．毒性反应　用量过大或误入血管可产生中枢神经系统和心脏毒性反应。①中枢神经的中毒症状：先兴奋后抑制，表现为多语、不安、紧张、呼吸加快，甚至出现谵妄、惊厥。严重时可致呼吸麻痹而死亡。②心血管系统中毒症状：表现为心脏抑制、血管扩张、血压下降。

2．过敏反应　极少数人用药后，出现皮肤潮红、荨麻疹、哮喘，甚至过敏性休克。

三、用药护理

1．防止入血　浸润麻醉和传导麻醉时，注药前一定要回抽，避免误入血管产生毒性反应。在局麻药中加入少量1：（100 000～250 000）肾上腺素，可延缓局麻药吸收，减少毒性反应的发生，同时可延长作用时间。但肢体末端手术、高血压患者、甲亢患者、心脏病患者等禁止加入肾上腺素。

（考点：局麻药中常加入少量的肾上腺素的目的及禁忌）

2．严格控制剂量和浓度　尤其对耐受力低下、年老体弱的患者，要适当减量。黏膜吸收局麻药迅速，特别是在黏膜有损伤时应适当减少剂量。

3．若发现早期中毒症状，应急时抢救：采取维持呼吸和循环功能，加压给氧、输液，给予地西泮或硫喷妥钠。

4．用药前应询问患者有无过敏史，普鲁卡因应做皮肤过敏试验，皮试阳性者禁用。一旦出现过敏症状，立即停药，静脉注射肾上腺素，给氧和给予抗过敏药物。

5．为防止腰麻时引起血压下降，可采取轻度头低位或预先肌内注射麻黄碱。

四、局麻药的给药方法

1．表面麻醉　又称黏膜麻醉，是将穿透能力强的麻醉药直接涂抹、喷射于黏膜表面，使黏膜下的感觉神经末梢麻醉。常用于眼、鼻、口腔、咽喉、气管及尿道黏膜等部位的手术或检查。常选用丁卡因。

2．浸润麻醉　是将局麻药注射于手术部位皮下、皮内或其附近组织，以阻断神经冲动的传导。常用于浅表小手术。常选用普鲁卡因、利多卡因。

3．传导麻醉　又称阻滞麻醉，是将局麻药液注射于外周神经干附近，使该神经干所支配的区域麻醉。常用于四肢、面部、口腔等部位的手术。常选用普鲁卡因、利多卡因、布比卡因。

4．蛛网膜下腔麻醉　又称腰麻，是将局麻药液经腰椎间隙注入蛛网膜下腔，麻醉该部位的脊神经根。常用于下腹部和下肢手术。常选用普鲁卡因、丁卡因。

5．硬膜外麻醉　是将局麻药液注入硬脊膜外腔，麻醉该部位的脊神经根。麻醉范围广，常用于颈部至下肢的手术。常选用利多卡因。

常用局麻方法见图 4-1。

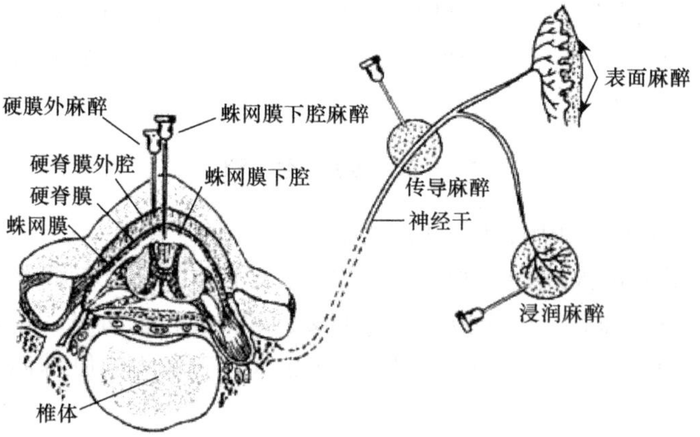

图 4-1　常用局麻药的给药方法示意图

链　接

麻醉药≠麻醉药品

麻醉药是指能使整个机体或机体局部暂时、可逆性失去知觉及痛觉的药物，分为全身麻醉药及局部麻醉药。麻醉药品是指对中枢神经有麻醉作用，连续使用后易产生身体依赖性、能形成瘾癖的药品，属于国家特殊管理药品。

五、常用的局麻药

普 鲁 卡 因

〖作用及应用〗

1．局麻作用 本药对黏膜的穿透能力弱，一般不用于表面麻醉。主要用于浸润麻醉、传导麻醉、蛛网膜下腔麻醉和硬脊膜外麻醉。

2．局部封闭 用0.25%～0.5%的溶液注射于病灶周围，可减轻病灶对中枢神经系统的不良刺激，使损伤部位症状缓解。

〖不良反应〗

1．毒性反应 当大量吸收引起中毒时，可引起中枢先兴奋（不安、震颤、惊厥），后抑制（昏迷、呼吸抑制等），并可致血压下降等。

2．过敏反应 少数患者可发生皮疹、哮喘甚至休克等过敏反应。故用药前应询问患者过敏史并做皮肤过敏试验。过敏者禁用。

利 多 卡 因

〖作用及应用〗

1．局麻作用 穿透能力强，作用快而久。可用于各种局麻，有“全能”局麻药之称。但该药扩散能力强，麻醉范围不易控制，故腰麻时应慎用。与普鲁卡因无交叉过敏反应。

2．抗心律失常 用于治疗室性心律失常。

〖不良反应〗毒性与普鲁卡因相似或略强，用量大时可引起惊厥或心搏骤停。有癫痫史，心、肝功能不全者慎用。严重传导阻滞者禁用。

丁 卡 因

丁卡因穿透力及局麻作用均比普鲁卡因强，且作用持久。主要用于表面麻醉，也用于传导麻醉、腰麻及硬脊膜外麻醉。因毒性大，一般不用于浸润麻醉。

本药毒性是普鲁卡因的10倍，药液误注入血管可致猝死。用药时应注意，切勿过量，并避免误注入血管。

布 比 卡 因

布比卡因麻醉作用强而持久，用于浸润麻醉、传导麻醉、腰麻及硬膜外麻醉。因对黏膜的穿透能力弱，故不用于表面麻醉。

本品不良反应偶见神经兴奋，低血压。对于低蛋白血症，肝、肾功能不全者禁用。孕妇及12岁以下的儿童禁用。

罗 哌 卡 因

罗哌卡因为酰胺类局麻药，可通过升高神经动作电位的阈值，延缓神经冲动的扩布，降低动作电位升高的速度，发挥阻断神经冲动的产生和传导的作用。麻醉作用的产生与神经纤维的轴径、髓鞘形成和传导速度有关。

（考点：各种局麻药的应用特点）

第2节 全身麻醉药

全身麻醉药简称全麻药，是一类能抑制中枢神经系统功能的药物，可逆性引起意识、感觉和反射消失，骨骼肌松弛的药物，主要用于外科手术麻醉。对中枢神经系统抑制的程度与血液内药物浓度有关，可以控制和调节并具有可逆性，当药物被代谢或从体内排出后，患者的神志及各种反射逐渐恢复。全麻药分为吸入性麻醉药和静脉麻醉药两类。

1. 吸入性麻醉药　是一类化学性质不活泼的挥发性液体或气体，如乙醚、氟烷、异氟烷、恩氟烷、氧化亚氮。其特点是脂溶性较大。

2. 静脉麻醉药　直接由静脉给药，其麻醉作用迅速，对呼吸道无刺激作用，不良反应少，使用方便。因麻醉较浅，主要用于诱导麻醉。若单独应用只适用于小手术。常用的静脉麻醉药有硫喷妥钠、氯胺酮、依托咪酯、羟丁酸钠等。

3. 复合麻醉　指同时或先后应用两种或两种以上的麻醉药物或其他辅助药物，以满足手术条件和术后镇痛，同时减少麻醉药的用量而减少不良反应。

（1）麻醉前给药：为减轻术前患者的精神负担、改善麻醉效果，于麻醉前预先使用某些镇静镇痛等药物的方法。

（2）基础麻醉：对于过度紧张或不合作者（如小儿）进入手术室前先用大剂量催眠药，使进入深睡眠或浅麻醉状态。进手术室后再用吸入性麻醉药。

（3）诱导麻醉：用诱导期短的硫喷妥钠或氧化亚氮，使患者迅速进入外科麻醉期，后改用其他药物维持麻醉。

（4）低温麻醉：降低体温可以减缓机体代谢而减少全身耗氧量，增强心、脑、肾等重要器官对缺血缺氧的耐受，减少术后并发症。在物理降温的基础上配合应用氯丙嗪，使体温下降到28～30℃，降低心脏等生命器官的耗氧量，以利于进行心脏直视手术。

（5）控制性降压：为减少手术失血、改善手术视野的条件、缩短手术时间，加用短时作用的血管扩张药硝普钠或钙拮抗药使血压适度下降，并抬高手术部位，以减少出血，而无组织器官缺血缺氧损伤。常用于颅脑手术。

小结

普鲁卡因穿透能力弱，不用于表面麻醉；利多卡因有“全能局麻药”之称，但扩散能力强，不用于腰麻；丁卡因毒性大，不用于浸润麻醉；布比卡因作用强而久，但穿透力弱，不用于表面麻醉。在局麻药液中加入少量的肾上腺素是为了减少局麻药的不良反应和延长其局麻作用时间。

自测题

1. 局麻药作用于混合神经纤维，首先产生麻醉作用的是（　　）
   A. 痛觉　B. 温觉
   C. 触觉　D. 压觉
   E. 冷觉
2. 局麻药液中加入少量肾上腺素的目的是（　　）
   A. 预防局麻药过敏
   B. 预防心搏骤停
   C. 延长局麻药作用时间
   D. 防止低血压
   E. 预防手术中出血
3. 穿透力最强的局麻药是（　　）
   A. 普鲁卡因　B. 利多卡因
   C. 丁卡因　D. 布比卡因
   E. 罗哌卡因
4. 用药前必须做皮肤过敏试验的局麻药是（　　）

A．罗哌卡因 B．普鲁卡因
C．丁卡因 D．利多卡因
E．布比卡因

5．普鲁卡因不可用于哪种麻醉方式（ ）
A．蛛网膜下腔麻醉 B．浸润麻醉
C．表面麻醉 D．传导麻醉
E．硬膜外麻醉

6．常用于抗心律失常的局麻药是（ ）
A．普鲁卡因 B．罗哌卡因
C．利多卡因 D．丁卡因
E．布比卡因

（杨孟欢 罗玉琳）

第5章

中枢神经系统药

第1节　镇静催眠药

案例 5-1　患者，男，30岁。因工作压力大，晚上常常辗转反侧、入睡困难，伴有精神紧张和焦虑不安。诊断为失眠症。遵医嘱口服艾司唑仑，用药三日后，患者失眠症状得到了明显改善，重新焕发青春活力。

问题：1. 针对失眠症，如何选择镇静催眠药？

2. 使用镇静催眠药有何不良反应？

3. 如何对使用镇静催眠药的患者进行用药指导？

镇静催眠药是一类对中枢神经系统具有抑制作用，能引起镇静和近似生理性睡眠的药物。随着剂量的增加，依次产生镇静、催眠、抗惊厥等作用，过量会引起中枢过度抑制，导致呼吸麻痹而死亡。本类药物属于精神药品。常用镇静催眠药可分为三类：苯二氮䓬类、巴比妥类和其他类。

一、苯二氮䓬类

本类药物有较好的抗焦虑和镇静催眠作用，安全范围较大，临床应用广泛。根据药物半衰期长短不同，分为三类。①长效类：地西泮（安定）、氟西泮（氟安定）。②中效类：硝西泮（硝基安定）、氯氮䓬（利眠宁）、艾司唑仑（三唑氯安定）。③短效类：三唑仑（三唑安定）、咪达唑仑（咪达安定）。

地西泮（安定）

〖作用与应用〗

1．抗焦虑　小剂量可显著改善患者的焦虑、紧张、忧虑、恐惧、失眠等症状。临床用于治疗焦虑症及各种原因引起的焦虑状态，常作为首选药。一般于用药1周后显效，4～6周疗效显著。

2．镇静催眠　常用量的地西泮可产生镇静催眠作用，其特点是：①缩短入睡时间，延长睡眠持续时间，减少觉醒次数。②对快波睡眠影响小，主要延长慢波睡眠，产生近似生理性睡眠。③安全范围较大，对呼吸、循环的抑制作用较轻，停药后反跳现象、依赖性和戒断症状也较轻。临床广泛用于治疗各种失眠症，也可用于麻醉前给药。入睡困难者一般选用短、中效类药物，早醒者选用中、长效类药物。

链　接

睡眠质量的评价标准

失眠危害较大，WTO 对睡眠质量的评价标准：①能于 30 分钟内入睡；②睡眠沉，呼吸深长不打鼾，夜间不易惊醒；③起夜少，无惊梦现象，醒后很快忘记梦境；④早晨起床后精神好；⑤白天头脑清晰，工作效率高，不困乏。

3．抗惊厥和抗癫痫　较大剂量的地西泮具有较强的抗惊厥作用，静脉注射可控制惊厥发作，用于小儿高热、破伤风、子痫和药物中毒引起的惊厥。也可抑制癫痫病灶异常放电的扩散，产生抗癫痫作用，静脉注射是治疗癫痫持续状态的首选药。

4．中枢性肌肉松弛　可降低肌张力，缓解中枢神经病变和局部病变引起的肌张力增高。主要用于肌肉痉挛、腰肌劳损和肌僵直。

〖不良反应及用药护理〗

1．副作用　最常见的症状有嗜睡、头晕、乏力、记忆力下降和精神不振等中枢抑制症状。应指导患者合理安排用药时间和剂量，提醒患者用药后避免从事驾驶、精密或危险性工作。

2．耐受性和依赖性　长期应用后逐步出现疗效降低，突然停药可出现焦虑、烦躁、失眠、震颤，甚至惊厥等戒断症状。宜短期或间断用药，久用停药时应逐渐减量，不可骤然停药。

3．急性中毒　剂量过大或静脉注射速度过快可引起呼吸抑制、血压下降等，严重者可致呼吸麻痹而死亡。应密切观察呼吸和循环情况，急性中毒时除洗胃和对症治疗外，还应选用苯二氮䓬类受体拮抗药氟马西尼解救。

4．其他　老年人和小儿慎用；妊娠和哺乳期妇女、重症肌无力、青光眼、中重度阻塞性肺病等患者禁用。

（考点：地西泮的作用、临床应用及用药注意）

链　接

3·21 世界睡眠日

睡眠是人的生理需要，人一生中有 1/3 的时间是在睡眠中度过。失眠危害较大（图 5-1），连续五天不睡觉人就可能丧失生命。据 WHO 调查，27% 的人有睡眠问题。为唤起全民对睡眠重要性的认识，国际精神卫生组织主办的全球睡眠和健康计划于 2001 年发起了一项全球性的活动——将每年的 3 月 21 日，即春季的第一天定为“世界睡眠日”。

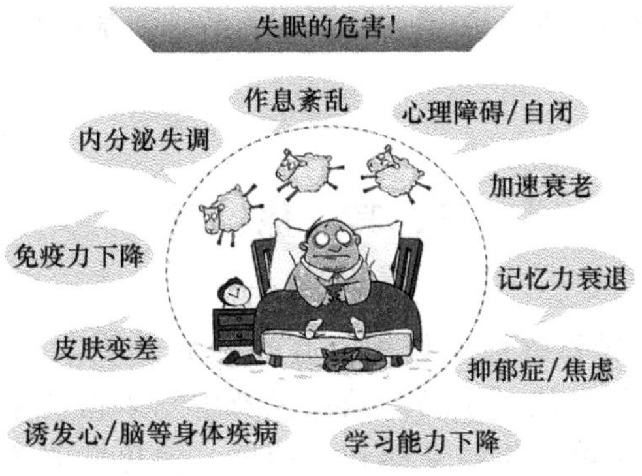

图 5-1　失眠的危害示意图

二、巴比妥类

巴比妥类为巴比妥酸的衍生物，对中枢神经系统的抑制作用随着剂量增加而不断加深，表现为镇静、催眠、抗惊厥和麻醉作用，过量可抑制呼吸中枢而致死。根据作用时间的长短，一般可将巴比妥类药物分为长效、中效、短效和超短效四类（表 5-1）。

表 5-1　临床常用巴比妥类药物分类及特点

类别	药物名称	显效时间（小时）	维持时间（小时）	临床应用
长效类	苯巴比妥	0.5～1	6～12	镇静催眠、抗癫痫
中效类	异戊巴比妥	0.25～0.5	3～6	镇静催眠、抗惊厥
短效类	司可巴比妥	0.25	2～3	镇静催眠、抗惊厥
超短效类	硫喷妥钠	i. v. 立即	0.25	静脉麻醉

〖作用与应用〗

1. 镇静催眠　可显著缩短快波睡眠时相，突然停药会出现反跳现象；较易产生耐受性和依赖性，目前临床已很少用于治疗失眠症，已被苯二氮䓬类所取代。

2. 抗惊厥、抗癫痫　可用于防治破伤风、子痫、小儿高热惊厥和某些药物中毒引起的惊厥。其中苯巴比妥可用于治疗癫痫大发作和癫痫持续状态。

3. 麻醉和麻醉前给药　硫喷妥钠可用于静脉麻醉和基础麻醉，静脉注射立即生效，但维持时间很短。麻醉前给药常用苯巴比妥。

〖不良反应与用药护理〗

1. 后遗效应　服用催眠剂量后，次晨出现头晕、乏力、嗜睡、精神萎靡不振等，也称宿醉现象，长效类多见。驾驶员或从事高空作业者应警惕。

2. 耐受性和依赖性　长期反复应用可产生耐受性和依赖性，久用骤停可出现戒断症状，表现为激动、失眠、焦虑，甚至惊厥。因此，应避免长期使用或滥用。

3. 急性中毒　大剂量服用或静脉注射过快可致急性中毒，表现为昏迷、血压下降、反射消失、呼吸抑制，严重时可因呼吸衰竭死亡。解救原则：①支持疗法和对症治疗：如保持呼吸道通畅、吸氧，必要时行人工呼吸，甚至气管切开，给予呼吸兴奋药和升压药等。②清除毒物：洗胃用生理盐水或 1∶2000 高锰酸钾溶液，导泻用硫酸钠而禁用硫酸镁，静脉滴注碳酸氢钠碱化血液和尿液，使用利尿药等。

（考点：巴比妥类急性中毒的处理措施）

三、其他类

水合氯醛

水合氯醛具有镇静催眠和抗惊厥作用。有强烈局部刺激性，常稀释后口服，用于顽固性失眠。灌肠可用于小儿高热、子痫、破伤风及中枢兴奋药中毒引起的惊厥。过量可损害心、肝和肾等脏器。久用可产生耐受性和依赖性。消化性溃疡及严重心、肝和肾病患者禁用。

小结

镇静催眠药属于精神药品，应按照有关规定严格管理。苯二氮䓬类是最常用的镇静催眠药，能产生近乎生理性睡眠。地西泮为苯二氮䓬类代表药，具有抗焦虑、镇静催眠、抗惊厥、抗癫痫、中枢性肌松作用，为焦虑症、癫痫持续状态首选药，急性中毒时可用氟马西尼拮抗。巴比妥类药物因安全范围较小，不良反应多，临床已少用于失眠症，目前主要用于抗惊厥、抗癫痫及麻醉和麻醉前给药，急性中毒时可用碳酸氢钠碱化体液和尿液，促进药物排出。

第2节　抗癫痫药

案例 5-2　患者，女，15岁。近来反复出现突然倒地、意识丧失、眼睛翻白、牙关紧闭、肢体强直、大小便失禁，持续3～5分钟后自行缓解。患者对发作过程不能回忆，发作后有全身疼痛、乏力、头晕等现象。近期发作日趋频繁，每日2～3次，诊断为癫痫大发作。

问题：1. 癫痫大发作可选用哪些药物治疗？

2. 用药时要注意哪些问题？

3. 如何对患者进行用药指导？

癫痫是由多种原因引起的大脑局部神经元过度兴奋，产生高频异常放电并向周围脑组织扩散，导致的短暂性、突发性大脑功能失调综合征。根据临床表现和脑电图特点，将癫痫发作分为强直－阵挛性发作（大发作）、失神性发作（小发作）、精神运动性发作、局限性发作和癫痫持续状态等。

1. 强直－阵挛性发作（大发作）　意识突然丧失，发出尖叫声，跌倒，全身抽搐，口吐白沫，瞳孔扩大，面色苍白及青紫，呼吸暂停等。抽搐1～3分钟后停止，意识恢复或转入沉睡，1～2小时后苏醒。若大发作连续出现，患者持续昏迷，则称为癫痫持续状态，危险性甚大，须迅速控制。

2. 失神性发作（小发作）　主要表现为短暂的意识丧失，突然停止活动，瞪目直视，手中持物落地，但不发生抽搐，持续数秒后迅速恢复常态，一日可发作数十次不等，多见于儿童。

3. 精神运动性发作　无意识丧失和抽搐，主要表现为阵发性意识模糊，无意识的动作（伸舌、咂嘴、吞咽、抚摸衣扣等），有的表现为精神失常（吵闹、歌唱、出走、恐惧、忧郁、幻觉等），每次发作持续数分钟至数日不等。

4. 局限性发作　表现为面部、一侧肢体肌肉抽搐或感觉异常，通常无意识障碍，成人多见。

链　接

癫痫规范化治疗刻不容缓

癫痫已成为一个全球性的问题，在中国癫痫为神经科仅次于头痛的第二大常见病。全球有5000万癫痫患者，40%没有得到有效治疗。中国约有900万左右的癫痫患者，约有2/3没有得到正确治疗。反复的癫痫发作给个人、家庭和社会带来了严重的负面影响，癫痫规范化治疗刻不容缓。

抗癫痫药物可通过影响中枢神经元，防止或减少病理性过度放电或提高正常脑组织的兴奋阈，减弱病灶兴奋的扩散，从而减少或阻止癫痫发作，但不能根治。临床常用的抗癫痫药有苯妥英钠、乙琥胺、卡马西平、丙戊酸钠等。

一、常用抗癫痫药

苯妥英钠（大仑丁）

〖作用与应用〗

1. 抗癫痫　作用较强，疗效高，为治疗癫痫大发作的首选药，对精神运动性发作次之，对局限性发作也有较好疗效，但对小发作无效甚至使病情恶化。

2. 抗中枢疼痛综合征　包括三叉神经痛、舌咽神经痛及坐骨神经痛等，可缓解疼痛，减少发作次数。

3. 抗心律失常　主要用于强心苷中毒所致的室性心律失常。

〖不良反应与用药护理〗

1. 局部刺激　苯妥英钠碱性强，口服可引起恶心、呕吐、食欲减退、上腹部疼痛等胃肠道反应，饭后服可减轻；静脉注射时宜选较粗大的血管，同时要缓慢推注，以防引起静脉炎。

2. 牙龈增生　长期应用可出现牙龈增生，多见于儿童及青少年，发生率约 20%。用药期间注意口腔卫生，经常按摩齿龈可减轻。停药 3～6 个月后可自行消退。

3. 神经系统反应　剂量过大或用药时间过长，可致眩晕、眼球震颤、复视和共济失调等。严重者可引起精神错乱、昏睡甚至昏迷等。

4. 血液系统反应　长期用药可抑制二氢叶酸还原酶，导致巨幼红细胞性贫血，宜用甲酰四氢叶酸治疗。少数病例可引起粒细胞减少、血小板减少和再生障碍性贫血，故应定期检查血常规。

5. 过敏反应　少数患者可出现药热、皮疹等，偶见剥脱性皮炎，一旦发现应立即停药。

6. 其他　可加速维生素 D 的代谢，长期用药可致低钙血症、佝偻病样改变和骨软化症，可加服维生素 D 预防。妊娠早期服药可致畸胎，孕妇禁用。

（考点：苯妥英钠的临床应用及主要不良反应）

卡马西平（酰胺咪嗪）

卡马西平对多种癫痫有治疗作用，其中对精神运动性发作疗效较好，作为首选药；对大发作和局限性发作也有效，小发作疗效较差。对三叉神经痛和舌咽神经痛的疗效优于苯妥英钠。对躁狂症和抑郁症患者能改善精神症状，对锂盐治疗无效的躁狂症、抑郁症也有效。常见不良反应有眩晕、视物模糊、恶心、呕吐、共济失调、手指震颤等。少数人可出现共济失调、皮疹等，偶见再生障碍性贫血、粒细胞减少、血小板减少及肝损害等。

苯巴比妥

苯巴比妥起效快、疗效好、毒性低。对小发作疗效较差，对其他癫痫类型均有效。主要用于治疗癫痫大发作及癫痫持续状态，也可以用于局限性发作和精神运动性发作。中枢抑制作用明显，长期使用易产生耐受性，一般不作首选。

乙琥胺

乙琥胺仅对小发作有效，对其他类型癫痫无效，为临床治疗癫痫小发作的首选药。毒性低，常见不良反应有恶心、呕吐、食欲缺乏、头痛、眩晕和嗜睡等，偶见粒细胞减少和再生障碍性贫血等。有时可引起肝、肾损害。用药时需注意检查血常规及肝肾功能。

丙 戊 酸 钠

丙戊酸钠为广谱抗癫痫药，对各类癫痫均有一定疗效。对大发作疗效不及苯妥英钠和苯巴比妥；对精神运动性发作疗效近似卡马西平；对小发作疗效优于乙琥胺，但因其肝毒性不作首选药。临床多用于治疗其他抗癫痫药无效的各型癫痫。常见不良反应有恶心、呕吐、食欲缺乏等胃肠道反应。少数患者出现嗜睡、共济失调、血小板减少、肝损害。应定期检查血常规和肝功能。

二、抗癫痫药的用药原则

1. 合理选药　要根据癫痫发作的类型和患者的具体情况合理选择药物及给药方法。以首选药物为主，一般主张单一用药。

2. 剂量个体化　因个体差异较大，用药量应从小剂量开始，逐渐增加剂量至控制发作又不出现严重的不良反应为宜，待症状控制后改为维持量治疗。

3. 规律用药　不可随意更换药物，需换药时应采取逐渐过渡换药，即在原药基础上加用新药，待新药发挥疗效后，再逐渐停用原药。

4. 长期用药　癫痫是一种慢性病，需长期用药。治疗过程中不宜突然停药，症状完全控制后仍应维持治疗 2～3 年，然后在数月甚至 1～2 年内逐渐减量停药。有些患者需终身用药。

5. 防治不良反应　长期用药应注意防治不良反应，应定期检查血常规和肝功能，及时发现毒性反应。孕妇服用抗癫痫药引起畸胎及死胎概率较高，应慎重使用。

练一练：

请 连 线

癫痫大发作首选	卡马西平	不良反应多，久用可出现牙龈增生
癫痫小发作首选	苯妥英钠	对三叉神经痛和舌咽神经痛疗效优于苯妥英钠
癫痫持续状态首选	乙琥胺	有依赖性，属于精神药品
精神运动性发作首选	地西泮	仅对小发作有效，对其他类型癫痫无效

小结

合理使用抗癫痫药物可以有效控制癫痫的发作频率和强度，避免继发疾病和机体损伤。苯妥英钠为治疗癫痫大发作的首选药、还可用于三叉神经痛和室性心律失常等，但对小发作无效；卡马西平为精神运动性发作首选药；丙戊酸钠为广谱抗癫痫药，对混合性癫痫最适用；乙琥胺仅对小发作有效，为小发作首选药；癫痫持续状态首选地西泮静脉注射。抗癫痫药长期使用不良反应多，应加强用药护理，提高患者用药的依从性。

第 3 节　抗帕金森病药

帕金森病又称震颤麻痹，是一种慢性进行性中枢神经系统退行性疾病。目前认为帕金森病是因黑质-纹状体多巴胺减少或缺乏，乙酰胆碱相对增多所致（图 5-2）。典型症状为静止性震颤、肌肉强直、运动迟缓和共济失调，通常伴有智力减退。抗帕金森病药主要包括拟多巴胺类药和抗胆碱药两类。临床常用药物有左旋多巴、卡比多巴、溴隐亭、金刚烷胺和苯海索等。

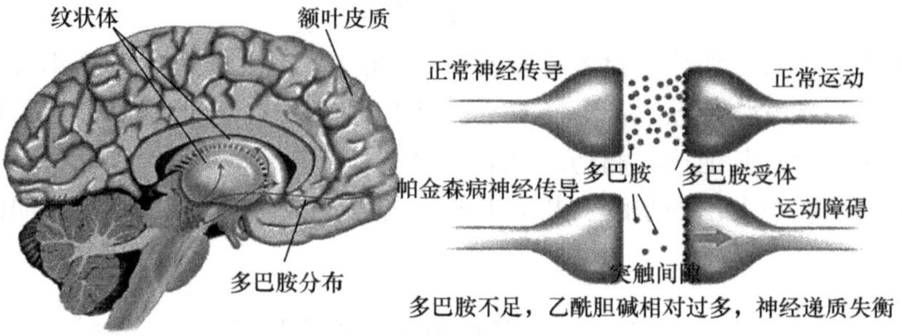

图 5-2 帕金森病发病机制

链 接

帕金森病的由来及可怕的数据

帕金森病是由英国内科医生詹姆斯·帕金森博士发现的，为了纪念其突出贡献，欧洲帕金森病联合会从 1997 年开始，将其生日 4 月 11 日定为每年的“世界帕金森病日”。帕金森病是排在肿瘤、心脑血管病之后的中老年人第三大疾病，60 岁以上人群发病率可达 1%，65 岁以上人群发病率可达 2%，成为威胁中老年人健康的主要“杀手”。数据显示，2013 年全球已有 500 多万帕金森病患者，我国帕金森病患者已经超过 200 万，且每年新增患者近 50 万。科学、规范、系统地诊治帕金森病势在必行。

一、拟多巴胺类药

左旋多巴

〖作用与应用〗 左旋多巴是多巴胺的前体，通过血脑屏障后，经多巴脱羧酶脱羧转变成多巴胺，补充纹状体中多巴胺的不足而发挥治疗帕金森病作用。特点：①起效慢、作用持久，随用药时间延长疗效增强。②对轻症及年轻患者疗效好，对重症或年老体弱者疗效较差。③对肌肉强直及运动困难者疗效好，对肌肉震颤者疗效差。④对氯丙嗪等抗精神失常药引起的锥体外系反应无效。

〖不良反应及用药护理〗

1．胃肠道反应 主要表现为恶心、呕吐、食欲减退。这是由于多巴胺刺激延髓催吐化学感受区所致，多巴胺受体阻断药多潘立酮可有效对抗。偶见溃疡出血或穿孔。

2．神经系统反应 表现为不自主的异常运动和精神障碍。不自主的异常运动表现为张口、咬牙、伸舌、皱眉、头颈部扭动等，服用两年以上者发生率达 90%。少数患者出现“开－关”现象，“开”时活动正常或几近正常，而“关”时突然出现严重的帕金森病症状。精神障碍表现为失眠、焦虑、噩梦、躁狂、幻觉、妄想及抑郁等。需减量或停药，可用氯氮平治疗。

3．其他 维生素 B_6、抗精神病药物均能阻滞黑质－纹状体多巴胺通路功能，利血平可耗竭多巴胺，这些药物均能引起锥体外系运动失调，出现药源性帕金森病，对抗左旋多巴的疗效。

卡比多巴

卡比多巴不易通过血脑屏障，为外周多巴脱羧酶抑制剂。与左旋多巴合用时，抑制左旋多巴在外周组织的脱羧作用，使进入中枢的左旋多巴增多，既能提高左旋多巴疗效，又能显著减轻其外周的不良反应，还可减少左旋多巴的用量。单独应用基本无药理作用，与左旋多巴配伍用于帕金森病的治疗。卡比多巴与左旋多巴按 1∶10 或 1∶4 的剂量配伍制成复方制剂。

溴隐亭

溴隐亭为选择性多巴胺受体激动药，通过兴奋多巴胺受体而呈现抗帕金森病作用，与左旋多巴合用治疗帕金森病取得较好疗效，能减少症状波动。不良反应与左旋多巴相似，有恶心、呕吐、直立性低血压、运动困难和精神症状等。

金刚烷胺

金刚烷胺可能通过多种方式加强多巴胺的功能，如促进左旋多巴进入脑循环，增加多巴胺合成和释放、减少多巴胺重摄取等。其特点是起效快、维持时间短，对肌肉强直、震颤和运动障碍效果较好。与左旋多巴合用有协同作用。本药尚有抗亚洲 A 型流感病毒作用。可致头痛、眩晕、失眠、精神不安和运动失调等。偶致惊厥，癫痫患者禁用。

二、抗胆碱药

苯海索（安坦）

苯海索口服易吸收，通过阻断黑质－纹状体通路胆碱受体而拮抗 ACh 的作用，抗震颤效果好，也能改善运动障碍和肌肉强直。主要用于轻症或不能耐受左旋多巴的患者及抗精神病药引起的帕金森综合征。

本药副作用与阿托品相似但较轻，主要表现为口干、便秘、尿潴留、瞳孔散大、视物模糊等。前列腺增生者慎用，青光眼患者禁用。

小结

抗帕金森病药主要包括拟多巴胺类药和抗胆碱药两类。前者通过直接补充多巴胺前体物或抑制多巴胺降解而产生作用；后者通过拮抗相对过高的胆碱能神经功能而缓解症状。两类药合用可增加疗效，其总体目标是恢复多巴胺能神经和胆碱能神经系统功能的平衡状态。

第 4 节　抗精神失常药

案例 5-3　患者，男，30 岁。半年前与同事在单位发生争论后，每次在单位进餐后均有恶心、呕吐、腹痛等现象。怀疑单位领导存心与他作对，在食物中放毒加害于他，到处寻找"解毒剂"。近一个月来，怀疑医务室医生用"中子射线"控制其思想和行为，有时听到"中子射线"与他对话，命令他"不许反抗"。连续写控告信，并去公安局要求保护。近日在家人陪同下到医院就诊，诊断为偏执型精神分裂症入院。医嘱给予氯丙嗪治疗。

问题： 1. 氯丙嗪可以根治精神分裂症吗？

2. 氯丙嗪有哪些不良反应？如何防治？

3. 如何对患者及其家属进行用药指导？

精神失常是由多种原因引起的思维、情感和行为等精神活动障碍的一类疾病，包括精神分裂症、躁狂症、抑郁症和焦虑症。治疗这类疾病的药物统称为抗精神失常药。根据临床用途，分为抗精神病药、抗躁狂症药、抗抑郁症药及抗焦虑症药。

一、抗精神病药

精神分裂症是一组以思维、情感、行为之间不协调，精神活动与现实脱离为主要特征的常见精神疾病。抗精神病药主要用于治疗精神分裂症，对其他精神病的躁狂症状也有效。根据化学结构，抗精神病药物分为吩噻嗪类、硫杂蒽类、丁酰苯类及其他类，其中以吩噻嗪类药物较多，氯丙嗪是该类药物的代表药。大多数抗精神病药对控制兴奋、躁动，消除幻觉、妄想等精神分裂症的阳性症状效果好，对抑郁、情感淡漠、主动性缺乏、行为退缩等阴性症状效果差甚至无效。

氯丙嗪（冬眠灵）

〖作用与应用〗氯丙嗪对多巴胺受体、M 受体、α 受体均有阻断作用，药理作用广泛而复杂。

1. 对中枢神经系统的作用

（1）抗精神病作用：氯丙嗪能阻断中脑－边缘系统和中脑－皮质通路的多巴胺受体而发挥抗精神病作用。氯丙嗪对中枢神经系统有较强的抑制作用，正常人用药可出现安静、活动减少、感情淡漠和注意力下降，在安静环境下易入睡，但易唤醒。对精神分裂症患者，能迅速控制兴奋躁动症状，大剂量连续用药能消除患者的幻觉和妄想等症状，减轻思维障碍，使患者恢复理智，情绪安定，生活自理。

氯丙嗪主要用于治疗精神分裂症，对急性患者疗效较好，但不能根治，需长期用药，甚至终身治疗。也可治疗躁狂症及其他精神病伴有的兴奋、紧张及妄想等症状。

链　接

精神之抚——氯丙嗪功不可没

在古代，精神患者被认为是恶魔附身或犯下罪行被上帝惩罚，因此常用痛打、放血、禁食、冷热水交替刺激、钳闭等手段来对付。直到 18 世纪，现代精神医学之父皮内尔提出要宽容、理性地对待精神病患者，才打开了精神病患者身上的锁链。但那时还无治疗精神病的有效药物，而是采用电击、低血糖休克、毛骨悚然的脑额叶切除术等，使精神病患者遭受了难以想象的痛苦。1952 年氯丙嗪（抗精神病第一药）的诞生使急性精神分裂症及躁狂患者得到缓解，大部分患者甚至可以融入社会，而慢性精神病患者的病情则可以得到明显改善，实现了精神病医药学上的革命。

（2）镇吐作用：小剂量氯丙嗪即可抑制催吐化学感受区的多巴胺受体，产生明显的镇吐作用，大剂量氯丙嗪能直接抑制呕吐中枢。对药物和疾病引起的呕吐具有显著的镇吐作用。对顽固性呃逆也有显著疗效。对晕动症等前庭刺激引起的呕吐无效。

（3）体温调节作用：氯丙嗪抑制下丘脑体温调节中枢，使体温调节失灵，导致体温随外界环境温度的变化而变化。环境温度越低其降温作用越显著；在炎热天气，则可使体温升高。

氯丙嗪与异丙嗪、哌替啶组成“冬眠合剂”，配合物理降温（冰袋、冰浴），可使机体体温降至 34℃左右，甚至更低，此时机体代谢减慢、组织耗氧量减少，对各种病理刺激的反应性降低，有利于机体度过危险的缺氧缺能阶段，称为“人工冬眠”。人工冬眠适用于严重创伤、感染性休克、大面积烧伤、高血压危象、高热惊厥、中枢性高热、甲状腺危象等病症的辅助治疗；

在配合物理降温下，氯丙嗪也可用于低温麻醉。

（4）加强中枢抑制药的作用：氯丙嗪可增强麻醉药、镇静催眠药、镇痛药等中枢抑制药的中枢抑制作用。合用时，应适当减少后者的用量。

2．对自主神经系统的作用

（1）降压作用：阻断α受体，并抑制血管运动中枢，使血管扩张，降低血压。降压作用可产生耐受性，且不良反应较多，不宜用于高血压的治疗。

（2）抗胆碱作用：有较弱的 M 受体阻断作用，可引起口干、便秘、视物模糊等不良反应。

3．对内分泌系统的影响　通过抑制下丘脑催乳素抑制因子的释放，增加催乳素的分泌；抑制生长激素、促肾上腺皮质激素及促性腺激素的分泌。

（考点：氯丙嗪的作用、应用与不良反应）

〖不良反应与用药护理〗

1．一般反应　①中枢抑制症状：嗜睡、淡漠、无力等。② M 受体阻断症状：视物模糊、口干、便秘、眼压升高等。③α受体阻断症状：血压下降、直立性低血压等。注射给药后应卧床休息 1～2 小时，变换体位时动作要慢。出现直立性低血压宜用去甲肾上腺素纠正，禁用肾上腺素。

2．锥体外系反应　是长期大量应用氯丙嗪所致的最主要不良反应，有四种表现。①帕金森综合征：表现为肌张力增高、面容呆板、动作迟缓、肌肉震颤等。②静坐不能：患者表现为坐立不安、反复徘徊。③急性肌张力障碍：强迫性张口、伸舌、斜颈等。以上三种症状是由于氯丙嗪阻断了黑质-纹状体通路的多巴胺受体，使纹状体中的多巴胺功能减弱、乙酰胆碱的功能增强而引起的，一般减量或停药可减轻或消除，也可用中枢抗胆碱药苯海索来缓解。④迟发性运动障碍：部分患者可出现一种特殊而持久的运动障碍，主要表现为吸吮、舐舌、咀嚼等“口-舌-颊三联征”，也可表现为广泛性舞蹈样手足徐动症。

3．过敏反应　偶见皮疹、药热、光敏性皮炎和皮肤色素沉着、肝损害等。

4．内分泌紊乱　氯丙嗪阻断下丘脑垂体通路的多巴胺受体，使垂体内分泌调节受到抑制。长期用药可致乳房增大、泌乳、排卵延迟、月经不调或停闭、儿童生长迟缓等。

5．急性中毒　一次吞服大剂量氯丙嗪可致急性中毒，表现为昏睡、血压下降甚至休克，应立即进行对症治疗。

6．禁忌证　有癫痫病史者、青光眼、昏迷、严重肝功能损害者禁用。

吩噻嗪类抗精神病药作用比较见表 5-2。

表 5-2　吩噻嗪类抗精神病药作用比较

药物	抗精神病剂量（mg/d）	不良反应		
		镇静作用	锥体外系反应	降压作用
氯丙嗪	25～300	+++	++	++
氟奋乃静	2～20	+	+++	++
三氟拉嗪	5～20	+	+++	+
硫利达嗪	150～300	+++	+	+++

注：+++强；++次强；+弱。

二、抗躁狂症药

躁狂症是一种以情感活动呈病态过分高涨为基本表现的精神失常，主要表现为情绪高涨、烦躁不安、活动过度和思维、言语不能自制。其发病原因是脑内5-羟色胺缺乏的同时，去甲肾上腺素释放过多。临床上主要应用碳酸锂和抗精神病药治疗。

碳 酸 锂

治疗剂量锂盐对正常人的精神行为没有明显的影响，但对躁狂症患者有显著疗效，特别是对急性躁狂和轻度躁狂疗效显著。临床主要用于躁狂症；也用于躁狂抑郁症（躁狂和抑郁交替发生）。

不良反应较多，有胃肠道症状、乏力、肌震颤、口干等。安全范围窄，剂量过大可引起锂盐中毒。急性中毒时表现为精神紊乱、反射亢进、震颤、肌张力增高、昏迷甚至死亡。由于该药治疗指数低，测定血药浓度至关重要，当血药浓度升至1.6mmol/L时，应立即停药。

三、抗抑郁症药

抑郁症是由于脑内5-羟色胺（5-HT）和去甲肾上腺素（NA）缺乏所致的精神失常。抗抑郁症药主要是用于治疗情绪低落、抑郁消极的一类药物。抗抑郁症药可使70%左右的抑郁症患者病情显著改善，长期治疗可使反复发作的抑郁减少复发。目前临床常用的抗抑郁症药：①三环类抗抑郁症药，如丙米嗪、阿米替林、氯米帕明、多塞平等。②去甲肾上腺素再摄取抑制药，如地昔帕明、马普替林等。③5-羟色胺再摄取抑制药，如氟西汀、帕罗西汀等。④其他类，如曲唑酮、米安舍林等。

丙米嗪（米帕明）

丙米嗪属于三环类抗抑郁药。通过增加脑内5-羟色胺和去甲肾上腺素含量而发挥抗抑郁症作用，主要用于各型抑郁症，对内源性、反应性及更年期抑郁症效果较好，对精神分裂症的抑郁状态疗效较差。

常见不良反应有口干、便秘、视物模糊、眼压升高、尿潴留、心悸、直立性低血压、心律失常、乏力、头痛、失眠和肌肉震颤等。偶见皮疹、粒细胞减少及阻塞性黄疸等。前列腺增生及青光眼患者禁用。

阿 米 替 林

阿米替林药理作用和应用与丙米嗪极为相似，对5-羟色胺再摄取的抑制作用明显强于对去甲肾上腺素再摄取的抑制；镇静作用和抗胆碱作用也较明显。临床上用于抑郁症、强迫症、恐怖症等。不良反应与丙米嗪相似，但比丙米嗪严重。

多 塞 平

多塞平又名多虑平，作用与丙米嗪类似，抗抑郁作用比后者弱，抗焦虑作用强，镇静作用和对血压影响也比丙米嗪强，但对心脏影响较小。

氟 西 汀

氟西汀是一种强效选择性5-羟色胺摄取抑制剂，口服吸收良好，作用时间长。临床上常用于各种抑郁症，特别是对其他药物无效或不耐受的患者。不良反应较轻，可引起胃肠道反应、中枢神经症状、自主神经症状、过敏反应和性功能障碍等。

小结

氯丙嗪具有抗精神病、镇吐、体温调节等作用，主要用于治疗精神分裂症，也可治疗躁狂症及其他精神病伴有的兴奋、紧张及妄想等症状。氯丙嗪与异丙嗪、哌替啶组成“冬眠合剂”，用于严重创伤、感染性休克、大面积烧伤、高血压危象、高热惊厥、破伤风、甲状腺危象等辅助治疗。不良反应有直立性低血压、过敏反应、锥体外系反应和肝损害等。其他抗精神病药有氯氮平、氟哌利多、利培酮等。躁狂症首选药为碳酸锂；丙米嗪为抑郁症首选药。

第 5 节　镇　痛　药

案例 5-4　患者，男，45 岁。午饭后无明显原因感觉右上腹部胀痛不适，自服藿香正气胶囊、消炎利胆片无效，晚饭后疼痛越来越严重，并向右肩背部放射，伴恶心、呕吐。因疼痛难忍于当晚 9 时急诊入院。查体：T38.8℃，P80 次 / 分，R20 次 / 分，BP100/75mmHg，右上腹压痛、反跳痛，墨菲征（＋）。B 超显示胆囊炎、胆结石，诊断为胆绞痛，给予哌替啶和阿托品治疗。

问题：1. 该患者选用哌替啶和阿托品治疗的依据是什么？

2. 如何对该患者进行用药指导？

疼痛是许多疾病的常见症状，也是机体的一种保护性反应。剧烈疼痛不仅给患者带来痛苦和不愉快的情绪反应，还可引起生理功能紊乱，甚至休克。因此适当应用镇痛药是十分必要的。但疼痛的性质与部位是诊断疾病的重要依据，故在未明确诊断之前应慎用镇痛药，以免掩盖病情，贻误诊断。

镇痛药主要作用于中枢神经系统，解除或减轻疼痛，并能缓解疼痛引起的不愉快情绪。在镇痛时，患者意识清醒，不影响其他感觉。大多数镇痛药镇痛作用强大，但反复应用易产生耐受性和依赖性，故称“麻醉性镇痛药”或“成瘾性镇痛药”，属于麻醉药品，应根据国家颁布的《麻醉药品和精神药品管理条例》严格管理和使用。本类药物可分为阿片受体激动药和非阿片受体激动药。

一、阿片受体激动药

吗　啡

吗啡属于阿片类生物碱。阿片为罂粟科植物罂粟未成熟蒴果浆汁的干燥物，含有 20 多种生物碱，其中吗啡、可待因和罂粟碱具有临床药用价值。

〖作用〗

1．中枢神经系统

（1）镇痛、镇静：吗啡有强大的镇痛作用，对各种疼痛均有效，其中对慢性持续性钝痛作用强于急性间断性锐痛。一次给药，镇痛作用可持续 4～6 小时。吗啡有明显的镇静作用，能改善由疼痛所引起的焦虑、紧张、恐惧等情绪反应，提高机体对疼痛的耐受力。吗啡还可引起欣快感，这是造成患者强迫用药成瘾的重要原因。

（2）抑制呼吸：治疗量即可抑制呼吸中枢，使呼吸频率减慢、潮气量降低。随着剂量增大而抑制作用增强，急性中毒时呼吸频率可减慢至3～4次/分。呼吸抑制是吗啡急性中毒致死的主要原因。

（3）镇咳：吗啡可抑制咳嗽中枢，有强大镇咳作用。

（4）其他：吗啡可兴奋动眼神经副核，引起瞳孔缩小，针尖样瞳孔为其中毒特征。吗啡还可兴奋催吐化学感受区引起恶心、呕吐。

2．平滑肌　吗啡能提高胃肠道平滑肌和括约肌张力，使推进性肠蠕动减弱；也可抑制消化液的分泌，并且对中枢有抑制作用，可止泻或导致便秘。治疗量吗啡可使胆道括约肌痉挛性收缩，胆汁排空受阻，胆囊压力明显提高，可导致上腹不适甚至诱发胆绞痛。吗啡可对抗缩宫素（催产素）对子宫平滑肌的兴奋作用，延长产程。能提高膀胱括约肌张力，引起排尿困难、尿潴留。大剂量还可收缩支气管平滑肌，诱发或加重哮喘。

3．扩张血管　吗啡能扩张血管，降低外周阻力，引起直立性低血压。由于吗啡抑制呼吸，体内二氧化碳蓄积，引起脑血管扩张，颅内压增高。

〖应用〗

1．镇痛　吗啡对各种疼痛均有效，但久用易成瘾，除晚期癌症剧痛外，一般仅短期用于其他镇痛药无效的急性锐痛，如严重创伤、烧伤等引起的疼痛。对于心肌梗死引起的剧痛，血压正常时可用吗啡止痛。对内脏绞痛（如胆绞痛、肾绞痛等）应合用解痉药如阿托品治疗。

2．心源性哮喘　心源性哮喘是由于左心衰竭和急性肺水肿等引起的呼吸困难。最突出的临床表现为阵发性呼吸困难。除采用强心苷、氨茶碱、吸氧、利尿外，静脉注射吗啡常可产生良好治疗效果。其作用机制：①扩张外周血管，降低心脏的前后负荷，有利于肺水肿的消除。②抑制呼吸中枢，降低呼吸中枢对二氧化碳的敏感性，从而缓解急促浅表的呼吸。③镇静作用，可消除患者的焦虑恐惧情绪，减少耗氧量。但对于伴有休克、昏迷及严重肺功能不全者禁用。

3．止泻　适用于急、慢性腹泻以减轻症状。可选用阿片酊或复方樟脑酊。如为细菌感染，应同时服用抗菌药物。

〖不良反应与用药护理〗

1．副作用　常见嗜睡、眩晕、恶心、呕吐、便秘、排尿困难、呼吸抑制、直立性低血压等。用药期间应注意观察患者生命体征。

2．耐受性和成瘾性　连续反复多次应用吗啡易产生耐受性和依赖性。一旦成瘾，停药后即出现戒断症状，表现为兴奋、失眠、流泪、流涕、出汗、震颤、呕吐、腹泻、虚脱及意识丧失等。成瘾者为减轻痛苦并获得应用吗啡的欣快感，常不择手段获取吗啡，称“强迫性觅药行为”，严重损害用药者的健康，造成极大的社会危害，需严格按照国家《麻醉药品和精神药品管理条例》管理和使用。

3．急性中毒　表现为昏迷、瞳孔极度缩小呈针尖样、呼吸深度抑制三大特征，常伴有发绀、尿潴留、体温及血压下降甚至休克。呼吸麻痹是致死的主要原因。抢救措施主要是人工呼吸、吸氧及静脉注射阿片受体拮抗药纳洛酮，必要时给予呼吸兴奋药尼可刹米。

4．禁忌证　分娩止痛、哺乳期妇女止痛、支气管哮喘、肺心病和颅脑损伤所致颅内压增高的患者。

（考点：吗啡的作用、临床应用及不良反应）

可待因（甲基吗啡）

可待因的镇痛作用为吗啡的 1/12，镇咳作用为其 1/4，作用持续时间与吗啡相似。可用于中等程度疼痛和剧烈干咳。对呼吸中枢抑制轻微，镇静作用不明显，无明显便秘、尿潴留及直立性低血压等副作用。成瘾性弱于吗啡，但仍需限制使用。

哌替啶（度冷丁）

〖作用〗哌替啶可激动脑内阿片受体产生镇痛镇静作用，作用与吗啡相似。其特点：①镇痛强度约为吗啡的 1/10，持续时间 2～4 小时。②镇静、抑制呼吸作用与吗啡相当，但成瘾性发生较慢。③治疗量可扩张血管，致直立性低血压及颅内压升高。④能提高平滑肌及括约肌张力，但因作用时间短，不易引起便秘和尿潴留。⑤大剂量引起支气管平滑肌收缩，无明显镇咳作用。⑥不影响催产素对子宫的兴奋作用，对产程影响小。

〖应用〗

1．镇痛　哌替啶作用比吗啡弱，但成瘾性较吗啡轻，现已取代吗啡广泛用于各种剧痛，如创伤性疼痛、手术后疼痛、内脏绞痛、晚期癌痛。缓解内脏绞痛（胆绞痛、肾绞痛）需与阿托品合用。新生儿对哌替啶抑制呼吸作用极为敏感，故临产前 2～4 小时内不宜使用。

2．心源性哮喘　哌替啶可代替吗啡作为心源性哮喘的辅助治疗，且效果良好。机制与吗啡相同。

3．麻醉前给药　哌替啶的镇静作用可消除患者手术前紧张、恐惧情绪，减少麻醉药用量。

4．人工冬眠　与氯丙嗪、异丙嗪合用组成“冬眠合剂”用于人工冬眠疗法。

〖不良反应与用药护理〗治疗量哌替啶的不良反应与吗啡相似，可致眩晕、口干、恶心、呕吐、出汗、心悸及因直立性低血压而发生晕厥等。久用也可成瘾。急性中毒时可出现昏迷、呼吸抑制、瞳孔散大、震颤、肌肉痉挛、反射亢进甚至惊厥。用药期间定期检测血压、呼吸，注意瞳孔变化。纳洛酮能对抗呼吸抑制，但不能对抗惊厥，中毒解救时应合用抗惊厥药。禁忌证与吗啡相同。

（考点：哌替啶的作用与应用）

芬　太　尼

芬太尼作用与吗啡相似，镇痛强度约为吗啡的 100 倍，显效快，维持时间短，仅 1～2 小时，为短效镇痛药。可用于各种剧痛。与麻醉药合用，可减少麻醉药用量。与氟哌利多合用称为“神经安定镇痛术”，用于外科麻醉，可进行某些小手术，如大面积烧伤换药，各种内镜检查及造影等。

不良反应有眩晕、恶心、呕吐及胆道括约肌痉挛。大剂量产生明显肌肉强直，纳洛酮能对抗。静脉注射过快产生呼吸抑制，禁用于支气管哮喘、颅脑肿瘤或颅脑外伤引起昏迷的患者及两岁以下小儿。本药成瘾性小，但反复用药仍可产生依赖性。

美　沙　酮

美沙酮镇痛作用强度与吗啡相当，但持续时间较长。镇静、抑制呼吸、缩瞳、引起便秘及升高胆道内压力等作用较吗啡弱。主要用于创伤、手术及晚期癌症等所致剧痛。因耐受性与成瘾性发生较慢，停药后的戒断症状轻，且易于治疗，故也可用于治疗吗啡、海洛因等成瘾的脱毒治疗，称为“替代疗法”，即人们常说的“以小毒换大毒”的典型运用。

链 接

美沙酮替代疗法

“美沙酮替代疗法”是目前治疗阿片类药物成瘾的最有效办法，可以减少成瘾者因强迫性觅药行为而对个人和社会产生的危害，提高重返社会的机会。该疗法每日只需服用一次美沙酮，维持时间24～36小时，可减轻成瘾者戒断症状，减少觅药和用药行为。但美沙酮并不能彻底戒除毒瘾和心瘾，并有一定的依赖性及耐受性，故必须在专门的戒毒所，并在专业人员的监督下使用此疗法。

二氢埃托啡

二氢埃托啡为我国研制的强效镇痛药，为吗啡受体激动药。其镇痛作用强、用量小、持续时间短暂。用于各种急性剧痛，如重度创伤性疼痛及哌替啶、吗啡等无效的顽固性疼痛和晚期癌症疼痛。二氢埃托啡也有成瘾性，但较吗啡轻。

曲 马 多

曲马多镇痛强度为吗啡的1/10～1/8。镇咳强度为可待因的1/2，无明显呼吸抑制作用，不引起便秘，也不影响心血管功能。临床用于中度及重度急慢性疼痛，如手术、创伤及晚期肿瘤疼痛等。偶有多汗、头晕、恶心、呕吐、口干、疲劳等副作用。成瘾性小，但长期应用也可能产生依赖性。

喷他佐辛（镇痛新）

喷他佐辛为阿片受体的部分激动药，其特点为：①镇痛作用为吗啡的1/3，呼吸抑制作用为吗啡的1/2。②对胃肠道和胆道平滑肌的兴奋作用较弱，不引起便秘，胆道内压力上升不明显。③对心血管系统的作用不同于吗啡，大剂量反而增快心率，升高血压。适用于各种慢性剧痛。成瘾性很小，为非麻醉性镇痛药。不良反应常见嗜睡、眩晕、恶心、呕吐、出汗。有时可引起焦虑、噩梦、幻觉等神经精神症状。剂量增大能引起呼吸抑制、血压升高、心率增快，纳洛酮能对抗其引起的呼吸抑制。

二、非阿片受体激动药

罗 通 定

罗通定镇痛作用较哌替啶弱，但比解热镇痛药强。对慢性持续性钝痛效果较好，对创伤或手术后疼痛或晚期癌症的止痛效果较差。适用于治疗胃肠和肝胆系统疾病所致的钝痛，也可用于一般性头痛、脑震荡后头痛、疼痛性失眠、痛经及分娩止痛。本药还有镇静和催眠作用。安全性较大，偶见眩晕、乏力、恶心，无成瘾性。

附：阿片受体拮抗药

纳洛酮和纳曲酮

纳洛酮与吗啡对阿片受体有竞争性拮抗作用。因首关消除明显，常注射给药。对吗啡中毒者，小剂量肌内或静脉注射能迅速翻转吗啡的作用，1～2分钟就可解除呼吸抑制，增加呼吸频率、血压回升，使昏迷患者意识清醒。对吗啡成瘾者可迅速诱发戒断症状。临床主要用于：①抢救阿片类镇痛药急性中毒。②阿片类药物成瘾者的鉴别诊断。③适用于急性酒精中毒、休克、急性脑血管病等救治。

纳曲酮作用、应用与纳洛酮相同，但口服生物利用度较高，作用维持时间较长。

药迈警示

患者，男，39 岁。因手术后剧痛采用吗啡皮下注射镇痛，半小时后疼痛未明显减轻，值班医生嘱再皮下注射 10mg 吗啡注射剂，随后患者出现昏迷、瞳孔缩小呈针尖状、血压下降和呼吸深度抑制等中毒症状。如何判断患者是否中毒及如何抢救。

练一练：

请 连 线

一般性头痛	吗啡	成瘾性小，但反复用药仍有依赖性
各种剧痛及人工冬眠	哌替啶	成瘾性很小，为非麻醉性镇痛药
其他镇痛药无效的急性锐痛	芬太尼	分娩止痛、哺乳期妇女禁用
神经安定镇痛术	喷他佐辛	无成瘾性
各种慢性剧痛	罗通定	临产前 2～4 小时内不宜使用

小结

吗啡为阿片受体激动药，具有镇痛、镇静、抑制呼吸、提高平滑肌张力等作用，主要用于急性锐痛、晚期癌症剧痛及心源性哮喘的治疗。因吗啡成瘾性大，且不良反应多，临床常用哌替啶取代吗啡广泛用于各种剧痛。吗啡中毒主要表现为昏迷、瞳孔极度缩小呈针尖样、呼吸深度抑制，呼吸麻痹是致死的主要原因，抢救的特效药为阿片受体拮抗药纳洛酮。其他人工合成镇痛药各有特点，具有不同使用价值。

第 6 节 解热镇痛抗炎药

案例 5-5 患者，女，45 岁。三年来，无明显诱因反复出现多处关节肿痛，且逐渐加重，诊断为类风湿关节炎，给予阿司匹林治疗。服用阿司匹林 1 个月后，患者出现上腹不适、恶心、呕吐、食欲缺乏等现象。近日因上腹部疼痛加重入院。胃镜提示：十二指肠球部溃疡。

问题： 1. 该患者使用阿司匹林的依据是什么？

2. 如何解释服用阿司匹林后出现的症状，如何处理？

3. 如何对该患者进行用药指导？

解热镇痛抗炎药是一类具有解热、镇痛作用，大多数还有抗炎、抗风湿作用的药物。由于其化学结构和抗炎机制与甾体抗炎药糖皮质激素不同，故又称为非甾体抗炎药。

一、解热镇痛抗炎药的共同作用

本类药物在化学结构上差别较大，但均具有相似的药理作用、作用机制和不良反应，而抑制体内前列腺素（PG）的生物合成是其共同的作用基础。

1. 解热作用　解热镇痛抗炎药能降低发热患者的体温，而对正常体温几乎无影响，这有别于氯丙嗪对体温的影响。

下丘脑体温调节中枢对产热及散热两个过程的精细调节，使体温维持在 37℃左右。当细菌、病毒或抗原－抗体复合物等外源性热原进入机体时，刺激中性粒细胞使之形成并释放内源性热原，内源性热原作用于环加氧酶，促使下丘脑合成和释放PG增加，PG作用于体温调节中枢，使调定点上移，产热增加，散热减少，引起机体发热。解热镇痛抗炎药通过抑制环加氧酶，使PG合成减少，体温调定点恢复到正常水平，通过增加散热而使体温下降。

发热是机体的一种防御反应，而热型又是诊断疾病的重要依据。对一般发热不必急于应用解热药，但体温过高或持久发热可消耗体力，并引起头痛、失眠、谵妄、昏迷，尤其小儿高热易诱发惊厥，危害重要器官，此时应及时使用本类药物以缓解症状。解热镇痛抗炎药只是对症治疗，须同时进行病因治疗。

链 接

环加氧酶

环加氧酶（COX）也称前列腺素合成酶，有COX-1和COX-2两种同工酶。COX-1主要存在于血管、胃、肾等组织中，具有保护胃肠、调节血小板聚集及外周血管阻力等多种生理功能。COX-2是经诱导而产生的，只存在于受损组织，具有病理学意义，与炎症、疼痛等有关。一般认为解热镇痛抗炎药对COX-2的抑制作用为其药理作用基础，而对COX-1的抑制作用为其不良反应的原因。

2．镇痛作用　解热镇痛抗炎药对头痛、牙痛、神经痛、肌肉痛、关节痛、月经痛等慢性钝痛效果好，对轻度癌性疼痛也有较好镇痛作用，是“癌症患者三级止痛阶梯治疗”第一阶梯治疗的主要药物。对严重创伤性剧痛及内脏绞痛基本无效。本类药物镇痛作用比吗啡类药物弱，但不产生欣快感与成瘾性，也不抑制呼吸，所以临床应用广泛。

当组织损伤或炎症时，局部产生并释放某些致痛、致炎的化学物质（如缓激肽、组胺、PG等），这些物质作用于痛觉感受器，引起疼痛；而PG既能致痛，还能使痛觉感受器对致痛物质的敏感性提高。解热镇痛药通过抑制PG的合成而发挥镇痛作用。

3．抗炎抗风湿作用　除苯胺类（对乙酰氨基酚）外，大多数解热镇痛药都具有较强的抗炎、抗风湿作用，能显著抑制风湿性、类风湿关节炎的炎症反应，减轻炎症引起的红、肿、痛、热等症状。但不能根治，也不能完全阻止炎症的发展及合并症的发生。

PG是参与炎症反应的主要活性物质，可以使血管扩张、通透性增加，引起局部充血、水肿和疼痛。解热镇痛抗炎药通过抑制炎症反应时PG的合成和释放，发挥抗炎、抗风湿作用。

二、常用药物

阿司匹林（乙酰水杨酸）

〖作用与应用〗

1．解热、镇痛　阿司匹林有较强的解热、镇痛作用，常与其他解热镇痛药配成复方制剂，用于感冒发热及头痛、牙痛、肌肉痛、神经痛、痛经等慢性钝痛。

2．抗炎、抗风湿　阿司匹林抗炎、抗风湿作用较强，较大剂量（成人3～5g/d）可使急性风湿热患者于24～48小时内退热，关节红肿痛等症状缓解。对类风湿关节炎也可迅速镇痛，消退关节炎症，减轻关节损伤。阿司匹林是治疗类风湿关节炎的首选药。

3．抑制血栓形成　小剂量阿司匹林能抑制血小板中的PG合成酶，减少血栓素A2（TXA2）合成，从而抑制血小板聚集，防止血栓形成。临床采用小剂量阿司匹林防治缺血性心脏病、脑缺血病、心房颤动、人工心脏瓣膜或其他手术后的血栓形成。

〖不良反应与用药护理〗短期应用解热镇痛药不良反应少，长期大量用于抗风湿则不良反应多且较重。

1. 胃肠道反应　最为常见。口服刺激胃黏膜，引起上腹不适、恶心、呕吐、食欲缺乏。较大剂量可引起胃溃疡及不易察觉的胃出血。可采取饭后服药、服用肠溶片或同服抗酸药、胃黏膜保护药等措施减轻上述症状。消化性溃疡禁用。

2. 凝血障碍　小剂量阿司匹林可抑制血小板聚集，延长出血时间，大剂量还能抑制凝血酶原形成，造成出血倾向，可用维生素 K 预防。长期大剂量应用阿司匹林者应密切观察有无瘀斑或黏膜出血现象。严重肝损害、低凝血酶原血症、维生素 K 缺乏、血友病等禁用阿司匹林。手术患者术前一周应停用阿司匹林。

3. 过敏反应　少数患者用药后出现荨麻疹、血管神经性水肿。某些患者还可诱发支气管哮喘，称为“阿司匹林哮喘”。它不是以抗原－抗体反应为基础的过敏反应，而是与抑制 PG 生物合成有关。肾上腺素治疗“阿司匹林哮喘”无效，可联合应用抗组胺药和糖皮质激素治疗。用药前应询问药物过敏史，哮喘、鼻息肉及慢性荨麻疹患者禁用阿司匹林。

4. 水杨酸反应　剂量过大（5g/d）时可出现头痛、眩晕、恶心、呕吐、耳鸣、视力及听力减退等中毒症状，称为水杨酸反应。严重者可出现谵妄、过度呼吸、酸碱平衡失调，甚至精神错乱。一旦出现中毒，应立即停药，静脉滴注碳酸氢钠溶液以碱化尿液，加速药物的排泄。

5. 瑞夷综合征　婴幼儿患病毒感染性疾病如流感、水痘、麻疹、流行性腮腺炎等使用阿司匹林退热时，偶可引起急性肝脂肪变性—脑病综合征（瑞夷综合征）。表现为发热、惊厥、呕吐、颅内压增高、昏迷，虽少见，但可致死。故儿童病毒感染时不宜用阿司匹林，可用对乙酰氨基酚代替。

链　接

肠　溶　片

肠溶片是指片剂制备时，将药物片剂包上丙烯酸树脂等肠溶衣材料，口服后在胃中不崩解，进入肠道后能迅速崩解并释放内容物，从而发挥药效。肠溶片可以有效减少药物对胃肠道的刺激，避免胃肠道不良反应的发生，改善患者的耐受性和依从性。

对乙酰氨基酚（扑热息痛）

对乙酰氨基酚解热镇痛作用强度类似阿司匹林，无抗炎、抗风湿作用。本药主要用于感冒发热、关节痛、头痛、牙痛、神经肌肉痛等。不良反应少，对胃肠刺激性小。偶见皮疹、药热等过敏反应。剂量过大可致肝肾损害。

布　洛　芬

布洛芬具有较强的解热镇痛及抗炎作用。主要用于治疗风湿性关节炎及类风湿关节炎，也可用于一般解热镇痛。胃肠道反应较轻，患者易耐受。但长期服用仍可诱发消化性溃疡。偶见视物模糊和中毒性弱视，一旦出现视力障碍应立即停药。

吲哚美辛（消炎痛）

吲哚美辛有显著的解热及抗炎作用，对炎性疼痛有明显镇痛效果。但不良反应多且严重，目前仅用于其他药物不能耐受或疗效不显著的风湿性关节炎及类风湿关节炎、强直性脊柱炎等，也用于癌性发热及其他不易控制的发热。不良反应主要为胃肠道反应，表现为恶心、呕吐、腹痛、腹泻，可加重或诱发溃疡；25%～50% 患者有中枢神经系统症状，如头痛、眩晕等；偶见造血系统反应，如粒细胞减少、血小板减少、再生障碍性贫血等；少数人可引起过敏反应，“阿司匹林哮喘”患者禁用。

吡罗昔康、美洛昔康

二药为强效解热镇痛抗炎药，作用迅速而持久。临床主要用于治疗风湿性关节炎及类风湿关节炎，其疗效与阿司匹林相当。不良反应较少，可引起胃部不适、头晕、耳鸣、皮疹等，停药可自行消失。长期大剂量服用可引起消化道溃疡及出血。

双氯芬酸

双氯芬酸有解热、镇痛、抗炎作用。抗炎作用强大，比阿司匹林强 26～50 倍。主要用于风湿性关节炎和类风湿关节炎的治疗。常见胃肠道反应，偶可使肝功能异常。

尼美舒利

尼美舒利是新型解热镇痛药，选择性抑制 COX-2，有较强的解热、镇痛、抗炎作用，临床主要用于骨关节炎、类风湿关节炎的治疗，也可用于牙痛、腰腿痛、痛经的治疗。不良反应较小，偶有胃肠道反应。

（考点：阿司匹林作用、用途及不良反应）

小结

解热镇痛抗炎药能抑制 PG 的合成，具有解热、镇痛、抗炎抗风湿作用，阿司匹林为代表药。阿司匹林能降低发热患者体温，对正常体温几乎无影响。镇痛作用中等，用于头痛、牙痛、神经痛、肌肉关节痛等慢性钝痛。除苯胺类外，其他解热镇痛抗炎药都具有较强的抗炎抗风湿作用，用于治疗风湿性关节炎及类风湿关节炎。主要不良反应是胃肠道反应。使用解热镇痛药要注意用药剂量和给药间隔时间，按病情合理选用药物，并做好用药护理，减轻不良反应。

第 7 节　中枢兴奋药

中枢兴奋药是一类能提高中枢神经系统功能活动的药物，但对中枢各部位的作用强度不同，具有一定的选择性。随着剂量的增加，不仅作用加强，而且作用范围也扩大，选择性降低。过量可引起中枢神经系统广泛而强烈的兴奋，导致惊厥，随后转为抑制，甚至死亡。

根据中枢兴奋药的作用部位和应用不同，可分为三类：①主要兴奋大脑皮质药，如咖啡因、哌甲酯等。②主要兴奋延髓呼吸中枢药，如尼可刹米、洛贝林等。③促进大脑功能恢复药，如甲氯芬酯等。

一、主要兴奋大脑皮质药

咖啡因

咖啡因是茶叶、咖啡豆、可可豆中所含的一种生物碱。现已可人工合成。

〖作用与应用〗

1. 兴奋中枢神经系统　小剂量（50～200mg）能选择性兴奋大脑皮质，振奋精神，减轻疲劳，提高工作效力。较大剂量（250～500mg）能兴奋延髓呼吸中枢和血管运动中枢，提高呼吸中枢对二氧化碳的敏感性，使呼吸加深加快、血管收缩、血压升高，改善呼吸和循环功能，此作用在中枢处于抑制状态时更为显著。临床可用于严重传染病及中枢抑制药中毒等引起的中枢性呼吸抑制或呼吸衰竭。

2. 收缩脑血管　脑血管收缩，减少脑血管搏动的幅度，缓解因脑血管扩张引起的搏动性头痛。常与解热镇痛药配伍治疗一般性头痛，与麦角胺配伍治疗偏头痛。

3. 其他　有强心、利尿和促进胃酸分泌等作用。

〖不良反应与用药护理〗不良反应较少，剂量过大可引起兴奋不安、失眠、心悸、震颤甚至惊厥。小儿高热时尤易发生惊厥，应选用不含咖啡因的复方退热制剂。咖啡因可致依赖性产生，在药政管理中被列为精神药品，临床应用应严格管理，防止滥用。胃炎和消化性溃疡患者慎用或禁用。

哌甲酯

治疗量哌甲酯对大脑皮质、皮质下中枢有温和的兴奋作用，能改善精神活动，消除疲劳及睡意。较大剂量能兴奋呼吸中枢，过量可致惊厥。临床用于治疗巴比妥类及其他中枢抑制药过量中毒，也用于治疗轻度抑郁症、小儿遗尿症及儿童多动综合征。

治疗量哌甲酯不良反应较少，可出现恶心、呕吐、厌食、心悸、失眠等副作用。大剂量可引起血压升高、眩晕、头痛，甚至惊厥。癫痫及高血压患者禁用。本品属精神药品。

二、主要兴奋延髓呼吸中枢药

主要兴奋延髓呼吸中枢的药物有尼可刹米、多沙普仑、洛贝林、二甲弗林、贝美格等。其中以尼可刹米、洛贝林较常用。

尼可刹米（可拉明）

〖作用与应用〗尼可刹米直接兴奋延髓呼吸中枢，同时通过刺激颈动脉体和主动脉体化学感受器，反射性地兴奋呼吸中枢，并能提高呼吸中枢对二氧化碳的敏感性，使呼吸加深加快，对抑制状态的呼吸中枢作用更明显。其特点为起效快、维持时间短、安全范围较大。临床用于抢救各种原因引起的中枢性呼吸抑制，其中对吗啡中毒所致的呼吸抑制及肺源性心脏病引起的呼吸衰竭疗效较好。

〖不良反应与用药护理〗大剂量或给药速度过快可引起血压升高、心动过速、肌震颤，甚至惊厥。注射速度宜慢，并严密观察患者用药后反应，如出现烦躁不安等反应，需减慢滴速，若出现肌震颤、面部肌肉抽搐等反应，应立即停药。一旦发生惊厥，可用地西泮或短效巴比妥类药物对抗。

洛贝林（山梗菜碱）

洛贝林对呼吸中枢无直接作用，通过刺激颈动脉体和主动脉体化学感受器，反射性地兴奋呼吸中枢，使呼吸加深、加快。作用弱、维持时间短暂。主要用于新生儿窒息、CO 中毒及小儿感染引起的呼吸衰竭。安全范围大，不易引起惊厥。较大剂量因兴奋迷走神经中枢可致心动过缓、房室传导阻滞等。过量也可引起惊厥。

二甲氟林（回苏灵）

二甲氟林直接兴奋延髓呼吸中枢，呼吸兴奋作用比尼可刹米强，临床用于抢救各种原因引起的中枢性呼吸抑制。安全范围小，过量易致惊厥，小儿尤易发生。静脉给药需稀释后缓慢注射，并严密观察患者反应。一旦发现有惊厥征兆应立即停药，发生惊厥可用地西泮或短效巴比妥类药物对抗。

多沙普仑

多沙普仑为人工合成的新型呼吸中枢兴奋药，具有作用强、起效快、安全范围较大等特点。用于治疗麻醉药、中枢抑制药所致的呼吸抑制及急性呼吸功能障碍。过量时可引起心律失常、惊厥。

三、促大脑功能恢复药

甲氯芬酯（氯酯醒）

甲氯芬酯主要兴奋大脑皮质，促进脑细胞代谢，增加脑细胞对葡萄糖的利用，使受抑制的中枢神经功能恢复。临床用于颅脑外伤性昏迷、酒精中毒、新生儿缺氧症、小儿遗尿症等。不良反应少见，偶见轻微兴奋及皮疹等症状。禁用于精神过度兴奋及锥体外系症状的患者。

吡拉西坦（脑复康）

吡拉西坦能降低脑血管阻力，增加脑血流量，保护、激活、修复脑细胞，从而提高记忆力。临床用于阿尔茨海默病、脑动脉硬化、脑外伤后遗症及儿童智力低下。不良反应少见，偶见荨麻疹。

胞磷胆碱

胞磷胆碱能改善大脑功能，促进脑组织的功能恢复和苏醒。临床主要用于脑卒中偏瘫、脑外伤和脑手术等所引起的意识障碍。不良反应较少，偶有一过性血压下降、失眠、兴奋等现象。

药疗警示

患儿，1.5岁。感冒，体温38.5℃，其母亲将氨咖黄敏胶囊给患儿喂下，30分钟后患儿感冒症状未明显好转，其母又将三九感冒灵颗粒给患儿喂下，50分钟后患儿出现躁动不安、肌肉震颤、呼吸加快，两眼发呆。分析患儿出现此种症状的原因。

练一练：

请 连 线

吗啡引起的呼吸抑制	咖啡因	主要兴奋大脑皮质
新生儿窒息	尼可刹米	直接兴奋呼吸中枢
偏头痛	洛贝林	促大脑功能恢复
颅脑外伤性昏迷	甲氯芬酯	间接兴奋呼吸中枢

小结

呼吸中枢兴奋药主要用于各种原因引起的呼吸衰竭，药物安全范围窄，剂量过大或使用不当可导致惊厥，临床上应严格掌握适应证，在配合人工呼吸等支持措施的同时，选用适宜药物。注射给药后要密切观察患者，一旦出现躁动、震颤，应立即停药，以免引起惊厥。发生惊厥可用地西泮或短效巴比妥类药物对抗。

自测题

1. 地西泮不具备下列哪项作用（　　）
A. 镇静、催眠作用　B. 抗抑郁作用
C. 抗惊厥作用　D. 中枢性肌肉松弛作用
E. 抗焦虑作用
2. 焦虑症首选药为（　　）
A. 苯巴比妥钠　B. 氯丙嗪
C. 地西泮　D. 艾司唑仑
E. 氯硝西泮
3. 患者，男，25 岁。因服用大量地西泮导致昏迷入院，诊断为：地西泮急性中毒。此时除洗胃和支持疗法外，应给予哪种特效解救药（　　）
A. 吗啡　B. 氯解磷定
C. 氯丙嗪　D. 氟马西尼
E. 贝美格
4. 李先生，近来因工作繁忙，晚上入睡困难，应选用下列哪种药物治疗（　　）
A. 哌替啶　B. 地西泮
C. 氯丙嗪　D. 阿司匹林
E. 苯巴比妥
5. 巴比妥类药物中毒致死的主要原因是（　　）
A. 肝损害　B. 循环衰竭
C. 呼吸麻痹　D. 昏迷
E. 肾损害
6. 抗惊厥时采取灌肠给药的镇静催眠药是（　　）
A. 地西泮　B. 苯巴比妥
C. 水合氯醛　D. 三唑仑
E. 阿普唑仑
7. 下列何药主要用作静脉麻醉（　　）
A. 地西泮　B. 苯巴比妥
C. 硫喷妥钠　D. 三唑仑
E. 硫酸镁
8. 消化性溃疡不宜口服（　　）
A. 水合氯醛　B. 苯巴比妥
C. 地西泮　D. 三唑仑
E. 阿普唑仑
9. 癫痫持续状态首选药是（　　）
A. 硫喷妥钠　B. 苯妥英钠
C. 地西泮　D. 水合氯醛
E. 硫酸镁
10. 下列何药为广谱抗癫痫药（　　）
A. 苯妥英钠　B. 丙戊酸钠
C. 乙琥胺　D. 硝西泮
E. 苯巴比妥
11. 癫痫大发作首选药为（　　）
A. 丙戊酸钠　B. 乙琥胺
C. 卡马西平　D. 苯妥英钠
E. 地西泮
12. 关于抗癫痫药的临床应用原则，错误的是（　　）
A. 应从小剂量开始，逐渐增加剂量
B. 症状完全控制后即可停药
C. 需规律用药，不可随意更换药物
D. 根据发作类型合理选择药物
E. 定期检查血常规和肝肾功能
13. 患儿，女，4 岁。玩耍时突然神志丧失，两眼发直，手中玩具失落，10 秒钟后恢复。诊断为失神性发作，治疗首选药是（　　）
A. 苯妥英钠　B. 苯巴比妥
C. 地西泮　D. 乙琥胺
E. 卡马西平
14. 关于苯妥英钠的临床应用，错误的是（　　）
A. 癫痫大发作　B. 癫痫小发作
C. 癫痫持续状态　D. 局限性发作
E. 外周神经痛
15. 苯妥英钠不良反应错误的是（　　）
A. 牙龈增生　B. 巨幼红细胞性贫血
C. 共济失调　D. 恶心、呕吐
E. 心动过速
16. 有抗心律失常作用的抗癫痫药是（　　）
A. 苯妥英钠　B. 苯巴比妥
C. 地西泮　D. 乙琥胺
E. 卡马西平
17. 引起“开－关”现象的抗帕金森病药物是（　　）
A. 溴隐亭　B. 苯海索
C. 左旋多巴　D. 卡比多巴
E. 金刚烷胺
18. 治疗抗精神病药引起的帕金森综合征宜选用（　　）
A. 溴隐亭　B. 金刚烷胺

C．左旋多巴　　D．卡比多巴
E．苯海索
19．禁与左旋多巴合用的药物是（　　）
A．卡比多巴　　B．多巴胺
C．维生素 B_{12}　　D．维生素 B_6
E．苯海索
20．具有抗病毒作用的抗帕金森病药是（　　）
A．卡比多巴　　B．金刚烷胺
C．溴隐亭　　D．苯海索
E．左旋多巴
21．关于卡比多巴的叙述，错误的是（　　）
A．不易通过血脑屏障
B．为外周多巴脱羧酶抑制药
C．单独应用有较强的抗帕金森病作用
D．能提高左旋多巴疗效
E．能减轻左旋多巴不良反应
22．氯丙嗪不宜用于（　　）
A．精神分裂症　　B．癌症引起的呕吐
C．顽固性呃逆
D．晕动症的呕吐
E．人工冬眠疗法
23．下列哪项不属于氯丙嗪的药理作用（　　）
A．抗精神病　　B．调节体温
C．升高血压　　D．镇吐
E．加强中枢抑制药的作用
24．关于氯丙嗪对体温调节的作用与应用，错误的是（　　）
A．配合物理降温可使体温降至正常以下
B．抑制下丘脑体温调节中枢
C．可用于人工冬眠
D．在炎热天气，则可使体温升高
E．可作为解热药物用于发热患者
25．下列哪种情况下降温作用最强（　　）
A．氯丙嗪+阿司匹林
B．氯丙嗪+哌替啶
C．氯丙嗪+异丙嗪
D．氯丙嗪+物理降温
E．阿司匹林
26．长期大量应用氯丙嗪所致的主要不良反应是（　　）
A．直立性低血压　　B．内分泌紊乱
C．锥体外系反应　　D．中枢抑制
E．过敏反应
27．治疗躁狂症的首选药物是（　　）
A．碳酸锂　　B．氟西汀
C．丙米嗪　　D．多塞平
E．氯丙嗪
28．患者，男，29岁。精神分裂症急性期。住院期间因不慎滑倒致胫骨骨折。为止痛，医生嘱护士给患者注射哌替啶注射液，结果患者出现昏睡现象。该患者出现上述症状最可能的原因是（　　）
A．中毒反应　　B．正常反应
C．过敏反应　　D．特异质反应
E．排斥反应
29．患者，男，40岁。1年前妻子突然车祸去世，近半年出现情绪低落，对任何事都没有兴趣，常常入睡困难及早醒，多次试图自杀未遂。本次因再次服用农药自杀而被送入院，诊断为抑郁症。治疗药物宜选（　　）
A．氯丙嗪　　B．丙米嗪
C．地西泮　　D．碳酸锂
E．卡马西平
30．关于吗啡镇痛作用的叙述，错误的是（　　）
A．镇痛作用强大
B．镇痛的同时有强大的镇痛作用
C．对慢性持续性钝痛作用弱
D．能改善由疼痛引起的情绪反应
E．镇痛的同时可引起欣快感
31．吗啡不宜用于下列哪种疼痛（　　）
A．分娩止痛　　B．外伤剧痛
C．术后疼痛　　D．癌症剧痛
E．胃肠绞痛
32．吗啡急性中毒的症状不包括（　　）
A．昏迷　　B．血压下降
C．呼吸麻痹　　D．针尖样瞳孔
E．剧烈腹泻
33．吗啡中毒死亡的主要原因是（　　）
A．昏迷　　B．血压下降
C．呼吸麻痹　　D．肾衰竭
E．心力衰竭
34．治疗胆绞痛宜选用（　　）
A．阿托品+阿司匹林
B．吗啡+哌替啶
C．哌替啶+阿托品
D．吗啡+阿司匹林

E. 哌替啶+阿司匹林

35. 镇痛作用最强的药物是（　　）

A. 吗啡　　B. 喷他佐辛

C. 哌替啶　　D. 芬太尼

E. 可待因

36. 阿片受体的拮抗药是（　　）

A. 纳洛酮　　B. 二氢埃托啡

C. 可待因　　D. 美沙酮

E. 罗通定

37. 能用于吗啡、海洛因成瘾者脱毒治疗的是（　　）

A. 芬太尼　　B. 曲马多

C. 可待因　　D. 美沙酮

E. 罗通定

38. 解热镇痛抗炎药的共同作用机制是（　　）

A. 激动中枢阿片受体

B. 抑制末梢痛觉感受器

C. 抑制 PG 合成

D. 抑制传入神经的冲动传导

E. 主要抑制中枢神经系统

39. 解热镇痛抗炎药的镇痛作用，错误的是（　　）

A. 有中等程度镇痛作用

B. 对慢性钝痛效果好

C. 无欣快感与成瘾性

D. 对严重创伤性剧痛及内脏绞痛基本无效

E. 镇痛作用部位主要在中枢

40. 下列关于阿司匹林的叙述，正确的是（　　）

A. 只降低发热者体温，不影响正常体温

B. 采用大剂量可预防血栓形成

C. 镇痛作用与哌替啶相当

D. 几乎无抗炎作用

E. 胃肠道反应轻微

41. 阿司匹林的不良反应中最为常见的是（　　）

A. 胃肠道反应　　B. 凝血障碍

C. 诱发哮喘　　D. 水杨酸反应

E. 瑞夷综合征

42. 阿司匹林的适应证不包括（　　）

A. 发热　　B. 慢性钝痛

C. 风湿性关节炎　　D. 脑血栓

E. 内脏绞痛

43. 几乎无抗炎、抗风湿作用的药物是（　　）

A. 双氯芬酸　　B. 阿司匹林

C. 尼美舒利　　D. 对乙酰氨基酚

E. 布洛芬

44. 类风湿关节炎首选（　　）

A. 哌替啶　　B. 布桂嗪

C. 对乙酰氨基酚　　D. 阿司匹林

E. 吲哚美辛

45. 阿司匹林预防脑血管栓塞应采用（　　）

A. 大剂量短疗程　　B. 大剂量长疗程

C. 小剂量长疗程　　D. 中剂量长疗程

E. 中剂量短疗程

46. 胃溃疡患者因感冒引起头痛、发热，宜选哪一药物（　　）

A. 阿司匹林　　B. 吲哚美辛

C. 对乙酰氨基酚　　D. 保泰松

E. 双氯芬酸

47. 关于对乙酰氨基酚的叙述，错误的是（　　）

A. 解热镇痛作用较强

B. 具有抗炎抗风湿作用

C. 偶见过敏反应

D. 剂量过大可致肝肾损害

E. 对胃肠刺激性小

48. 患者，女，40 岁，因头痛、发热、乏力就诊。查体：T 39.5℃，咽轻度红肿，肺部检查正常，血常规检查：白细胞计数减少，淋巴细胞相对增多。诊断为感冒。有胃溃疡病史。下列措施错误的是（　　）

A. 给予抗病毒治疗

B. 给予对乙酰氨基酚治疗

C. 给予阿司匹林治疗

D. 嘱患者饭后服用解热镇痛药

E. 嘱患者多喝水

49. 治疗新生儿窒息的首选药物是（　　）

A. 哌甲酯　　B. 多沙普仑

C. 洛贝林　　D. 尼可刹米

E. 二甲氟林

50. 作用强、起效快、安全范围大的新型呼吸兴奋药是（　　）

A. 尼可刹米　　B. 咖啡因

C. 哌甲酯　　D. 多沙普仑

E. 二甲弗林

51. 咖啡因常与下列何药配伍治疗偏头痛（　　）

A. 阿司匹林　　B. 氯苯那敏

C. 双氯芬酸　　D. 麦角胺

E. 麦角新碱

52. 中枢兴奋药过量最主要的不良反应是（　　）

A．心动过速　　B．引起惊厥
C．升高血压　　D．头疼、头晕
E．肌张力增高

53．关于尼可刹米的作用与应用，错误的是（　　）
A．主要兴奋延髓呼吸中枢
B．作用维持时间长，安全范围大
C．主要用于抢救中枢性呼吸抑制
D．大剂量或给药速度过快引起惊厥
E．对呼吸机麻痹所致的呼吸衰竭效果差

54．患者，男，28 岁。因吗啡中毒导致呼吸深度抑制，医生除给予纳洛酮抢救外，还可以选择以下何药对抗呼吸抑制（　　）
A．二甲弗林　　B．咖啡因
C．哌甲酯　　D．阿司匹林
E．尼可刹米

（章隶莲）

第 6 章 抗变态反应药

> **案例 6-1**　患者，男，司机。因花粉过敏前来就诊，因急于开车执行任务，医生拟予氯雷他定片口服。
>
> **问题：** 1. 氯雷他定的用药依据是什么？
>
> 2. 用药时应注意哪些问题？

第 1 节　组胺与抗组胺药

变态反应也称超敏反应或过敏反应，是指人体与抗原物质接触后发生的异常免疫反应，常导致生理功能紊乱或组织损伤。常见的过敏反应有过敏性皮肤病、支气管哮喘、消化道过敏，严重者可发生过敏性休克（图 6-1）。常用的抗变态反应药包括抗组胺药、钙剂、糖皮质激素等。

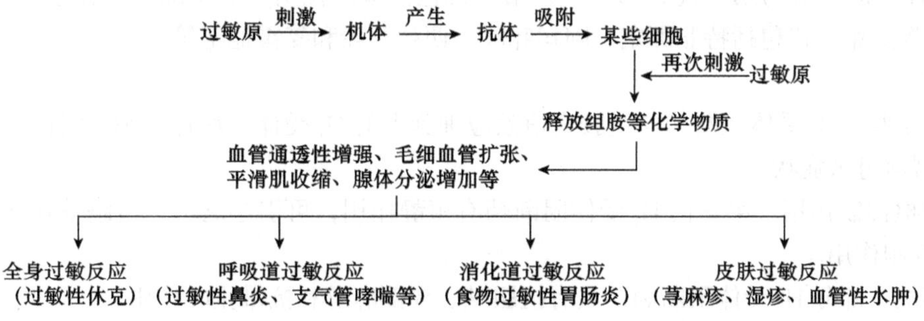

图 6-1　变态反应发生机制及临床表现示意图

一、组　　胺

组胺存在于肥大细胞及嗜碱粒细胞中，是体内重要生物活性物质。变态反应时肥大细胞脱颗粒释放组胺等过敏介质，组胺作用于 H_1、H_2、H_3 受体，产生一系列过敏反应症状。组胺受体分布及效应见表 6-1。

表 6-1　常用 H_1 受体阻断药的比较

药物		抗组胺	中枢抑制	防晕止吐
第一代	苯海拉明	++	+++	++
	异丙嗪（非那根）	++	+++	++
	氯苯那敏（扑尔敏）	+++	+	

续表

药物		抗组胺	中枢抑制	防晕止吐
第二代	特非那定	+++	—	—
	西替利嗪	+++	+	—
	氯雷他定	+++	—	—
第三代	地氯雷他定	+++	—	—
	非索非那定	+++	—	—
	左西替利嗪	+++	—	—

链　接

世界过敏日

全世界有30%～40%的人被过敏问题困扰，有数亿人患过敏性鼻炎，有3亿人患哮喘，过敏成为全球第六大疾病。为提高过敏性疾病的认识，预防过敏反应及过敏性哮喘发生，2005年6月28日，世界变态反应组织（WAO）将每年的7月8日定为“世界过敏日”。过敏原是过敏发生的必要条件。引起过敏反应的抗原物质常见的有2000～3000种，医学文献记载接近20 000种。它们通过吸入、食入、注射或接触等方式使机体产生过敏现象。

二、抗 组 胺 药

（一）H_1受体阻断药

H_1受体阻断药分为第一代和第二代，第一代包括苯海拉明、氯苯那敏（扑尔敏）、异丙嗪（非那根）等。第二代包括特非那定、阿司咪唑、西替利嗪和氯雷他定等。

〖作用〗

1．抗组胺　H_1受体阻断药与组胺竞争效应细胞上的H_1受体，增加毛细血管的致密度，减少渗出，缓解过敏症状。

2．中枢抑制作用　第一代H_1受体阻断药有镇静作用，可引起乏力、嗜睡等症状。第二代几无中枢抑制作用。

3．其他　部分H_1受体阻断药还具有抗胆碱、局部麻醉和抗晕止吐作用。

〖应用〗

1．治疗变态反应性疾病　主要用于治疗荨麻疹、血管神经性水肿及湿疹等皮肤过敏反应；当上呼吸道发生过敏性病变时，可防止鼻溢、喷嚏等轻微症状，为抗感冒药配方中常用组分。对过敏性哮喘疗效较差。

动动脑：感冒患者服用速效感冒胶囊期间出现嗜睡、反应迟钝等现象，应如何解释呢？

2．防治晕动病及呕吐　以第一代苯海拉明、异丙嗪作用最强，临床上用于晕动病、妊娠呕吐及放射病呕吐，常选用复方制剂，如茶苯海明等，在乘车船前15～30分钟服用。

〖不良反应与用药护理〗

1．用药期间，第一代抗组胺药常见疲劳、嗜睡、乏力等，少数还有烦躁、失眠等，叮嘱患者服药期间应避免驾驶车、船和高空作业，多饮水，勿饮酒。

2．出现消化道反应及头痛、口干等，可与食物和牛奶同服减少对胃的刺激。

3．特非那定、阿司咪唑过量可致严重心律失常，不可盲目加大药物剂量。

4．长期用药，应定期检查血常规。

（考点：第一代抗组胺药的不良反应）

（二）H_2 受体阻断药

H_2 受体阻断药可选择性地阻断 H_2 受体，不影响 H_1 受体。临床常用药物有西咪替丁（甲氰咪胍）、雷尼替丁（呋喃硝胺）、法莫替丁和尼扎替丁，主要用于治疗消化性溃疡。

药疗警示

患者，男，45 岁，汽车司机。吃河虾后，全身皮肤散在出现大小不等的红色风团，剧痒难忍，诊断为“荨麻疹”。自购氯苯那敏治疗，驾驶车辆过程因困倦、乏力发生车祸。

第 2 节 钙　剂

临床常用的钙剂有葡萄糖酸钙、氯化钙、乳酸钙等。葡萄糖酸钙含钙量较氯化钙低，但对组织的刺激性较小，安全性好。

〖作用与应用〗

1．抗过敏　钙剂可增加毛细血管壁的致密性，降低其通透性，减少渗出，有消炎、消肿及抗过敏作用。临床可用于荨麻疹、湿疹、接触性皮炎、血清病和血管神经性水肿等变态反应性疾病，常采用静脉给药。

2．促进骨骼和牙齿的发育　钙是构成骨骼和牙齿的主要成分，体内缺钙可引起佝偻病或软骨病，补充钙剂可防治。维生素 D 可促进钙的吸收，故口服钙剂常配伍维生素 D。

3．维持神经肌肉组织的正常兴奋性　钙对传递神经冲动起关键作用，正常人血钙含量为 2.25～2.75mmol/L，当血钙过低时可引起神经肌肉兴奋性升高，出现烦躁不安、手足抽搐，甚至惊厥，静脉注射钙剂可迅速缓解症状。

4．拮抗镁离子　钙与镁化学性质相似，两者有竞争性拮抗作用，镁离子中毒时如硫酸镁中毒可静脉注射钙剂解救。

〖不良反应〗口服钙剂几乎无不良反应。静脉注射可有全身发热感，注射过快可产生心律失常，甚至心搏骤停。

〖用药护理〗

1．乳酸钙口服，葡萄糖酸钙、氯化钙常采用静脉注射，不宜皮下或肌内注射。

2．静脉注射应缓慢，漏至血管外可引起局部剧痛及组织坏死。

3．强心苷治疗期间及停药后 7 日内禁忌静脉注射钙剂。

（考点：钙剂的不良反应）

小结

H_1 受体阻断药主要用于治疗皮肤黏膜过敏症。此外，多数 H_1 受体阻断药可抑制中枢神经，产生镇静催眠作用，出现嗜睡，但同时有较强的中枢抗胆碱作用，可抗晕动病及止吐，如苯海拉明与异丙嗪。钙盐亦具有抗过敏作用，静脉注射钙盐可对抗某些过敏症状。但静脉注射过快可致心律失常，甚至心搏骤停。应注意用强心苷期间忌静脉注射钙盐，因两者对心脏毒性有协同作用。

自测题

1. 苯海拉明不具有的作用是（　　）
A. 镇静　B. 催眠
C. 抗过敏　D. 抑制胃酸分泌
E. 抗晕止吐

2. H_1受体阻断药对下列哪一疾病疗效最好（　　）
A. 支气管哮喘　B. 皮肤黏膜过敏症状
C. 血清病高热　D. 过敏性休克
E. 过敏性紫癜

3. 中枢抑制作用最强的药物是（　　）
A. 苯海拉明　B. 依巴斯汀
C. 曲吡那敏　D. 氯苯那敏
E. 西替利嗪

4. H_1受体阻断药最常见的不良反应是（　　）
A. 烦躁、失眠　B. 镇静、嗜睡
C. 消化道反应　D. 致畸
E. 耳毒性

5. 下列哪种药物无止吐作用（　　）
A. 苯海拉明　B. 异丙嗪
C. 氯丙嗪　D. 甲氧氯普胺
E. 氯苯那敏

6. 下列哪种药不属于H_1受体阻断药（　　）
A. 苯海拉明　B. 异丙嗪
C. 雷尼替丁　D. 左卡巴斯汀
E. 氯苯那敏

（汤旭云）

第7章 呼吸系统药物

第1节 镇咳药

案例 7-1 患者，男，62岁。右胸针刺样疼痛，于咳嗽及深呼吸时加重，医生诊断为结核性胸膜炎。

问题： 1. 对该患者的对症治疗宜选用何药？

2. 用药过程中应注意哪些问题？

咳嗽是一种保护性反射，通过咳嗽能促进呼吸道痰液或异物的排出。轻度咳嗽一般不需要用镇咳药，但剧烈咳嗽不仅给患者造成痛苦，而且可引起并发症，所以应在对因治疗的基础上加用镇咳药缓解咳嗽症状。镇咳药根据其作用部位不同，分为中枢性镇咳药和外周性镇咳药。

一、中枢性镇咳药

可待因（甲基吗啡）

〖作用与应用〗可待因是阿片生物碱，通过抑制延髓咳嗽中枢，产生镇咳作用，镇咳强度为吗啡的1/10；兼有镇痛作用，镇痛强度为吗啡的1/10～1/7。因抑制咳嗽反射，使痰液不易咳出，有痰咳嗽者禁用。主要用于剧烈干咳，对胸膜炎干咳伴胸痛者首选。

〖不良反应〗偶有恶心、呕吐、便秘和眩晕等。剂量过大能抑制呼吸。小儿用量过大可引起惊厥。长期用药可产生耐受性和成瘾性，痰多者禁用。

（考点：可待因的用途及用药护理）

链 接

止 咳 水

止咳水主要成分是磷酸可待因、盐酸麻黄碱等。磷酸可待因属于中枢性镇咳药，一般用于无痰干咳，具有较强大的镇咳和镇痛功能。盐酸麻黄碱具有平喘、兴奋中枢作用，属于精神药品，长期、大量服用有成瘾性。

喷托维林（咳必清）

〖作用与应用〗喷托维林为人工合成品，具有中枢性和外周性双重镇咳作用。直接抑制咳嗽中枢，镇咳强度为可待因的1/3，无成瘾性；并有轻度的阿托品样作用和局麻作用，可轻度抑制呼吸道内感受器及传入神经末梢，使痉挛的支气管平滑肌松弛而产生外周性镇咳作用。临床多用于上呼吸道感染引起的干咳和百日咳。

〖不良反应〗偶有轻度头痛、头晕、口干、腹胀、便秘等不良反应。青光眼、前列腺增生患者禁用。痰多者与祛痰药合用。

右美沙芬

右美沙芬能直接抑制延髓咳嗽中枢，产生镇咳作用，镇咳强度与可待因相似或略强。无镇痛作用，也没有成瘾性，是目前应用很广的镇咳药。用于各种原因引起的干咳和感冒伴有的咳嗽症状。不良反应偶有头晕、嗜睡、口干、便秘等。痰多者及孕妇慎用。剂量过大可引起神志不清、支气管痉挛及呼吸抑制。妊娠3个月内及有精神病史者禁用。

二、外周性镇咳药

苯佐那酯（退嗽）

苯佐那酯为丁卡因的衍生物，对呼吸道有较强的局麻作用，使咳嗽反射冲动的传导受阻而产生镇咳作用。本品镇咳作用强度略弱于可待因，但不抑制呼吸中枢。不良反应有轻度的眩晕、嗜睡、恶心、胸部紧迫感、皮疹等。痰多者禁用。服用片剂时勿嚼碎，以免引起口腔麻木。

第2节 祛 痰 药

案例7-2 患者，男，75岁。患慢性阻塞性肺疾病14年，肺源性心脏病5年。体质虚弱，近日来因上呼吸道感染，大量脓痰不易咳出。

问题：1. 应考虑选用哪种药物治疗？

2. 治疗过程应注意哪些问题？

祛痰药是一类通过促进呼吸道腺体分泌、降低痰液的黏度或能促进呼吸道黏膜纤毛运动，使痰液易于咳出的药物。按其作用机制可分为三类。

一、痰液稀释药

氯化铵

〖作用与应用〗口服后可刺激胃黏膜引起恶心，反射性促进支气管腺体分泌增加，使痰液稀释，易于咳出。用于急、慢性支气管炎，痰液黏稠而不易咳出的患者。很少单独用，常与其他药物组成复方制剂。氯化铵口服吸收后可酸化体液、尿液，纠正代谢性碱中毒和促进弱碱性药物从肾脏排出。

〖不良反应〗常见恶心、呕吐、胃部不适等不良反应。消化道溃疡、肝肾功能不全者慎用，过量可引起酸中毒和血氨升高。

二、黏痰溶解药

乙酰半胱氨酸（痰易净）

〖作用与应用〗通过分解黏痰中黏性成分使痰液变稀而易咳出。气雾吸入、气管内滴入后能使黏痰迅速变稀而易于咳出，临床用于大量黏痰阻塞呼吸道引起的呼吸困难患者。

〖不良反应〗有特殊臭味，可引起恶心、呕吐或支气管痉挛，气雾吸入异丙肾上腺素可减轻。支气管哮喘者慎用，用药前尽可能用吸痰器吸尽气管内痰液。用药后可产生大量稀痰，应及时吸引排痰，以防气道阻塞。本品不宜与青霉素、四环素、头孢菌素类合用，以免降低抗菌活性。乙酰半胱氨酸应临用前配制，开瓶后的药液密封后冷藏，48 小时内用完。

三、黏液调节药

溴己新（必嗽平）

溴己新主要作用于气管、支气管黏膜腺体的黏液产生细胞，促进其分泌黏稠度较低的小分子黏蛋白，并能裂解黏痰中的酸性黏多糖，降低黏痰稠度。适用于急慢性支气管炎、哮喘等痰液黏稠不易咳出的患者。偶有恶心、胃部不适，宜饭后服用。消化性溃疡慎用。氨溴索（沐舒坦）是溴己新的有效代谢产物，作用、应用与溴己新相似，胃肠道反应较轻。

（考点：祛痰药的用药护理）

第 3 节 平 喘 药

案例 7-3 患者，男，25 岁。在花园散步时，突觉鼻痒、眼痒、打喷嚏、流鼻涕，继而出现胸闷、气促，去医院就诊，既往有吃鱼、虾过敏现象，医生诊断为过敏性哮喘。

问题： 1. 该病在哮喘急性发作时应考虑用哪种药物？

2. 平时治疗如何用药？

哮喘是一种因支气管痉挛或支气管黏膜充血、水肿导致气道狭窄、通气不畅的症状，多见于支气管哮喘和喘息性支气管炎。平喘药是一类通过作用于哮喘发作的不同环节而发挥缓解、消除或预防哮喘发作的药物。临床常用的平喘药可分为支气管扩张药、抗炎平喘药、抗过敏平喘药。

一、支气管扩张药

（一）肾上腺素受体激动药

本类药物主要通过激动支气管平滑肌细胞膜上的 β_2 受体，松弛支气管平滑肌，同时抑制肥大细胞脱颗粒，抑制致敏介质释放，缓解哮喘的发作症状。

β 受体激动药包括非选择性 β 受体激动药，如肾上腺素、异丙肾上腺素、麻黄碱，因对 β_1 受体和 β_2 受体无选择性，平喘作用强大，而心血管系统的不良反应明显，现已少用。选择性 β_2 受体激动药对 β_2 受体选择性高，不良反应少，常规剂量口服或吸入给药时很少产生心血管系统的不良反应，是目前临床上常用的平喘药，主要有沙丁胺醇、克仑特罗、特布他林等。

沙丁胺醇（舒喘灵）

〖作用与应用〗选择性激动支气管平滑肌上的 β_2 受体，平喘作用与异丙肾上腺素相当，但作用持续时间长。而兴奋心脏的副作用仅为异丙肾上腺素的 1/10。适用于支气管哮喘和喘息性支气管炎。解除哮喘急性发作，多用气雾吸入，预防发作则口服。

〖不良反应〗剂量过大可引起心悸、血压波动、肌肉震颤（好发于四肢和面部）、代谢紊乱等，长期应用可产生耐受性。甲亢、高血压、糖尿病患者慎用。

特布他林（博利康尼）

特布他林选择性激动 β_2 受体，平喘作用较沙丁胺醇作用弱。临床应用、不良反应与沙丁胺醇相似。

克仑特罗

克仑特罗选择性激动 β_2 受体，还能增加呼吸道纤毛运动和溶解黏液，平喘作用强而持久。对心血管系统影响小，很少引起心悸。

（考点：沙丁胺醇的作用及给药方法）

链 接

瘦肉精

瘦肉精主要成分是盐酸克伦特罗，曾作为饲料添加剂。猪食用瘦肉精后激动β受体能促进蛋白质合成，加速脂肪的转化和分解，以提高猪肉的瘦肉率。但人食用含瘦肉精的肉后胃肠道吸收快，15～20分钟，即可出现心慌、肌肉震颤、头痛及脸部潮红等，对心律失常、高血压、青光眼、糖尿病、甲状腺功能亢进等疾病的患者有较大危害。目前禁用于兽药或饲料添加剂。

（二）茶碱类

茶碱及其衍生物均能松弛支气管平滑肌而产生平喘作用，常用的药物有氨茶碱、胆茶碱、二羟丙茶碱等，其中氨茶碱在临床最常用。

氨茶碱

〖作用与应用〗

1．松弛支气管平滑肌　尤其是对痉挛状态的支气管效果显著，并能缓解支气管黏膜的充血水肿。

2．强心利尿　能增加心排血量，扩张肾小动脉，增加肾小球滤过率和肾血流量，并能抑制远端肾小管对水和钠的重吸收。

3．免疫调节和抗炎　能抑制肥大细胞释放炎症介质。

氨茶碱适用于支气管哮喘、喘息型支气管炎、阻塞性肺气肿等缓解喘息症状；也可用于心源性肺水肿引起的哮喘。与β受体激动药合用可提高疗效。哮喘持续状态，常选用氨茶碱与肾上腺皮质激素配伍进行治疗。

〖不良反应与用药护理〗氨茶碱的安全范围较窄，不良反应较多见。当血药浓度超过20mg/L时，易发生不良反应，必要时需做血药浓度监测。

1．胃肠道反应　本药碱性较大，口服可引起恶心、呕吐、胃部不适等，宜饭后服用或服用肠溶片。

2．兴奋中枢　可致失眠、烦躁不安，可使用镇静催眠药对抗。

3．心脏毒性　静脉注射或静脉滴注速度过快或浓度过高可引起心悸、血压下降，严重者可致心律失常，甚至心搏骤停。静脉注射时应充分稀释后缓慢注射，并密切观察患者用药反应。

4．其他　本药为强碱性药物，遇酸可产生沉淀，禁与酸性药物混合注射。

（考点：氨茶碱的主要作用及不良反应）

（三）M胆碱受体阻断药

内源性哮喘患者往往表现出胆碱能神经亢进，ACh释放增多，激动M受体导致支气管痉挛而诱发哮喘。M 受体阻断药松弛支气管平滑肌，缓解哮喘症状。目前最常用的是选择性高的 M 受体阻断药。

异丙托溴铵（异丙阿托品）

〖作用与应用〗是一种吸入性 M 受体阻断药，对支气管平滑肌有较高的选择性，扩张支气管平滑肌，产生平喘作用。本品比短效 β_2 受体激动药起效慢，主要用于防治支气管哮喘和喘息性支气管炎，尤其适用于不能耐受或禁用 β 受体激动药的患者，对老年性哮喘尤为适用。单用或与 β 受体激动药联合用药均可奏效。

〖不良反应〗不良反应少，偶见口干、心悸、排尿困难等。雾化吸入时，需注意保护眼部，以免引起瞳孔散大及眼压增高。

二、抗炎平喘药

（一）糖皮质激素类药物

糖皮质激素类药物具有强大的抗炎、抗免疫作用，增强支气管及血管平滑肌对儿茶酚胺的敏感性，有利于缓解支气管痉挛和黏膜肿胀。口服与注射可的松、氢化可的松等全身用药，平喘效果显著，但不良反应多而严重，静脉滴注用于治疗严重支气管哮喘发作和哮喘持续状态。采用气雾吸入给药，在气道内可获得较高的药物浓度，充分发挥局部抗炎作用，可避免或减少全身用药的不良反应。临床常用的药物有倍氯米松、曲安奈德、布地奈德等。

倍氯米松

倍氯米松为地塞米松的衍生物，是局部应用的强效糖皮质激素类药。气雾吸入直接作用于呼吸道产生强大的抗炎平喘作用。因起效慢，不宜用于哮喘急性发作，可用于支气管扩张药不能有效控制病情的慢性哮喘患者。不良反应有长期吸入可引起声音嘶哑，口咽部念珠菌感染等，用药后应及时漱口。

（考点：糖皮质激素类药物在平喘中的应用）

（二）白三烯调节剂

白三烯是引起哮喘发作的一组重要炎性介质。此类药物通过抑制白三烯的合成或阻断白三烯受体，来达到防治哮喘的目的。对吸入糖皮质激素不能控制症状者，可加入此类药增强疗效。常用的药物有扎鲁司特、孟鲁司特等。

扎鲁司特

白三烯类物质在哮喘病理中起重要作用。扎鲁司特能与白三烯受体选择性结合而拮抗其作用，减轻哮喘有关症状和改善肺功能，为长效口服的高度选择性白三烯受体拮抗药。临床适用于慢性轻至中度哮喘的预防和治疗，尤其适用于对阿司匹林敏感或有阿司匹林哮喘的患者；但不宜用于治疗急性哮喘。

不良反应有头痛、胃肠道反应、氨基转移酶升高、咽炎、鼻炎、荨麻疹、血管性水肿、皮疹、水疱等。较大剂量用药，可增加肝细胞肿瘤、组织细胞肉瘤和膀胱癌的发生率。

三、抗过敏平喘药

本类药物通过稳定肥大细胞膜，抑制过敏介质释放和拮抗炎性介质。因起效慢，不适用于哮喘急性发作，主要用于预防哮喘发作。

（一）细胞膜稳定药

色甘酸钠

色甘酸钠能稳定肥大细胞膜，抑制过敏介质的释放。主要用于预防各型哮喘的发作，对过敏性哮喘疗效好。口服不吸收，需粉雾吸入给药。不良反应少见，偶有咽喉与气管刺痛感或支气管痉挛，必要时可吸入 β_2 受体激动药预防哮喘。

（二）H_1 受体阻断药

酮替芬

本品除能稳定肥大细胞膜外，还有强大的 H_1 受体阻断作用。口服有效，起效慢，对各型哮喘有预防作用，尤其对过敏性哮喘和儿童哮喘疗效好。不良反应有短暂的嗜睡、乏力、口干等。

自测题

1．下列何药不属于中枢性镇咳药（ ）
A．喷托维林 B．右美沙芬
C．可待因 D．苯佐那酯
E．吗啡

2．对胸膜炎干咳伴胸痛的首选药是（ ）
A．喷托维林 B．右美沙芬
C．可待因 D．苯佐那酯
E．氨茶碱

3．预防过敏性哮喘最好选用的药物是（ ）
A．氨茶碱 B．地塞米松
C．异丙托溴铵 D．色甘酸钠
E．沙丁胺醇

4．能裂解黏痰中的黏多糖，降低痰液黏度的药物是（ ）
A．氯化铵 B．乙酰半胱氨酸
C．可待因 D．溴己新
E．氨茶碱

5．支气管哮喘患者首选用药途径为（ ）
A．口服给药 B．静脉给药
C．吸入给药 D．肌内给药
E．皮下给药

6．快速推注氨茶碱可导致的最严重的不良反应是（ ）
A．心悸 B．心搏骤停
C．血压下降 D．心律失常
E．骨骼肌震颤

7．患者，男，17岁。重度哮喘入院，目前控制支气管哮喘发作最有效的药物是（ ）
A．抗胆碱药 B．β_2 受体激动药
C．白三烯调节剂 D．糖皮质激素
E．茶碱类

8．患者，女，26岁。春游时出现呼吸困难，入院诊断为哮喘，此患者急性发作时的首选药物是（ ）
A．抗胆碱药 B．β_2 受体激动药
C．白三烯调节剂 D．糖皮质激素
E．茶碱类

9．患者，女，22岁。急性支气管哮喘发作，服用某药后出现心悸、骨骼肌震颤等不良反应，该药物可能是（ ）
A．沙丁胺醇 B．倍氯米松
C．色甘酸钠 D．酮替芬
E．氨茶碱

10．患者，男，54岁。支气管哮喘多年，指导其吸入倍氯米松的正确方法是（ ）
A．用前不能摇动瓶身
B．吸气后不要屏气
C．喷雾与吸气同步
D．吸药后不要漱口
E．患者可随意吸入

（闫建坤）

第 8 章

消化系统药物

消化系统包括食管、胃、小肠、大肠、肝、胆、胰等重要脏器，饮食状况、精神状态及药物等因素均可影响消化系统的功能，上述因素异常时往往会导致消化不良、胃及十二指肠溃疡等疾病（图 8-1），产生厌食、恶心、呕吐、腹泻、便秘等临床症状。消化系统药主要通过调节胃肠道的运动和消化腺的分泌功能，维持胃肠道内环境和微生态平衡，改善和恢复消化系统的功能。

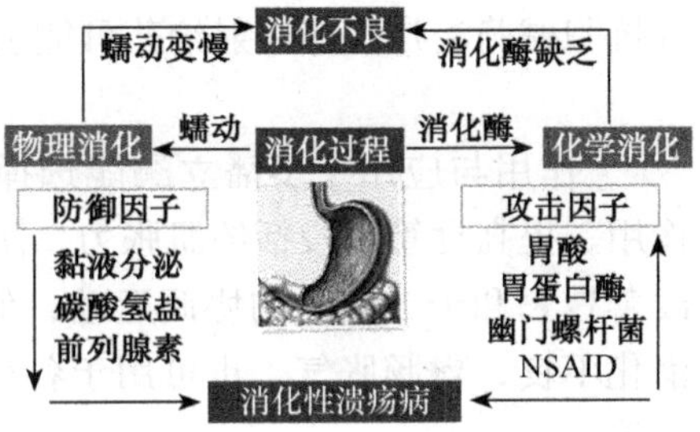

图 8-1 胃肠功能异常疾病示意图

第 1 节 助消化药与止吐药

一、助消化药

助消化药多为消化液的成分或促进消化液分泌的药物，能促进食物消化。临床常用的助消化药见表 8-1。

表 8-1 常用的助消化药物

药物	作用与应用	不良反应及用药护理
稀盐酸	可增加胃内酸度，提高胃蛋白酶活性。用于治疗各种原因引起的胃酸缺乏症	用水稀释，餐前或餐中服用，服用后立即漱口，以免酸蚀牙齿
胃蛋白酶	为消化酶。常与稀盐酸联合用于治疗因胃蛋白酶缺乏而引起的消化不良	于饭前或饭时服用，但不宜与硫糖铝、碱性药物同服
胰酶	可消化脂肪、蛋白质及淀粉。主要用于食欲缺乏及胰腺疾病、糖尿病引起的消化不良	常用肠溶片，宜餐前服用。不宜嚼碎服，不可与酸性药同服
乳酶生（表飞鸣）	为活乳酸菌干燥制剂，其在肠内分解糖类生成乳酸，可抑制肠内病原菌的繁殖和肠内的物质发酵，减少肠内产生气体，从而减轻腹胀，适用于消化不良，肠道菌群失调或肠内异常发酵引起的腹泻	不宜与抗菌药、吸附剂及碱性药合用。与维生素 C 合用可增强疗效。服用时水温不可超过 40℃

二、止吐药

甲氧氯普胺（胃复安）

〖作用及应用〗甲氧氯普胺为多巴胺受体拮抗药，能阻断延髓催吐化学感受区中多巴胺受体，具有强大的中枢性镇吐作用。并能促进胃及上部肠段的运动，提高胃肠道括肌的张力，阻滞胃 - 食管反流，加强胃和食管蠕动，促进胃的排空。临床主要用于：①因脑部肿瘤手术、肿瘤的放疗及化疗、脑外伤后遗症、急性颅脑损伤及药物所引起的呕吐；②对于胃胀气性消化不良、食欲缺乏、嗳气、恶心、呕吐也有较好的疗效；③也可用于海空作业引起的呕吐及晕车（船）等。

〖不良反应〗①主要副作用为镇静作用，可有倦怠、嗜睡、头晕等。其他有便秘、腹泻、皮疹及溢乳、男子乳房发育等，但较为少见。②大剂量或长期应用，可能因阻断多巴胺受体，使胆碱能受体相对亢进而导致锥体外系反应（特别是年轻人），主要表现为帕金森综合征，可出现肌震颤、头向后倾、斜颈、阵发性双眼向上注视、发音困难、共济失调等。可用苯海索等抗胆碱药治疗。③注射给药可能引起直立性低血压。

多潘立酮

〖作用与应用〗多潘立酮能选择性阻断外周多巴胺受体，具有促进胃肠蠕动和高效止吐作用。提高食管下段括约肌张力，防止胃－食管反流；增强胃及肠道近段的蠕动，扩张幽门，改善胃窦和十二指肠的协调运动，促进胃排空及防止胆汁反流。主要用于胃排空缓慢所致的消化不良、胃肠胀气，也可用于各种原因引起的恶心、呕吐及反流性食管炎、胆汁反流性胃炎等。

〖不良反应〗偶有轻度腹痛、腹泻、皮疹、口干、头痛、乏力等。不宜与抗胆碱药合用，以免降低疗效。

西沙必利

〖作用与应用〗西沙必利为新型胃肠动力药，同时阻断多巴胺受体和5-羟色胺受体，增强胃肠排空，产生强大的止吐作用。

临床用于胃肠动力障碍性疾病，如反流性食管炎、功能性消化不良、胃痉挛、术后胃肠麻痹、便秘等。是治疗胃肠动力障碍性疾病的首选药。

〖不良反应〗有一过性腹痛、腹泻、肠鸣等。可致小儿锥体外系反应，婴幼儿和儿童不推荐使用。孕妇及对本药过敏者禁用。

昂丹司琼

昂丹司琼能选择性阻断外周及中枢神经元5-羟色胺受体，产生强大的止吐作用，临床上用于放疗、化疗引起的恶心、呕吐，但对晕动症引起的呕吐无效。不良反应有头痛、疲劳、便秘或腹泻等。无锥体外系反应。孕妇及对哺乳期妇女慎用。

第2节　抗消化性溃疡药

案例8-1　患者，女，60岁，汉族，已婚，农民，自诉反酸、胃胀、呃逆、胸闷、憋气、浑身无力。近半年反复出现烧灼样疼痛，疼痛常发生于空腹或夜间，并伴有呃逆、嗳气、泛酸等不适症状。近日疼痛加剧来院就诊，医生通过检查，诊断为十二指肠溃疡。

问题： 1. 对该患者如何进行药物治疗？

2. 对患者生活饮食习惯提出合理化建议。

一、抗　酸　药

常见抗酸药作用特点比较见表8-2。

表 8-2 常见抗酸药作用特点比较

药物	作用特点	注意事项
氢氧化铝	抗酸作用强、缓慢、持久，具有收敛、止血、溃疡面保护作用	可致便秘，可阻碍磷的吸收，老人长期服用应警惕引起骨质疏松
氧化镁	抗酸作用强、缓慢、持久，口服难吸收	可致腹泻，与碳酸钙配伍使用
三硅酸镁	抗酸作用弱、缓慢、持久，产生的二氧化硅有黏膜保护作用	可致腹泻，与氢氧化铝配伍可减轻
碳酸钙	抗酸作用强、快、持久，中和胃酸产生二氧化碳	可引起腹胀、嗳气、可治便秘，与氢氧化铝或三硅酸镁合用可减轻
碳酸氢钠	抗酸作用强、快而短暂，口服易吸收，可产生二氧化碳及碱化血液和尿液	可引起腹胀、嗳气、溃疡穿孔，可致碱血症

理想的抗酸药应该是作用迅速、持久、不吸收、不产气、不引起腹泻或便秘，对黏膜及溃疡面有保护收敛作用。单一药物很难达到这个要求，故通常制成复方制剂，如复方氢氧化铝。

二、胃酸分泌抑制药

胃酸分泌抑制药主要有四类，包括 H_2 受体阻断药、M_1 受体阻断药、质子泵抑制剂、促胃液素受体阻断药，其作用环节见图 8-2。

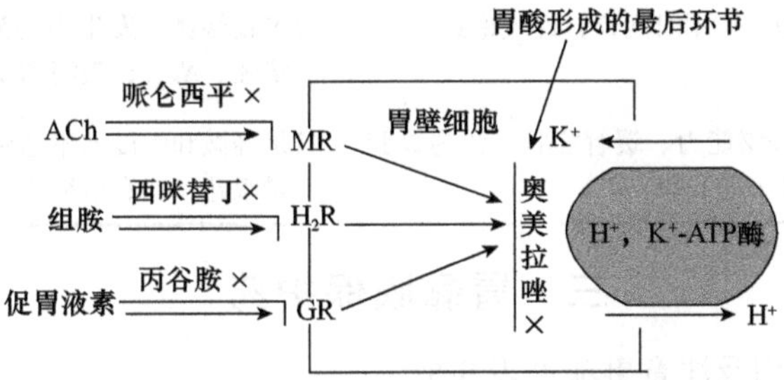

图 8-2 胃酸分泌抑制药作用环节示意图

（一）H_2 受体阻断药

本类药物通过阻断胃壁细胞上的 H_2 受体，使胃酸分泌减少。常用的药物有西咪替丁、雷尼替丁、法莫替丁、尼扎替丁、罗沙替丁等（表 8-3）。

表 8-3 常用 H_2 受体阻断药作用特点比较

药物	作用特点	注意事项
西咪替丁	对十二指肠溃疡疗效优于胃溃疡，用药 4～6 周溃疡面明显愈合，延长用药可减少复发	长期用药偶见氨基转移酶升高，长期大量用药，可引起阳痿
雷尼替丁	抗酸作用强，是西咪替丁的 4～10 倍	不良反应轻，肝毒性小
法莫替丁	长效、强效，抗酸作用是西咪替丁的 20～50 倍，作用持续 12 小时	不良反应少，偶有口干、呕吐、食欲减退
尼扎替丁	作用更强，生物利用度更高	不良反应少见，偶有贫血和荨麻疹
罗沙替丁	有强力、持续的胃酸分泌抑制作用	有药物过敏史，肝、肾功能不全者慎用，哺乳期妇女禁用

（二）M_1 受体阻断药

哌仑西平

哌仑西平能选择阻断胃壁细胞的 M_1 受体，可减少胃酸及胃蛋白酶原的分泌。主要用于胃及十二指肠溃疡治疗。疗效与西咪替丁相当，与西咪替丁合用可增强疗效。不良反应轻。

（三）促胃液素受体阻断药

丙谷胺

丙谷胺化学结构与促胃液素相似，能竞争性阻断促胃液素受体，抑制胃酸及胃蛋白酶的分泌。用于胃及十二指肠溃疡的治疗，但疗效不及 H_2 受体阻断药。

（四）质子泵抑制剂

通过抑制 H^+，K^+-ATP 酶而阻止胃酸分泌的药物称为质子泵抑制剂，其是目前治疗消化性溃疡最常用的一类药物（表 8-4）。

表 8-4　质子泵抑制剂的作用特点及注意事项

药物	作用特点	注意事项
奥美拉唑	第一代，有强而持久的抑制胃酸分泌和抗幽门螺杆菌作用	不良反应多，有胃肠道反应、神经系统反应、过敏反应、内分泌失调等
兰索拉唑	第二代，抑制胃酸分泌作用及抗幽门螺杆菌作用比奥美拉唑强	常见的不良反应为腹泻、恶心、头痛及皮肤反应，少数可出现便秘、口渴
泮托拉唑	第三代，半衰期短，作用时间长，性质稳定	大多较轻微，发生率约为 2.5%，包括头痛、头晕、嗜睡、恶心、腹泻和便秘、皮疹及肌肉痛
雷贝拉唑	第三代，抗胃酸分泌能力、缓解症状、治愈黏膜损害效果远优于其他抗酸药	只是轻微和中度的不适感、腹泻、恶心、皮疹和头晕眼花，偶有白细胞增多及 ALT 升高

三、胃黏膜保护药

常用胃黏膜保护药应用及注意事项见表 8-5。

表 8-5　常用胃黏膜保护药应用及注意事项

药物	应用	注意事项
硫糖铝	胃及十二指肠溃疡、慢性浅表性胃炎及反流性食管炎	忌与抗酸药、胃酸分泌抑制药合用
米索前列醇	消化性溃疡、应激性溃疡、急性胃黏膜损伤性出血。对非甾体抗炎药导致的消化性出血有特效	稀便或腹泻。能兴奋子宫使其收缩，故孕妇禁用
枸橼酸铋钾	胃及十二指肠溃疡、慢性胃炎	偶有恶心、便秘、腹泻等，服药期间可见舌黑染及黑便。肾功能不良者及孕妇禁用。避免与牛奶或抗酸药同服

（考点：胶体枸橼酸铋钾的不良反应）

四、抗幽门螺杆菌药

幽门螺杆菌的感染与消化性溃疡、慢性胃炎、胃癌的发病有密切关系（图 8-3）。它寄居于胃及十二指肠的黏膜层与黏膜细胞之间，能产生有害物质，分解黏液，对黏膜产生损伤作用，引发溃疡。杀灭幽门螺杆菌，能明显减少十二指肠溃疡的复发率，对根治幽门螺杆菌具有重要意义。目前，临床上常用的抗幽门螺杆菌药物包括：①抗生素类，常用阿莫西林、克拉霉素等；②人工合成抗菌药类，常用甲硝唑、呋喃唑酮等；③铋制剂和质子泵抑制剂，常用枸橼酸铋钾、奥美拉唑等。临床治疗幽门螺杆菌感染单用疗效较差，多选 3～4 种药物联合应用，目前一般采取三联疗法或四联疗法。常用的“三联疗法”是指奥美拉唑加上述 2 种抗菌药或铋剂加 2 种抗菌药，可明显提高溃疡病的根治率。

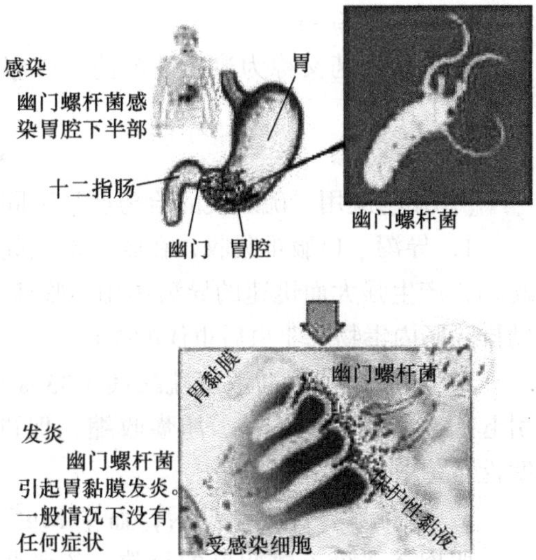

图 8-3 幽门螺杆菌的感染示意图

链 接

“以身试菌者”崇高的献身精神

1984 年，澳大利亚科学家 Marshall 和 Warren 提出人体感染幽门螺杆菌（*Hp*）会导致胃溃疡的观点，但遭到质疑。为证明 *Hp* 是导致胃溃疡的罪魁祸首，Marshall 吞下了一试管数以亿计的 *Hp* 培养液，后经胃镜检查证实真的得了胃炎。其实，他知道其中的危险，但想到每年有 5000 人因胃炎胃溃疡而失去生命时，决心再危险也愿“以身试菌”，终于证实其观点并找到根治措施，改变了世人对胃病的认识、治疗理念和治疗方法，造福了全世界数以亿计的胃 - 十二指肠疾病患者，是胃肠病发展史上的一个里程碑。2005 年度诺贝尔生理学或医学奖授予发现并阐明 *Hp* 在胃炎及消化性溃疡疾病中作用的两位科学家，不仅奖励他们在科学上的贡献，还奖励他们对真理的坚持和为科学献身的崇高精神。

助 记 口 诀

氢氧化铝主制酸，收敛止血护溃面。
西咪替丁抑泌酸，奥美拉唑速强久。
治疗溃疡抗幽螺，多药联用效更强。

第 3 节 泻药与止泻药

案例 8-2 患儿，女，3 岁。患儿家长诉近 4 天未见大便，腹痛纳呆，时有恶心，夜眠不安，小便正常，来诊。诊断为：小儿便秘。

请问： 1. 对该患者如何用药？

2. 该如何护理？

一、泻 药

泻药是刺激肠蠕动、软化粪便、润滑肠道，促进排便的药物。临床主要用于功能性便秘。按作用机制分为容积性泻药、接触性泻药和润滑性泻药。

（一）容积性泻药

容积性泻药又称为渗透性泻药，口服后肠道吸收少，通过增加肠容积而促进胃肠道蠕动，产生泻下作用。

硫 酸 镁

〖作用与应用〗硫酸镁的给药途径不同，可产生不同的药理作用。

1. 导泻 口服难吸收，在肠内形成高渗而阻止水分吸收，增加肠容积，刺激肠壁，增强肠蠕动，产生强大而迅速的导泻作用。临床主要用于外科术前或结肠镜检查前排空肠内容物、辅助排除肠内毒物及驱虫后虫体的排出。

2. 利胆 口服高浓度硫酸镁（33%）或用导管直接注入十二指肠，刺激肠黏膜，反射性引起胆总管括约肌松弛，胆囊收缩，促进胆汁排出，产生利胆作用。可用于慢性胆囊炎、阻塞性黄疸等。

3. 抗惊厥 注射给药后，血中 Mg^{2+}浓度升高，可抑制中枢并竞争性拮抗 Ca^{2+}参与的神经－肌肉接头处乙酰胆碱的释放，松弛骨骼肌，产生抗惊厥作用。临床多用于破伤风和子痫所致的惊厥。

4. 降压 静脉注射给药后，松弛血管平滑肌，降低外周阻力，使血压迅速下降。用于治疗高血压危象、高血压脑病及妊娠期高血压综合征。

5. 消肿止痛 50% 的硫酸镁溶液外敷患处，通过高渗作用，可消除局部炎性水肿，止痛。

6. 其他 硫酸镁可明显抑制子宫平滑肌收缩，妊娠期间可防治早产。

〖不良反应与用药护理〗

1. 本药导泻时，可刺激肠壁，导致盆腔充血，妊娠期、月经期妇女、急腹症患者禁用；强烈的导泻可致脱水，应告知患者空腹服药、大量饮水，有脱水症状者禁用。

2. 注射过量可致中毒，首先表现为膝反射消失，随着血镁浓度增加可出现全身肌张力减退及呼吸抑制，严重者可导致心搏骤停。因此，用药期间，应严密监测患者膝反射，定期测血压和脉搏。一旦发生中毒，应立即停药并缓慢静脉推注钙剂解救。

（考点：硫酸镁用药护理）

硫 酸 钠

硫酸钠导泻作用与硫酸镁相似，但稍弱，无中枢抑制作用，适用于中枢抑制药中毒的导泻。

（二）接触性泻药

接触性泻药又称刺激性泻药，主要通过刺激结肠推进性蠕动产生泻下作用。

酚酞（果导）

口服后在肠道碱性环境中形成可溶性钠盐，刺激结肠黏膜，增强肠蠕动，产生缓泻作用，适用于习惯性便秘。偶有过敏反应及出血倾向，婴儿禁用。

比 沙 可 啶

比沙可啶作用与酚酞相似，口服后在肠道被细菌酶迅速转化为去乙酰基代谢物而发挥导泻作用。主要用于便秘，也可用于腹部 X 线、内镜检查及腹腔术前需排空肠内容物者。多次应用可致腹痛，孕妇禁用。

（三）润滑性泻药

液 状 石 蜡

液状石蜡为一种矿物油，口服不被吸收，有润滑肠壁、软化粪便作用，利于粪便排出。适用于儿童及年老体弱者便秘，也可用于腹部及肛门术后、痔、疝、高血压等患者便秘。久用可妨碍脂溶性维生素及钙、磷的吸收。

开　塞　露

开塞露是由甘油、山梨醇和硫酸镁组成的高渗溶液，密封于特制塑料容器内，使用时将药液经肛门直接挤入直肠，导泻迅速、安全、方便。适用于轻度便秘，尤其适合儿童和老年患者。

二、止　泻　药

常用止泻药作用与应用及不良反应与注意事项见表 8-6。

表 8-6　常用止泻药作用与应用及不良反应与注意事项

药物	作用与应用	不良反应与注意事项
地芬诺酯	抑制肠蠕动。止泻作用类似吗啡，无镇痛作用。用于急、慢性功能性腹泻	长期、大量应用有成瘾性，偶有恶心、呕吐、嗜睡等不良反应
洛哌丁胺（易蒙停）	抑制肠蠕动。作用类似地芬诺酯，但止泻作用更快、更持久，用于急、慢性腹泻	偶见胃肠反应、过敏反应。孕妇、哺乳期妇女、幼儿及小儿慎用
鞣酸蛋白	口服后分解释放鞣酸，使肠黏膜表面蛋白凝固、沉淀，减少刺激及炎性渗出，起收敛止泻作用，适用于各种腹泻	细菌性痢疾等感染性腹泻患者禁用
碱式碳酸铋（次碳酸铋）	口服后对肠黏膜具有收敛和保护作用，发挥止泻作用。用于各种腹泻的治疗	大剂量使用可引起便秘。肾功能不全者、孕妇禁用
药用炭	口服后能吸附肠内大量气体、毒物及细菌毒素等，可减少刺激性肠蠕动及毒物吸收。用于腹泻、胃肠胀气及食物中毒	可影响小儿营养，3 岁以下小儿禁用
蒙脱石散（思密达）	吸附各种病原体，使其失去致病作用；对消化道黏膜有强的覆盖保护能力。用于成人及儿童急、慢性腹泻	久用可致便秘。止泻时应注意纠正脱水
枯草杆菌肠球菌二联活菌（妈咪爱）	由乳酸菌培养物、枯草杆菌、活粪链球菌和维生素组成。用于预防婴幼儿消化不良、肠道感染性腹泻、功能性便秘和新生儿黄疸	无明显不良反应。送服水温不宜超过 40℃

小结

治疗消化不良的药物多为消化液中成分或促进消化液分泌的药物，如稀盐酸、胃蛋白酶、胰酶、乳酶生等。抗消化性溃疡药常用中和胃酸或减少胃酸分泌药及杀灭幽门螺杆菌的药物，如西咪替丁、奥美拉唑和枸橼酸铋钾等，联合用药可增强疗效。止吐药能增强胃动力，促进胃蠕动，加速胃排空。硫酸镁为导泻药，给药途径不同，作用也不同，口服有导泻和利胆作用；注射给药产生抗惊厥、降压作用。注射过量或过快可致急性镁中毒。应立即停药，进行人工呼吸，静脉注射钙剂抢救。

自测题

1. 可致嗳气、腹胀，甚至溃疡穿孔的抗酸药是（　　）
A. 氧化镁　B. 氢氧化铝
C. 碳酸氢钠　D. 氢氧化镁

E. 三硅酸镁

2. 既能中和胃酸又能在胃内形成凝胶保护溃疡面的药物是（　　）

A. 氧化镁　B. 氢氧化铝

C. 碳酸氢钠　D. 氢氧化镁

E. 三硅酸镁

3. 服用本药期间可使大便呈灰黑色的药物是（　　）

A. 枸橼酸铋钾　B. 奥美拉唑

C. 西咪替丁　D. 哌仑西平

E. 丙谷胺

4. 质子泵抑制剂是（　　）

A. 碳酸氢钠　B. 奥美拉唑

C. 西咪替丁　D. 氢氧化铝

E. 乳酶生

5. 奥美拉唑的药理作用不包括（　　）

A. 抑制胃酸分泌　B. 促进溃疡愈合

C. 抑制幽门螺杆菌　D. 中和胃酸

E. 增加胃黏膜血流量

6. 阻断胃壁细胞膜上 H_2 受体，抑制胃酸分泌的药物是（　　）

A. 西咪替丁　B. 硫糖铝

C. 硫酸镁　D. 氢氧化铝

E. 奥美拉唑

7. 具有中枢抑制作用的导泻药是（　　）

A. 硫酸钠　B. 酚酞

C. 硫酸镁　D. 比沙可啶

E. 液状石蜡

8. 关于硫酸镁叙述错误的是（　　）

A. 口服可治疗便秘

B. 口服具有利胆作用

C. 注射具有降压作用

D. 注射具有抗惊厥作用

E. 注射可产生导泻作用

9. 高胃酸的患者应服用（　　）

A. 氢氧化铝凝胶　B. 硫糖铝

C. 甲氧氯普胺　D. 硫酸镁

E. 液状石蜡

10. 可促进胃排空的药物是（　　）

A. 西咪替丁　B. 硫糖铝

C. 多潘立酮　D. 硫酸镁

E. 液状石蜡

（姚勇志）

第9章 利尿药和脱水药

第1节 利 尿 药

一、利尿药作用与分类

尿液的生成包括三个环节：肾小球的滤过、肾小管的重吸收与分泌。目前常用的利尿药主要通过影响肾小管与集合管的重吸收而发挥利尿作用。根据其作用部位及效能可将利尿药分为三大类。①高效能利尿药，常用药物有呋塞米、依他尼酸、布美他尼等；②中效能利尿药，常用药物有氢氯噻嗪、氯噻酮等；③低效能利尿药，常用药物有螺内酯、氨苯蝶啶、阿米洛利等（图 9-1）。

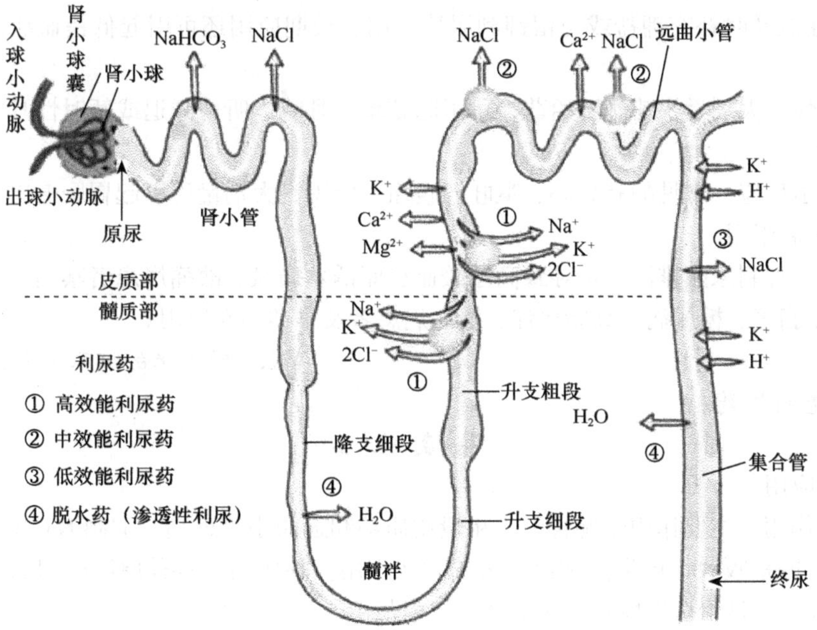

图 9-1 肾小管各段功能和利尿药作用部位示意图

二、常用利尿药

（一）高效能利尿药

呋 塞 米

〖作用〗

1．利尿 主要作用于髓袢升支粗段的髓质部与皮质部，与 Na^+-K^+-$2Cl^-$ 共同转运系统结合并抑制其功能，减少 Na^+重吸收，降低肾脏对尿液的稀释与浓缩功能而发挥强大的利尿作用。同时使 Na^+、K^+、Cl^-、Ca^{2+}、Mg^{2+}的排出增加。

2. 扩张血管　静脉注射能扩张肾血管，降低肾血管阻力，增加肾血流量，改善肾皮质内血流供应，对受损的肾组织起保护作用。还可以扩张肺部容量血管，减少回心血量，使左心室的负荷减轻。

〖应用〗

1. 治疗各类严重水肿　用于其他利尿药无效的心、肝、肾性水肿及肺水肿和脑水肿，静脉注射呋塞米是治疗急性肺水肿的首选药。

2. 防治急、慢性肾衰竭　急性肾衰竭时，呋塞米的强大利尿作用可冲洗肾小管，防止肾小管的萎缩和坏死，并且还能扩张肾血管，增加肾血流量，提高肾小球滤过率，使尿量增加。大剂量呋塞米也可用于治疗其他药物无效的慢性肾衰竭，使尿量增加。

3. 加速毒物排出　配合静脉输液，增加尿量可加速毒物随尿排出。主要用于经肾排泄的巴比妥类、水杨酸类、溴化物、碘化物等药物中毒的解救。

4. 其他　可用于高血压危象、心功能不全、高钾血症、高钙血症等。

〖不良反应〗

1. 水及电解质紊乱　表现为低血容量、低血钾、低血钠及低氯性碱中毒等，其中以低血钾最常见。应注意及时补充钾盐或与留钾利尿药合用。长期应用还可引起低镁血症，应注意及时纠正。

2. 耳毒性　大剂量快速静脉给药，可引起眩晕、耳鸣、听力减退或暂时性耳聋，肾功能不全者更易发生。

3. 胃肠道反应　常见的有恶心、呕吐、腹痛、腹泻，大剂量可引起胃肠道出血，久服可诱发溃疡，宜餐后服用。

4. 其他　抑制尿酸排泄，可导致高尿酸血症而诱发痛风。故痛风患者禁用。久用尚可引起高血糖、高血脂等。糖尿病、高脂血症、冠心病患者及早孕妇女慎用。

（考点：呋塞米的临床应用及不良反应）

（二）中效能利尿药

氢氯噻嗪

〖作用与应用〗

1. 利尿作用　主要作用于髓袢升支粗段皮质部和远曲小管近端，抑制 Na^+-Cl^-共同转运系统，抑制 Na^+的重吸收，产生温和而持久的利尿作用。临床用于各种原因引起的水肿，对心源性水肿疗效较好，是治疗慢性心功能不全的常用药物。

2. 抗利尿作用　能明显减少尿崩症患者的口渴症状及尿量。临床主要用于治疗肾性尿崩症及加压素无效的垂体性尿崩症。

3. 降压作用　具有温和而持久的降压作用，为治疗高血压的基础药物之一。

〖不良反应〗

1. 电解质紊乱　可致低血钾、低血钠、低血镁、低氯性碱血症。其中以低钾血症最常见。应注意补钾或与保钾利尿药合用。

2. 对代谢的影响　可引起高尿酸血症、高血糖、高脂血症。故痛风、高血糖、高脂血症等患者慎用。

3. 其他 与磺胺类药物有交叉过敏反应。可见皮疹、光敏性皮炎等过敏反应。长期应用也可导致高钙血症。

链 接

低血钾的危害

低血钾可导致神经肌肉和心血管系统功能障碍，表现为四肢酸软无力，出现不同程度的迟缓瘫痪，以下肢为先，并重于上肢，肌张力减弱，腱反射减退，同时可伴心悸、胸闷、腹胀、恶心等症状，严重者还可能引起呼吸困难、呼吸肌麻痹、严重心律失常等，护理人员要密切观察，发现低血钾症状应及时报告医生。

（三）低效能利尿药

螺内酯（安体舒通）

〖作用与应用〗螺内酯化学结构与醛固酮相似，为醛固酮拮抗药，本药作用于远曲小管远端和集合管竞争醛固酮受体，拮抗醛固酮而发挥保钾排钠的利尿作用。利尿作用弱、缓慢而持久。临床用于治疗伴有醛固酮水平增高的顽固性水肿，如肝硬化腹水、肾病综合征等水肿患者疗效较好。常与噻嗪类排钾利尿药合用，以提高疗效并避免或减少血钾紊乱。

〖不良反应〗长期应用可导致高钾血症，尤其在肾功能不全时易发生，故肾功能不全及血钾偏高者禁用。久用还可引起性激素样反应，表现为女性多毛、月经紊乱，男性乳房发育、性功能障碍等，停药后可消失。

氨苯蝶啶

氨苯蝶啶选择性阻断远曲小管和集合管的 Na^+-K^+交换，发挥排钠利尿和保钾作用。对醛固酮没有拮抗作用。常与中效能或高效能利尿药合用，治疗各类顽固性水肿或腹水。

长期大量应用可导致高钾血症，故严重肝、肾功能不全或有高钾血症倾向者禁用。偶见头晕、嗜睡、皮疹及轻度胃肠反应等。肝硬化患者服用本药可引起巨幼红细胞性贫血。

（考点：螺内酯的临床应用）

乙酰唑胺

乙酰唑胺为碳酸酐酶抑制药，利尿作用弱。还可减少房水的产生，使眼压降低。主用于治疗青光眼和急性高山病。常见的不良反应有四肢及面部麻木感、嗜睡，长期应用可引起代谢性酸中毒、尿结石。

第 2 节 脱 水 药

脱水药静脉注射给药后能迅速提高血浆渗透压，使组织内水分向血浆转移而使组织脱水，同时可提高肾小管腔液渗透压，产生渗透性利尿作用。主要用于治疗脑水肿，以降低颅内压。本类药物的共同特点：①静脉注射后不易透过毛细血管进入组织细胞；②在体内不被代谢；③易经肾小球滤过而不易被肾小管重吸收。临床常用药物有 20% 甘露醇、25% 山梨醇、50% 高渗葡萄糖溶液等。

甘露醇

口服不吸收，临床主要用 20% 的高渗性溶液静脉注射或静脉滴注。

〖作用与应用〗

1．脱水作用　静脉注射后能迅速提高血浆渗透压，导致组织内、脑脊液或房水中过多的水分向血浆转移，产生组织脱水作用，从而迅速降低颅内压、眼压。临床用于治疗各种原因引起的脑水肿，常作为首选药。也可用于青光眼治疗及术前准备。

2．利尿作用　静脉给药后，因增加血容量使肾小球滤过率增加，经肾小球滤过而不被肾小管重吸收，使肾小管液中的渗透压增高，从而减少肾小管和集合管对水的重吸收，产生渗透性利尿作用。临床用于预防急性肾衰竭。

3．其他　用于大面积烧伤引起的水肿及促进体内毒物的排出等。

（考点：甘露醇的临床应用）

〖不良反应〗

1．静脉给药速度过快，可引起一过性头痛、眩晕、畏寒、视物模糊、心悸等。静脉注射药液外漏，可致组织水肿，甚至皮肤坏死。本品在低温时易析出结晶，可用热水加温，待结晶溶解后方可使用。

2．充血性心力衰竭、急性肺水肿、尿闭或活动性颅内出血等情况禁用。

山　梨　醇

临床上常用本药25%的高渗溶液。其作用、临床应用与甘露醇相似。由于进入体内后，部分被转化为果糖而失去渗透性脱水作用，故在相同浓度和剂量时，作用和疗效略逊于甘露醇。

高渗葡萄糖

临床上常用本药50%的高渗溶液，静脉注射后产生脱水和渗透性利尿作用，用于治疗脑水肿和急性肺水肿。因葡萄糖可从血液进入组织中，且易被代谢，故作用弱而不持久。单独用于脑水肿时，由于葡萄糖可进入脑组织内，同时带入水分，可引起颅内压回升，造成反跳现象。故一般应与甘露醇交替使用，以巩固疗效。

练一练：

请　连　线

有抗利尿作用	呋塞米	治疗脑水肿
保钾利尿药	氢氯噻嗪	静脉给药不得漏出血管外
治疗尿崩症	螺内酯	具有渗透性利尿作用
痛风患者慎用	甘露醇	治疗急性肺水肿

小结

利尿药通过抑制肾小管和集合管的重吸收与分泌功能，增加水、电解质排出而产生利尿作用。常用利尿药分为高效能利尿药、中效能利尿药和低效能利尿药三类，主要用于治疗水肿性疾病。剂量过大容易引起水、电解质紊乱，用药期间应注意监测电解质、血糖、血尿酸、血压等，并根据利尿效果调整用药剂量。脱水药甘露醇具有脱水和渗透性利尿作用，是治疗脑水肿、降低颅内压的首选药。

自测题

1. 急性肺水肿宜选用（　　）
   A. 乙酰唑胺　　B. 呋塞米
   C. 螺内酯　　D. 氢氯噻嗪
   E. 甘露醇
2. 呋塞米没有下列哪项不良反应（　　）
   A. 高血钾　　B. 高尿酸血症
   C. 水与电解质紊乱　　D. 胃肠反应
   E. 耳毒性
3. 通过拮抗醛固酮而产生利尿作用的是（　　）
   A. 氢氯噻嗪　　B. 甘露醇
   C. 氨苯蝶啶　　D. 螺内酯
   E. 布美他尼
4. 治疗脑水肿的首选药是（　　）
   A. 乙酰唑胺　　B. 氢氯噻嗪
   C. 甘露醇　　D. 呋塞米
   E. 螺内酯
5. 对急性药物中毒患者，为加速毒物排出宜选用（　　）
   A. 氢氯噻嗪　　B. 高渗葡萄糖
   C. 氨苯蝶啶　　D. 螺内酯
   E. 呋塞米
6. 哪一利尿药不宜与链霉素合用（　　）
   A. 氨苯蝶啶　　B. 乙酰唑胺
   C. 螺内酯　　D. 呋塞米
   E. 氢氯噻嗪
7. 长期应用可升高血钾的利尿药是（　　）
   A. 呋塞米　　B. 甘露醇
   C. 氢氯噻嗪　　D. 布美他尼
   E. 螺内酯
8. 既有利尿作用，又有抗利尿作用的药物是（　　）
   A. 氢氯噻嗪　　B. 螺内酯
   C. 布美他尼　　D. 呋塞米
   E. 甘露醇
9. 临床常用的利尿降压药是（　　）
   A. 氨苯蝶啶　　B. 螺内酯
   C. 甘露醇　　D. 氢氯噻嗪
   E. 呋塞米
10. 治疗尿崩症可选用（　　）
    A. 呋塞米　　B. 氨苯蝶啶
    C. 乙酰唑胺　　D. 氢氯噻嗪
    E. 螺内酯
11. 可引起高尿酸血症，痛风患者慎用的药物是（　　）
    A. 甘露醇　　B. 山梨醇
    C. 氨苯蝶啶　　D. 螺内酯
    E. 氢氯噻嗪
12. 适用于原发性醛固酮增多引起的顽固性水肿的药物是（　　）
    A. 氢氯噻嗪　　B. 螺内酯
    C. 呋塞米　　D. 布美他尼
    E. 氨苯蝶啶
13. 治疗脑水肿的首选药是（　　）
    A. 甘露醇　　B. 氢氯噻嗪
    C. 山梨醇　　D. 螺内酯
    E. 呋塞米
14. 下列哪种联合用药不合理（　　）
    A. 呋塞米＋螺内酯
    B. 呋塞米＋氨苯蝶啶
    C. 螺内酯＋氨苯蝶啶
    D. 氢氯噻嗪＋氨苯蝶啶
    E. 氢氯噻嗪＋螺内酯

（杨孟欢　罗玉琳）

第10章 心血管系统药物

第1节 抗高血压药

案例 10-1 患者，男，60岁。因头晕、头痛、失眠、眼花、耳鸣2个月来就诊。既往有痛风病史10余年，吸烟史25年，饮酒史28年，有高盐饮食习惯。否认高血压、冠心病及脑血管病史。查体：体温36.5℃，脉搏82次/分，呼吸20次/分，血压168/80mmHg，心肺（−），尿蛋白（＋）。诊断：高血压2级。

问题：1. 可选择哪些抗高血压药治疗？

2. 如何指导患者养成良好的生活习惯？

高血压是以动脉收缩压和（或）舒张压持续升高为主要临床表现的综合征，分原发性高血压和继发性高血压两种类型。高血压是我国心脑血管疾病首要危险因素。患者表现为头晕、头痛、耳鸣、眼花、胸闷、乏力、失眠、心悸等症，可并发心、脑、肾等脏器不同程度的器质性损害，是许多慢性疾病的源头和诱因，是严重威胁人类健康的常见病、多发病。它的发病与遗传、年龄、职业、环境、饮食习惯及生活习性等诸种因素的影响密切相关。

按《2015年中国高血压防治指南》中规定：成人未服抗高血压药物的情况下舒张压≥90mmHg，收缩压≥140mmHg，即可诊断为高血压（表10-1、图10-1）。凡能降低血压而用于治疗高血压的药物称为抗高血压药，又称降压药。合理应用抗高血压药，不仅能控制血压，而且能减少或防止心、脑、肾等并发症发生，从而降低病死率，提高生存质量，延长寿命。若配合非药物治疗，如低盐饮食，戒烟，减少饮酒，减轻体重，改变不良生活方式等，可取得更好的治疗效果。

表10-1 血压水平分类和定义

分类	收缩压（mmHg）		舒张压（mmHg）
正常血压	＜120	和	＜80
正常高值血压	120～139	和（或）	80～89
高血压	≥140	和（或）	≥90
1级高血压（轻度）	140～159	和（或）	90～99
2级高血压（中度）	160～179	和（或）	100～109
3级高血压（重度）	≥180	和（或）	≥110
单纯收缩期高血压	≥140	和	＜90

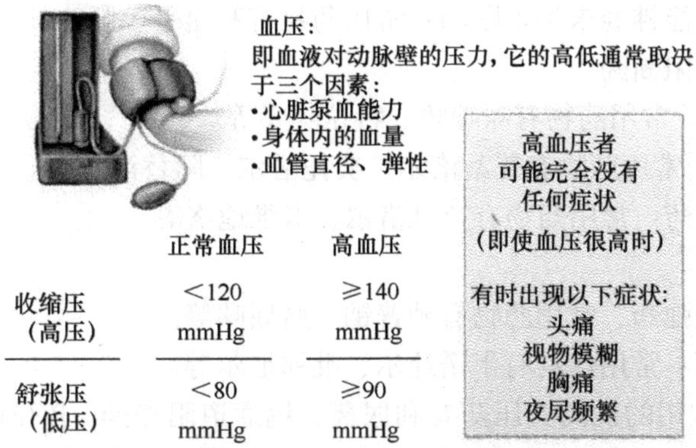

图 10-1　高血压诊断标准示意图

一、抗高血压药的分类

根据药物的主要作用和机制（图 10-2），将抗高血压药分为以下五类。

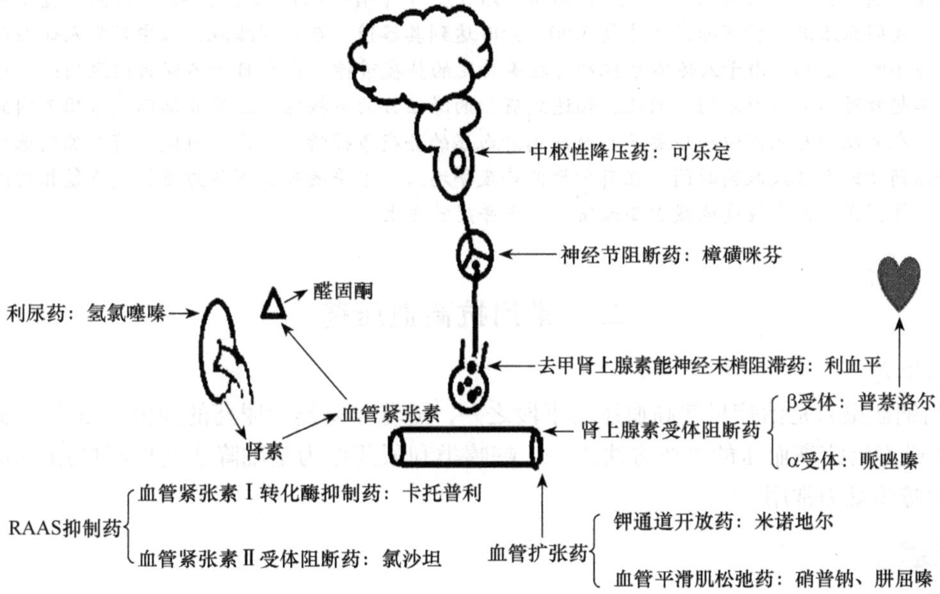

图 10-2　抗高血压药的分类及其作用部位

1．利尿药　常用药物有氢氯噻嗪、吲达帕胺等。

2．钙通道阻滞药　常用药物有硝苯地平、尼群地平、氨氯地平等。

3．肾素－血管紧张素－醛固酮系统（RAAS）抑制药

（1）血管紧张素Ⅰ转化酶抑制药：常用药物有卡托普利、依那普利、贝那普利等。

（2）血管紧张素Ⅱ受体阻断药：常用药物有氯沙坦、缬沙坦等。

4．交感神经抑制药

（1）中枢性降压药：常用药物有可乐定、甲基多巴、莫索尼定等。

（2）神经节阻断药：美卡拉明、樟磺咪芬等。

（3）去甲肾上腺素能神经末梢阻断药：常用药物有利血平、胍乙啶等。

（4）肾上腺素受体阻断药

1）α_1 受体阻断药：常用药物有哌唑嗪、特拉唑嗪等。

2）β 受体阻断药：常用药物有普萘洛尔、美托洛尔、阿替洛尔等。

3）α、β 受体阻断药：常用药物有拉贝洛尔、卡维地洛等。

5. 扩血管药

（1）血管平滑肌松弛药：常用药物有硝普钠、肼屈嗪等。

（2）钾通道开放药：常用药物有米诺地尔、吡那地尔等。

目前，临床上最常用的抗高血压药有利尿药、钙通道阻滞药、β 受体阻断药、血管紧张素Ⅰ转化酶抑制药和血管紧张素Ⅱ受体阻断药，统称为一线抗高血压药。

（考点：抗高血压药的分类）

链接

降压治疗的新观点——时间治疗学

生理状态下，人体血压多表现为夜低昼高型，即夜间血压水平较低，自清晨觉醒前后人体血压迅速增高，并于白天有两个峰值（9:00 和 19:00），下午有个稍低点（15:00），日间一直维持较高水平，夜间血压进一步下降，于凌晨 3:00～5:00 达到其谷值。在夜间睡眠过程中正常人体血压较日间下降 10%～20%。由于人体各系统都存在着特定的昼夜节律，在每日的不同时刻服用同一种药物后，其起效时间也有所不同。因此，预达到有效的降压目的应根据血压的波动模式选用不同的降压药物，在降压治疗的同时，应参照高血压患者血压的昼夜节律特点，依据时间治疗学原则选择适宜的降压药物或剂型及服药时间，在有效降低昼夜平均血压水平的前提下尽力维持或恢复相对健康的血压节律模式，最大程度地减少高血压相关合并症的发生。

二、常用抗高血压药

（一）利尿药

限制钠盐摄入是治疗早期高血压的手段之一，随着噻嗪类利尿药的问世，以药物改变体内 Na^+ 平衡成为治疗高血压的主要方法之一。噻嗪类利尿药作为基础降压药广泛应用于临床，其中以氢氯噻嗪最为常用。

链接

盐与高血压的关系（图 10-3）

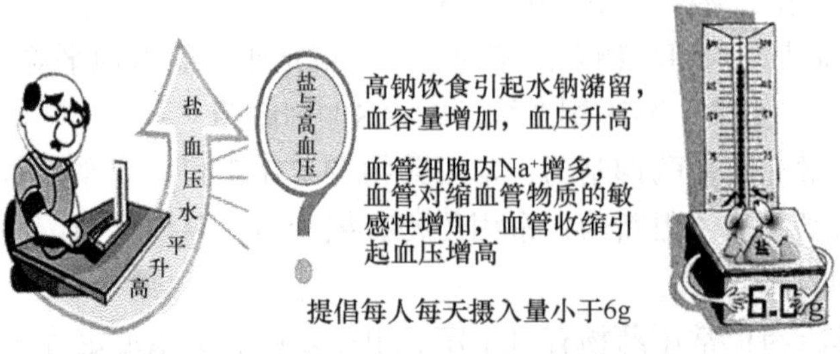

图 10-3 盐与高血压关系示意图

氢氯噻嗪

〖作用〗 氢氯噻嗪的降压作用特点是缓慢、温和、持久。长期应用不易产生耐受性，无水钠潴留。其作用机制是用药初期：排钠利尿，使血容量减少而降低血压；长期用药因排钠使血管平滑肌细胞内的 Na^{+}浓度降低，Na^{+}-Ca^{2+}交换减少，血管平滑肌细胞内的 Ca^{2+}浓度降低，从而使血管平滑肌对缩血管物质如去甲肾上腺素等的敏感性降低，血管扩张，血压下降。

〖应用〗 氢氯噻嗪单独应用是治疗轻度高血压的首选药，尤其适合于老年性高血压、单纯性收缩期高血压和伴有心功能不全的高血压患者；对中、重度高血压，常作为基础降压药与其他降压药合用，协同降压，并能对抗其他降压药所致的钠水潴留作用。

〖不良反应〗 氢氯噻嗪小剂量应用无明显不良反应，但长期应用可引起电解质紊乱，出现低血钾、低血钠、低血镁等，以低血钾最常见，还可影响机体代谢，出现高血糖、高血脂、高尿酸和肾素活性升高等。

〖用药护理〗

1. 通常每天用氢氯噻嗪 12.5mg 即能获得最大降压效果和最小不良反应，超过 25mg 降压作用并不一定增强，反而可能使不良反应发生率增加。故建议单用氢氯噻嗪时，剂量应尽量小而且不宜超过 25mg。

2. 肝肾功能减退者和痛风、糖尿病患者及孕妇、哺乳期妇女慎用。

3. 长期使用利尿药时，应注意纠正电解质紊乱。

（考点：氢氯噻嗪的应用、不良反应及用药护理）

吲达帕胺

吲达帕胺利尿作用弱，可抑制血管平滑肌 Ca^{2+}内流，扩张血管，产生良好的降压效果和抗心肌肥厚作用。不良反应少，不引起血脂改变，但长期应用可出现低血钾。单独用于轻、中度高血压，伴水肿、高脂血症者更为适宜。

（二）钙通道阻滞药

钙通道阻滞药又称钙拮抗药，通过选择性阻滞钙通道，抑制 Ca^{2+}内流，松弛血管平滑肌，产生降压作用。降压的同时并不减少重要器官血流量，也不影响脂质代谢。除降压作用外，还具有以下作用：①阻滞 Ca^{2+}内流，保护心肌细胞。②抑制血小板聚集，降低血液黏滞度。③延缓动脉粥样硬化的形成和发展。临床用于治疗高血压、心律失常、心绞痛等疾病。

抗高血压的常用药物有硝苯地平、尼群地平、氨氯地平等。

硝苯地平（心痛定，利心平）

〖作用及应用〗硝苯地平属于短效钙通道阻滞药，对血管有较高选择性，能迅速扩张外周小动脉，降低外周阻力，小剂量即能产生快而强的降压作用。降压时能反射性引起心率加快、心排血量增加、血浆肾素活性增高。加用 β 受体阻断药可对抗以上反应，并能增强降压效果。

临床用于治疗各型高血压，尤其适用于合并心绞痛、肾脏疾病、糖尿病、哮喘、高脂血症的患者。目前临床多用其缓释剂和控释剂，避免了短效制剂维持时间短引起的血压波动。

〖不良反应〗常见头痛、颜面潮红、心悸、头晕、踝关节水肿等。踝关节水肿与毛细血管扩张、渗出增加有关，并非水钠潴留所致，一般停药后即可自行消失。低血压患者慎用，孕妇和哺乳期妇女禁用。

（考点：硝苯地平的不良反应）

尼群地平（舒麦特）

尼群地平作用和用途与硝苯地平相似，但有明显扩张冠状血管作用。降压作用温和而持久。可用于各型高血压。不良反应与硝苯地平相似，肝功能不良者慎用或减量。可增加地高辛血药浓度。

氨氯地平（络活喜）

氨氯地平为长效钙通道阻滞药，半衰期长达35～50小时。降压作用较硝苯地平缓慢而持久。一般用药1～2周出现明显降压作用，6～8周达到最大降压效果，每日服用1次，可平稳降压24小时。并可预防或逆转高血压患者的血管和心室重构，不增加交感神经活性，对心率、房室传导、心肌收缩力无明显影响。应用和不良反应与硝苯地平相似，但心悸少见。

〖用药护理〗

1. 因降压作用快而强，宜从小剂量开始逐渐增加剂量，防止血压急剧下降，出现低血压。

2. 对头痛、头晕的患者，让其卧床，并嘱其缓慢改变体位，以防出现直立性低血压，跌倒摔伤。目前多推荐使用缓释或控释片剂，以减轻迅速降压造成的反射性交感活性增加。

3. 低血压患者慎用，孕妇、哺乳期妇女禁用。

4. 硝苯地平控释片不能咀嚼或掰碎后服用，通常整片药片用少量液体吞服，服药时间不受就餐时间的限制。

（三）血管紧张素Ⅰ转化酶抑制药

肾素–血管紧张素–醛固酮系统（RAAS）在血压调节及高血压发病机制中都有重要影响。肾素使血管紧张素原转化为血管紧张素Ⅰ（AngⅠ），AngⅠ在血管紧张素Ⅰ转化酶（ACE）的作用下转化为血管紧张素Ⅱ（AngⅡ），AngⅡ可使血管收缩和醛固酮分泌增多，血压升高。

血管紧张素Ⅰ转化酶抑制药（ACEI）降压作用机制见图10-4。

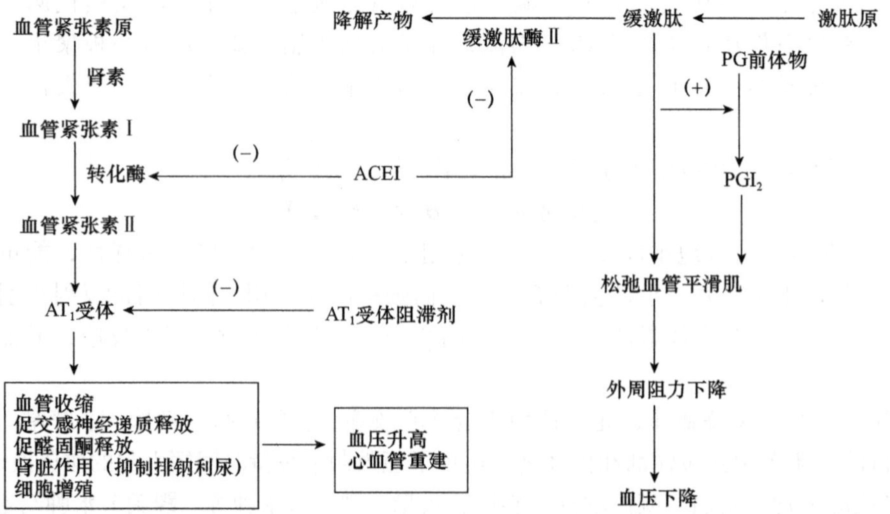

图10-4 RAAS及ACEI降压作用机制

本类药物有卡托普利（开博通，巯甲丙脯酸）、依那普利（悦可定）、贝那普利（洛丁新）、赖诺普利、福辛普利、喹那普利、雷米普利、培哚普利和西拉普利等，均有用量小、疗效高、维持时间长、不良反应较轻的特点。

〖作用〗

1．抑制血管紧张素Ⅰ转化酶　使血管紧张素Ⅱ（AngⅡ）生成减少，扩张血管，减少醛固酮分泌增加肾血流量，从而降低血压。

2．抑制缓激肽（BK）的降解　使 BK 含量增加，BK 又可促进 PGI_2 合成，扩张血管，降低血压。

降压特点：

（1）降压而不伴反射性心率加快，不减少心、脑、肾等重要器官的血流量。

（2）长期应用不引起电解质、脂质代谢障碍。无耐受性，停药后无反跳现象。

（3）可防止和逆转心肌肥厚和血管壁增厚，保护靶器官，改善心功能，提高生活质量，降低病死率。

（4）减少醛固酮释放，减轻水钠潴留。

〖应用〗

1．高血压　单用可治疗各型高血压，尤其适用于合并心肌肥厚、心力衰竭、心肌缺血、肾功能不全及急性心肌梗死后的高血压患者。还可与利尿药、β 受体阻断药合用治疗中度、重型或顽固性高血压。

2．难治性心功能不全　本类药物可扩张血管，降低心脏的前后负荷，改善心功能，可单独应用或与强心药、利尿药合用治疗难治性心功能不全。

〖不良反应〗长期小剂量应用，不良反应少而轻。

1．干咳　可能与缓激肽分解代谢减弱，缓激肽在血液中堆积，从而作用于支气管，通过迷走神经反射致支气管收缩、痉挛，黏膜充血水肿，分泌物增加而出现刺激性干咳。停药后可消失。

2．高血钾　因 ACEI 减少 AngⅡ生成，使醛固酮分泌减少，血钾升高。

〖用药护理〗

1．胃肠内容物可减少卡托普利的吸收，宜在餐前 1 小时口服。

2．应从小剂量开始逐渐加量。

3．本类药物有轻度潴留钾的作用，故有高血钾倾向患者尤应注意。肾功能不全者慎用；与螺内酯、氨苯蝶啶等保钾利尿药合用时应慎重。

4．双侧肾动脉狭窄、过敏体质者、孕妇及哺乳期妇女禁用。

（考点：血管紧张素Ⅰ转化酶抑制药的降压机制、特点及不良反应）

（四）血管紧张素Ⅱ受体阻断药

本类药物有氯沙坦（科素亚）、缬沙坦（代文）、厄贝沙坦。

〖作用〗阻断 AngⅡ与 AT_1 受体结合，产生缓慢、强大而持久地舒张血管作用和逆转心血管重构作用。减少醛固酮的分泌，增加肾血流量和肾小球滤过率，增加尿液、尿钠和尿酸的排出，具有保护肾脏作用。

〖应用〗

1．高血压　用于各型高血压的治疗，尤其适用于不能耐受 ACEI 所致干咳的高血压患者。

2．慢性心功能不全 适用于血浆肾素活性高、AngⅡ增多所致血管壁和心肌肥厚及纤维化的慢性心功能不全。

〖不良反应〗副作用少，无干咳反应，常见头痛、眩晕。剂量过大可致低血压和心动过速。可致高血钾，不宜与保钾利尿药合用。孕妇、哺乳期妇女禁用。

（五）β受体阻断药

本类药通过阻断β受体，减少心排血量、抑制肾素分泌、抑制外周交感活性、抑制去甲肾上腺素的释放等途径降低血压（图10-5）。常用的药物有普萘洛尔、美托洛尔、阿替洛尔及α、β受体阻断药拉贝洛尔、卡维地洛。

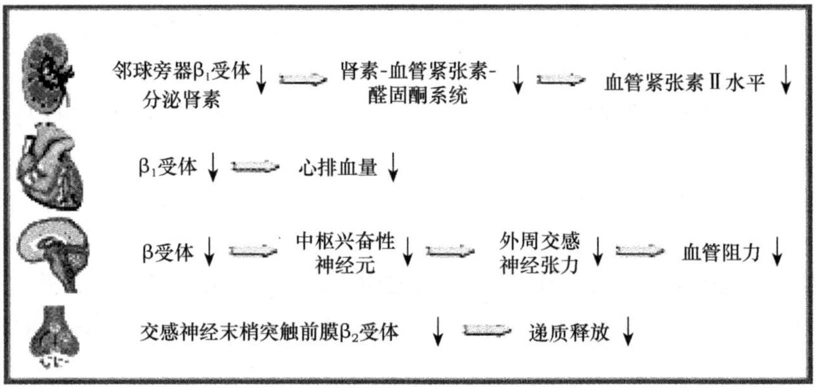

图10-5 普萘洛尔的降压作用机制示意图

普萘洛尔（心得安）

〖作用〗为非选择性β受体阻断药，对β_1和β_2受体均有阻滞作用。降压机制：①阻滞心脏上的β_1受体，使心肌收缩力减弱，心排血量减少。②阻断肾小球旁细胞上的β_1受体，使肾素分泌减少，从而抑制RAAS的活性。③阻滞外周去甲肾上腺素能神经末梢突触前膜上的β_2受体，减少去甲肾上腺素释放。④阻滞中枢部位β受体，抑制中枢兴奋性神经元，从而降低外周交感神经功能。

〖应用〗主要用于轻、中度高血压的治疗。尤其适用于伴有心动过速、心绞痛、脑血管疾病的高血压患者。可单独应用，也可与利尿药等其他抗高血压药联合应用治疗重度高血压。

〖不良反应〗可见恶心、呕吐、腹泻、乏力、噩梦、头晕、嗜睡、低血压、心动过缓、血脂升高等不良反应。可诱发或加重支气管哮喘。长期应用，突然停药，可出现反跳现象。

〖用药护理〗

1．个体差异大，应从小剂量开始，逐渐加大剂量。且长期用药，突然停药可产生反跳现象，诱发心绞痛，应逐渐减量停药。

2．老年人对本类药物反应强烈，可出现低血压、心动过缓、晕厥、诱发或加重心力衰竭及哮喘等，应予注意。

3．可出现窦性心动过缓、房室传导阻滞、心功能不全等心脏反应，用药过程中要注意心率的变化，如心率低于50次/分，应及时报告医生。

4．因外周血管收缩和痉挛，可出现四肢发冷、皮肤苍白、发绀等症状或间歇性跛行，甚至引起脚趾溃疡和坏死。

5. 个别患者有头晕、嗜睡、失眠、多梦、抑郁、幻觉等精神症状。偶见过敏反应。

6. 增强降糖药的作用并掩盖低血糖症，故不宜与降血糖药合用。

7. 支气管哮喘、窦性心动过缓、重度房室传导阻滞、严重心功能不全、周围血管疾病禁用。

（考点：β 受体阻断药的禁忌证）

美托洛尔（倍他乐克）和阿替洛尔（氨酰心安）

美托洛尔和阿替洛尔均为选择性 β_1 受体阻断药，对 β_2 受体影响小，降压作用优于普萘洛尔，对伴有阻塞性呼吸系统疾病患者相对安全，不良反应少。

拉 贝 洛 尔

拉贝洛尔对 α、β 受体均有阻断作用，其中对 β 受体阻断作用强，对 α 受体阻断作用弱。本品降压作用温和，适用于各型高血压，静脉注射或静脉滴注可治疗高血压危象、妊娠高血压综合征。

三、其他抗高血压药

（一）中枢性抗高血压药

可 乐 定

〖作用〗

1. 降压作用　其降压机制主要是激动中枢的咪唑啉受体（I_1 受体）和 α_2 受体，降低外周交感神经活性而降压；还可激动外周交感神经突触前膜 α_2 受体，增强负反馈作用，减少去甲肾上腺素的释放而降压。具有中等偏强的降压作用。降压时伴有心率减慢及心排血量减少，对肾血流量和肾小球滤过率无明显影响。

2. 抑制胃肠蠕动和分泌。

〖应用〗口服用于治疗中度高血压，肌内注射或静脉注射用于治疗重度高血压，尤其适用于伴有消化性溃疡的高血压患者。

〖不良反应〗主要有口干、便秘、嗜睡等症状，少数患者出现眩晕、抑郁。久用可致钠水潴留，需同时应用利尿药。少数患者突然停药后可出现反跳现象，表现为心悸、出汗、血压突然升高等，可用 α 受体阻断药酚妥拉明治疗。

〖用药护理〗

1. 本药不宜用于高空作业或机动车辆的驾驶人员，以免因精力不集中引发事故。

2. 可乐定能加强其他中枢抑制药的作用，合用时应酌减。

（二）去甲肾上腺素能神经末梢抑制药

利 血 平

利血平主要通过抑制去甲肾上腺素能神经末梢内去甲肾上腺素的合成、储存、释放及再摄取，使递质耗竭产生降压作用。因副交感神经兴奋和中枢抑制，长期使用易发生消化性溃疡、精神抑郁等不良反应。降压作用缓慢、温和、持久。不良反应多，目前已不单独使用。仅用于一些传统的复方制剂中治疗轻、中度高血压。高空作业和驾驶员慎用，帕金森病、溃疡病、精神抑郁患者禁用。

同类药物还有降压灵、胍乙啶。降压灵作用较弱，不良反应较少，用于早期高血压的治疗。胍乙啶降压作用强而持久，但不良反应较多，仅与其他抗高血压药合用治疗重度高血压。

（三）α_1受体阻断药

哌 唑 嗪

〖作用〗

1．降压作用　选择性阻断血管平滑肌上的α_1受体，使小动脉、小静脉扩张，外周血管阻力降低，而发挥中等偏强的降压作用，不易引起反射性心率增快与血浆肾素活性增高。

2．改善脂类代谢　能够降低总胆固醇、三酰甘油和低密度脂蛋白，增加高密度脂蛋白的浓度，减轻冠状动脉病变。

3．其他作用　能松弛前列腺平滑肌，改善轻、中度前列腺增生引起的排尿困难症状。

〖应用〗

1．主要用于轻、中度高血压及伴有肾功能不全、血脂代谢紊乱、前列腺增生的高血压患者。与利尿药、β受体阻断药合用可提高疗效，用于治疗重度高血压。

2．治疗难治性心功能不全。

〖不良反应〗

1．常见头痛、眩晕、心悸、口干、乏力等。

2．最严重的不良反应为“首剂现象”，即首次用药后出现严重的直立性低血压、晕厥和心悸等。

〖用药护理〗

1．将哌唑嗪首次用量减为0.5mg，并于临睡前服用，用药前一天避免使用利尿药，可避免首剂现象的发生。

2．严重心脏病患者、有精神病史者慎用，活动性肝病患者及过敏者禁用。

（四）扩张血管药

硝普钠（亚硝基铁氰化钠）

〖作用〗对全身小动脉和小静脉都有直接松弛作用，具有强效、速效、短效的降压特点。能直接扩张小动脉和小静脉，降低心脏前、后负荷，有利于改善心功能。

〖应用〗适用于高血压急症的治疗，如高血压危象、高血压脑病、恶性高血压、嗜铬细胞瘤手术前后阵发性高血压的紧急降压等。也可用于治疗难治性心功能不全。

〖不良反应〗可见恶心、呕吐、心悸、头痛等，停药后可消失。长期、大量应用或肾功不全时可致血中氰化物蓄积，引起硫氰酸盐中毒，表现为视物模糊、头痛、眩晕、谵妄、意识模糊、耳鸣、气短等。可用硫代硫酸钠防治。

〖用药护理〗

1．遇光易被破坏，故药液应新鲜配制并避光使用。

2．易引起血压降低过快导致休克，故用药期间，密切监控患者血压情况。

3．该药只宜静脉滴注，滴注1～2分钟即可出现明显的降压作用。静脉滴注时应严格控制滴速，严密监测血压和血浆氰化物浓度。选择合适血管穿刺后尽量用留置针，严格控制输液速度，尽量用泵给药，以便精确调节速度。滴注时间一般不应超过4小时。正常稀释液为淡棕色，如变色不可使用。配制时间超过4小时的溶液不宜使用。药液内不宜加入其他药品。

4．肝功能不全、甲状腺功能减退、肾功能不全、严重贫血患者禁用。

（考点：硝普钠的临床应用及用药护理）

肼 屈 嗪

肼屈嗪能够直接扩张小动脉而降压，对小静脉无扩张作用。口服有效，极少单独使用，常与其他降压药合用治疗中度高血压。长期大剂量应用，少数患者出现全身性红斑狼疮综合征。

链 接

高血压用药新规则

①有效治疗与终身治疗。纠正“尽量不用药”的错误观念，合理选用降压药，将血压控制在140/90mmHg 以下。由于高血压病因不明，不能根治，故需终身治疗。②平稳降压、保护靶器官。研究证明血压在 24 小时内自发性波动高者易导致靶器官损伤，所以尽可能减少人为因素造成的血压不稳定。长期用药选长效制剂较好。③联合用药加强疗效，减少不良反应。

四、抗高血压药的用药指导

高血压是严重威胁人类健康的常见病、多发病。一般需要采取综合治疗措施，包括低盐饮食、限酒、戒烟、加强体育锻炼等非药物治疗和药物治疗，以有效降低血压，减轻器官损害，改善患者的生活质量，延长生命。虽然很多高血压患者已经服用了降压药物，但能够规律服药并有效控制血压的高血压患者不足 10%。因此，加强对高血压患者的用药指导，减少心、脑、肾等并发症的发生，降低死亡率具有重要意义。

1．根据病情特点阶梯用药　对于轻、中度高血压患者，可采用单药治疗，临床上常选用一线降压药物。若高血压患者选用单药治疗后，血压不能控制在 140/90mmHg 以下者，需要二联用药，如果不能达到预期效果，则考虑三联用药。

2．根据并发症选择药物　如高血压合并心绞痛患者宜选用 β 受体阻断药、钙通道阻滞药。高血压合并慢性心功能不全者，宜选用利尿药、ACEI、血管扩张药。高血压合并支气管哮喘的患者宜选用钙通道阻滞药、ACEI，禁用 β 受体阻断药。高血压合并高血脂和糖尿病的患者，宜选用 ACEI、α_1 受体阻断药、钙通道阻滞药，不宜选用利尿药和 β 受体阻断药。

3．剂量与疗程　高血压是慢性病，需要长时间规律用药，以确保平稳降压。尽量应用每日一次，作用持续 24 小时的药物，防止靶器官损害，并能防止从夜间较低血压到清晨血压突然升高而导致猝死、脑卒中和心脏病发作。不得突然中断用药，以免给患者带来不适和危险。剂量要个体化，从小剂量开始，逐渐加量，摸索出适合患者的最佳剂量。对危及生命的高血压危象、高血压脑病者应选用强效及速效药，以期在短时间内达到有效剂量，控制病情、缓解症状；对有严重心、脑、肾并发症或老年患者，不宜追求急速降压，以免因过快或过低的降压而影响心、脑、肾等重要的血流灌注。

4．其他　用药期间每天正确测量血压，并将每次测量结果记录下来，根据患者的病情、药物的疗效和出现的不良反应，对药物治疗进行全面评价，及时调整药物和剂量。

链 接

抗高血压药记忆口诀

中枢降压可乐定，对抗末梢利血平；
血管扩张肼屈嗪，α-R 阻断哌唑嗪；
β 受体普萘洛尔，利尿降压氯噻嗪；
紧张转化卡普利，AT_1 阻断氯沙坦；
强扩动静硝普钠，钙拮抗药心痛定；
联合阶梯个体化，肺肝肾功要详查。

练一练：

请 连 线

血管紧张素Ⅰ转化酶抑制药	硝苯地平	首剂现象
β受体阻断药	卡托普利	干咳
钙拮抗药	普萘洛尔	尿酸升高
利尿药	氢氯噻嗪	踝部水肿
α_1受体阻断药	哌唑嗪	反跳现象

小结

高血压通过个体化用药一般将血压控制在140/90mmHg以下，可以大幅度减少高血压并发症的发生率。在非药物治疗的辅助手段下，轻度高血压可选择单一用药，中、重度高血压提倡联合用药。通常在利尿药、钙拮抗药、β受体阻断药、血管紧张素Ⅰ转化酶抑制药和血管紧张素Ⅱ受体阻断药这五类常用降压药中选择。

药疗警示

患者，男，56岁。高血压病史8年。从发现高血压至今，一直服用氢氯噻嗪治疗，血压控制稳定。近一个月来，患者经常感觉疲惫，四肢无力。请分析可能原因，如何处理？

第2节 抗心绞痛药

案例10-2 患者，女，53岁。因与家人争执，情绪激动，突感心前区不适、胸骨后阵发性闷痛，到医院就诊。诊断为心绞痛，医生给予硝酸甘油治疗，护士嘱咐坐位舌下含化，闷痛症状得到缓解，4分钟后出现头晕、心悸。

问题： 1. 该患者出现头晕、心悸的原因是什么？是否与含服硝酸甘油有关？

2. 硝酸甘油还会出现哪些不良反应？

3. 与哪类药物联合使用可以减轻硝酸甘油所致的头晕、心悸的症状？

冠状动脉粥样硬化性心脏病是冠状动脉硬化后造成管腔狭窄、阻塞或冠状动脉功能性痉挛，导致心肌缺血、缺氧引起的心脏病，简称冠心病，又称缺血性心脏病。心绞痛是冠心病最常见类型，也是严重危害人们健康的常见病。

心绞痛是因冠状动脉供氧减少或心肌耗氧量增加，引起心肌急剧、暂时性缺血与缺氧的综合征。发作时，表现为阵发性的胸骨后压榨性疼痛，常放射至左上肢，疼痛一般持续数分钟，休息或服用抗心绞痛药后可缓解（图10-6）。心绞痛持续发作得不到及时缓解则可能发展为急性心肌梗死，故应采取有效的治疗措施及时缓解心绞痛。

抗心绞痛药能扩张全身动、静脉血管和冠状血管，降低心肌耗氧量，增加心肌供氧，调整心肌对氧的供需平衡，从而减轻症状，缓解患者痛苦，防止发展为心肌梗死。常用药物分为三

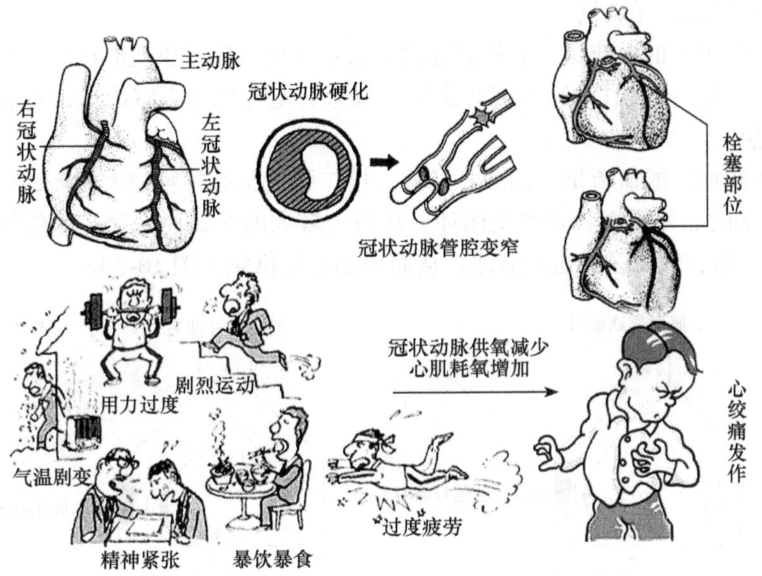

图 10-6　心绞痛发病机制示意图

类：硝酸酯类、β 受体阻断药及钙拮抗药。

（考点：抗心绞痛药的共同作用）

链　接

根据 WHO“缺血性心脏病的命名及诊断标准”，临床上将心绞痛分为以下 3 种类型。

1. 稳定型心绞痛　多在劳累或情绪激动时发作，休息或舌下含服硝酸甘油后迅速缓解。这种患者多数已有动脉粥样硬化斑块形成。

2. 不稳定型心绞痛　不定时地频繁发作，可恶化导致心肌梗死或猝死，也可逐渐恢复成稳定型心绞痛。

3. 变异型心绞痛　由冠状动脉痉挛所引起，常在夜间或休息时发作。

一、硝 酸 酯 类

常用药物有硝酸甘油、硝酸异山梨酯（消心痛）、单硝酸异山梨酯（可力新）等，硝酸甘油最常用。

硝 酸 甘 油

硝酸甘油口服因受首关效应等因素的影响，生物利用度仅为 8%，故临床不宜口服用药。舌下含服后 1～2 分钟即可起效，疗效持续 20～30 分钟。由于其具有起效快、疗效肯定、使用方便和价格低廉的特点，从 1867 年至今仍是防治心绞痛最常用的药物。

〖作用〗

硝酸甘油的基本作用是松弛平滑肌，对血管平滑肌的作用最显著，扩张静脉、动脉和冠状血管，降低心肌耗氧并增加心肌供氧。

1. 降低心肌耗氧量　扩张静脉血管，减少回心血量，降低心脏前负荷并使心室容积缩小，进而使心室壁肌张力下降，降低心肌耗氧量；扩张动脉血管，减轻心脏后负荷，使心脏的射血阻力降低，从而降低心肌耗氧量。

2. 增加心内膜下区的血流量　心外膜血管穿过肥厚的心肌，供应心内膜下层，心内膜下层为最常见的缺血区域。硝酸甘油减少回心血量，减低心室容积及心室内压，有利于血液从心外膜流入心内膜下层。

3. 增加心肌缺血区的血流量　硝酸甘油选择性扩张冠脉心外膜较大的输送血管及侧支循环血管，血液经扩张的心外膜血管及侧支循环，从阻力较大的非缺血区经扩张的侧支血管流向阻力较小的缺血区，增加缺血区的血液灌注，从而增加心肌供氧（图 10-7）。

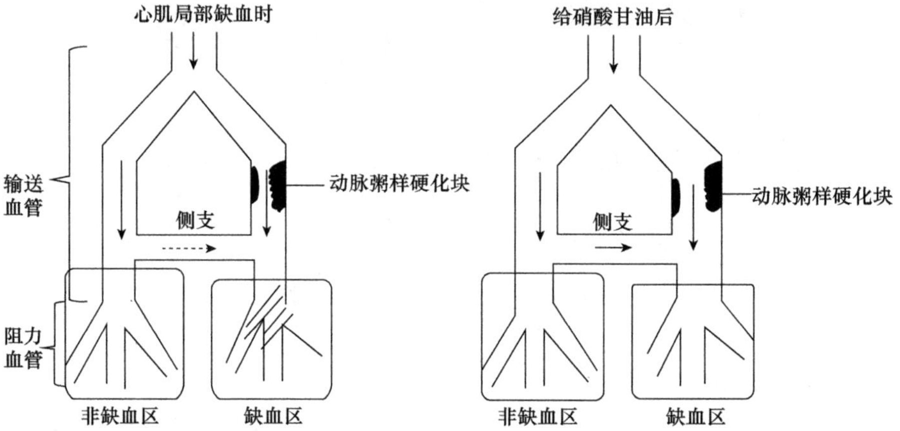

图 10-7　硝酸甘油对冠状动脉血流分布的影响

〖应用〗

1. 心绞痛　舌下含服硝酸甘油能迅速缓解各型心绞痛发作，是预防和治疗各型心绞痛的首选药物，特别是对劳累性心绞痛疗效最为显著。对于不稳定型心绞痛，宜采用静脉给药的方式，并辅以阿司匹林等其他治疗药物。与 β 受体阻断药合用可提高疗效；局部外用硝酸甘油油膏或缓释贴膜等可预防心绞痛发作。

2. 急性心肌梗死　早期应用不仅能降低心肌耗氧量，增加缺血区血流量，还有抑制血小板聚集和黏附作用，缩小梗死面积，降低梗死的病死率。

3. 心功能不全　硝酸甘油扩张静、动脉血管，减轻心脏的前、后负荷，缓解心力衰竭症状，用于重度及难治性心功能不全的治疗。

〖不良反应〗

1. 血管扩张反应　可出现搏动性头痛，面部、颈部、胸部皮肤潮红，心慌、心悸等，严重时可引起直立性低血压和晕厥。眼内血管扩张可升高眼压，一般连服数日即可消失。也可因血压下降，反射性心率加快，使心肌耗氧量增加而诱发或加重心绞痛。

2. 高铁血红蛋白血症　剂量过大可引起高铁血红蛋白症，表现为呼吸困难、发绀、呕吐，重者可危及生命，可静脉注射亚甲蓝对抗。

3. 耐受性　一般连续使用 2～3 周即可出现，与同类药物有交叉耐受性，但停药 1～2 周后可恢复其敏感性。

〖用药护理〗

1. 了解患者是否用过抗心绞痛药物，以及所用药物的名称、剂量、用药时间及疗效情况。

2. 应用硝酸甘油时，要求患者采取坐位舌下含服。

3. 硝酸甘油性质不稳定，有挥发性，需要密封、阴凉处避光保存。

4. 大剂量时血压过度降低，可反射性引起交感神经兴奋，心率加快，心肌耗氧量增加而对心绞痛患者不利，与 β 受体阻断药合用可以防止。

5. 本药不宜长期连续应用，宜采用小剂量、间歇给药法，且无论采用何种途径给药，每天的停药时间必须在 8 小时以上，以避免耐受性产生。

6. 建议患者低盐、低脂饮食。低血压、青光眼及颅内压增高的患者禁用。

（考点：硝酸甘油的应用、给药方式、不良反应及用药护理）

硝酸异山梨酯（消心痛）

硝酸异山梨酯作用较弱，起效较慢，维持时间较长。舌下含服 10～30 分钟起效，作用维持 2～6 小时。口服给药生物利用度低，个体差异大，40～60 分钟起效，作用持续时间 3～6 小时。主要口服用于心绞痛的预防和心肌梗死后心力衰竭的长期治疗。

单硝酸异山梨酯

单硝酸异山梨酯口服生物利用度高，作用持续时间长达 8 小时，主要用于预防心绞痛，效果较硝酸异山梨酯好。

二、β 受体阻断药

β 受体阻断药可使心绞痛发作次数减少，心肌耗氧量降低，患者运动耐量增加。常用药物有普萘洛尔、噻吗洛尔、阿替洛尔、美托洛尔等。

〖作用〗

1. 降低心肌耗氧量　通过阻断心脏 $β_1$ 受体，使心率减慢，心肌收缩力降低，心肌耗氧量下降，缓解心绞痛。

2. 改善心肌缺血区的供血供氧　由于阻断 $β_1$ 受体，可使心率减慢，舒张期延长，冠脉灌注时间延长，这样有利于血液从心外膜流向心内膜缺血区；同时也有利于血液通过侧支流向低阻力的缺血区，增加缺血区的供血供氧。此外，普萘洛尔还能促进氧合血红蛋白中氧解离，增加全身组织包括心肌的供氧，改善心肌代谢。

〖应用〗用于稳定型心绞痛，尤其适用于伴有高血压或心律失常的心绞痛患者。

β 受体阻断药与硝酸酯类合用，可相互取长补短。即两药通过不同的作用机制降低心肌耗氧量，增加心肌缺血区供血供氧；同时普萘洛尔能对抗硝酸酯类所引起的反射性心率加快，硝酸酯类可缩小普萘洛尔引起的心室容积增大和心室射血时间延长。故两药合用可使疗效增强，副作用相抵消。但需注意两药合用时应酌情减少各药的用量，以防血压显著下降，冠状动脉流量减少，反而对心绞痛不利。

〖用药护理〗

1. 本药有效剂量个体差异大，宜从小剂量开始逐渐增量。久用停药应逐渐减量，以防反跳现象加剧心绞痛发作。

2. 因普萘洛尔阻断 $β_2$ 受体后，可使 α 受体作用相对占优势，易致冠状动脉收缩，减少心肌供血，故对变异型心绞痛患者不宜使用。

3. 能诱发或加重支气管哮喘，故支气管哮喘患者禁用；长期用药可使血脂升高，血脂异常患者禁用；可引起心动过缓、传导阻滞，窦性心动过缓的患者禁用。

（考点：普萘洛尔的作用、应用及用药护理）

三、钙通道阻滞药

钙通道阻滞药（钙拮抗药）药理作用广泛，可用于治疗心绞痛、高血压、快速型心律失常等。常用的药物有硝苯地平（心痛定）、维拉帕米（异搏定）、地尔硫䓬、尼群地平、氨氯地平等。

〖作用〗

1．降低心肌耗氧量　通过阻滞心肌和血管平滑肌细胞膜上的钙通道，抑制 Ca^{2+} 内流，减慢心率，减弱心肌收缩力；同时舒张外周血管，降低心脏负荷，从而降低心肌耗氧量。

2．增加心肌缺血区供血供氧　能扩张冠状动脉，解除血管痉挛，同时还可增加侧支循环，从而增加缺血区血流量，改善缺血区心肌的供血供氧。

3．保护心肌作用　心肌缺血时，可增加心肌细胞膜对钙的通透性或干扰其外流，使细胞内 Ca^{2+} 积聚，导致细胞内 Ca^{2+} 超负荷，使线粒体肿胀而失去氧化磷酸化的功能，导致心肌细胞死亡。本类药物可阻止 Ca^{2+} 内流，避免缺血心肌发生"钙超载"，从而保护心肌。

〖应用〗可用于各种类型心绞痛。硝苯地平扩张冠状动脉作用强，抑制血管痉挛效果显著，对变异型心绞痛最有效，对伴高血压者尤为适用。维拉帕米对稳定型心绞痛有效，对变异型心绞痛，因扩张冠状动脉作用较弱，不宜单独应用。

〖不良反应〗

1．副作用：常见的有颜面潮红、头痛、眩晕、恶心、便秘、心动过缓、踝部水肿。

2．血压下降可导致冠心病和脑卒中发作，应用硝苯地平时多见，舌下含服或夜间应用更为危险。

3．剂量过大，心脏抑制作用明显，可有心动过缓、房室传导阻滞等。伴有房室传导阻滞、心力衰竭的患者禁用。

〖用药护理〗

1．严格掌握和控制药物剂量和给药速度，提倡使用缓释剂型。

2．在用药期间，要检测心率与血压，避免血压降低过快。

3．患者采取坐位舌下含化或口服，变换体位时要缓慢，注意防止因直立性低血压而出现的晕厥。

4．伴有房室传导阻滞、心力衰竭的患者禁用。

练一练：

请 连 线

钙拮抗药	硝酸甘油	心率加快
β受体阻断药	普萘洛尔	冠状动脉收缩
硝酸酯类	硝苯地平	头痛、颜面潮红

小结

目前临床常用的抗心绞痛药有三类：硝酸酯类、β受体阻断药及钙拮抗药。硝酸酯类扩张动、静脉，降低心肌耗氧量，扩张冠状动脉和侧支血管，改善局部缺血，舌下含服治疗各型心绞痛急性发作；β受体阻断药抑制心脏，使心肌耗氧量降低，心脏舒张期延长，改善缺血区心肌供血，尤其适用于伴有高血压或心律失常的劳累型心绞痛（稳定型和不稳定型），但对变异型心绞痛无效；钙拮抗药抑制心脏、扩张阻力血管，减低心肌耗氧量，同时扩张冠状动脉血流量，对变异型心绞痛较好。

药疗警示

患者，男，47 岁。有高血压病史 6 年。近一周，每日清晨醒来时自觉心前区不适、胸骨后阵发性闷痛，到医院就诊。诊断为变异型心绞痛，给予硝酸甘油舌下含服，胸闷症状缓解。今早因感头昏，自服盐酸普萘洛尔片后再次出现胸痛。

第 3 节 抗充血性心力衰竭药

案例 10-3 患者，女，52 岁。患有风湿性心脏病，二尖瓣狭窄伴关闭不全，主动脉瓣关闭不全，1 年来劳力时心慌、气短，两天来加重而入院。经体检，诊断为：①风湿性心脏病；②充血性心力衰竭。医嘱给予去乙酰毛花苷注射液治疗。

问题： 1. 去乙酰毛花苷治疗充血性心力衰竭的主要作用是什么？

2. 中毒时有哪些表现？

慢性心功能不全又称充血性心力衰竭（CHF），是有多种因素引起的心脏损害、心肌收缩无力，导致心排血量减少，动脉系统供血不足，静脉系统淤血为主要特征的综合征。主要表现为呼吸困难、咳嗽、咳痰、乏力、水肿、颈静脉怒张、心率加快、肝脾肿大、食欲缺乏等症状和体征。CHF 是多数心血管疾病的终末阶段，也是最主要的死亡原因。药物治疗仍是目前治疗 CHF 的主要手段，临床针对不同环节使用不同类型的抗慢性心功能不全药，可缓解症状，防止并逆转心室肥厚，提高患者生存质量，延长生存期，降低病死率，改善预后。

链　接

心功能分级

心力衰竭的严重程度通常采用美国纽约心脏病学会的心功能分级方法，共分四级。

Ⅰ级：心脏病患者日常活动不受限制，一般活动不引起乏力、呼吸困难等心力衰竭症状。

Ⅱ级：心脏病患者体力活动轻度受限，休息时无自觉症状，一般活动下可出现心力衰竭症状。

Ⅲ级：心脏病患者体力活动明显受限，低于平时一般活动即引起心力衰竭症状。

Ⅳ级：心脏病患者不能从事任何体力活动，休息状态下也存在心力衰竭症状，活动后加重。

一、概　述

抗慢性心功能不全药是一类能增强心肌收缩力，减轻心脏前、后负荷，增加心排血量的药物。目前治疗 CHF 常用的药物有以下几类（图 10-8）。

1. 正性肌力药

（1）强心苷类药：洋地黄、地高辛、毒毛花苷 K 等。

（2）非苷类强心药：主要为磷酸二酯酶抑制药，如氨力农。

2. 利尿药　如氢氯噻嗪、呋塞米等。

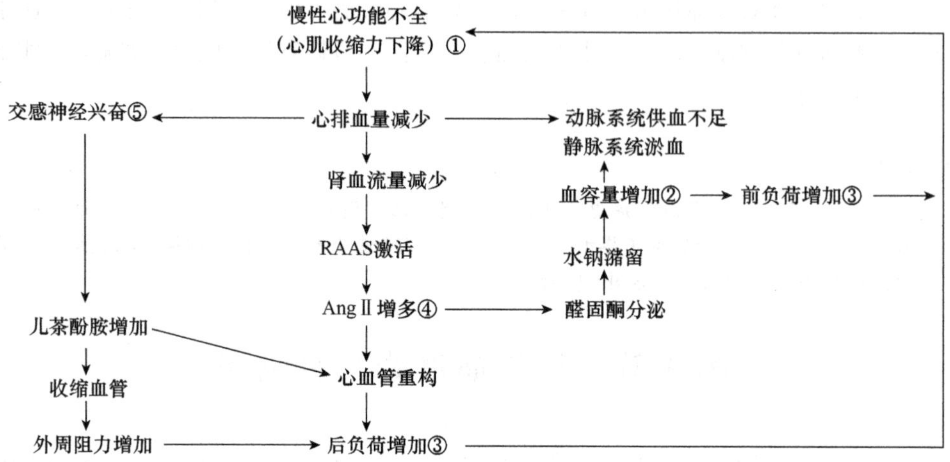

图 10-8 慢性心功能不全发病机制及药物作用环节示意图

RAAS：肾素 - 血管紧张素 - 醛固酮系统；AngⅡ：血管紧张素Ⅱ

①正性肌力作用药；②利尿药；③血管扩张药；④肾素 - 血管紧张素系统抑制剂；⑤β受体阻断药

3．血管扩张药 主要有血管紧张素Ⅰ转换酶抑制药，如卡托普利；钙拮抗药，如硝苯地平；α受体阻断药，如酚妥拉明；直接松弛血管平滑肌的药物，如硝普钠、硝酸异山梨酯等。

4．肾素 - 血管紧张素 - 醛固酮系统抑制药 血管紧张素Ⅰ转化酶抑制药，如卡托普利、依那普利等，血管紧张素Ⅱ受体阻断药，如氯沙坦、缬沙坦等。

5．β受体阻断药 如普萘洛尔、美托洛尔、卡维地洛等。

二、正性肌力药

（一）强心苷类药

强心苷是一类能选择性地作用于心脏，增强心肌收缩力的药物。主要从洋地黄类植物中提取，故又称洋地黄类药物。常用药物有洋地黄毒苷、地高辛、去乙酰毛花苷（西地兰）、毒毛花苷K等。本类药物作用、作用机制、不良反应基本相似，但药动学方面有明显差异（表10-2）。

表 10-2 各类强心苷制剂的药动学特点

项目	洋地黄毒苷	地高辛	去乙酰毛花苷	毒毛花苷K
分类	慢效	中效	速效	速效
口服吸收（%）	90～100	60～85	20～30	2～5
$t_{1/2}$	5～7天	36小时	33小时	19小时
给药途径	口服	口服	静脉注射	静脉注射
起效时间	2小时	1～2小时	10～30分钟	5～10分钟
高峰时间	8～12小时	4～8小时	1～2小时	0.5～2小时
主要消除方式	肝代谢	肾排泄	肾排泄	肾排泄
作用完全消失的时间	2～3周	5～7天	4～5天	1～3天

〖作用〗

1. 正性肌力作用（增强心肌收缩力）　强心苷能选择性地作用于心脏，使心肌收缩力加强，对衰竭心脏作用尤其显著，这是该药治疗心力衰竭的药物学基础。具有以下三个特点。

（1）增加心肌供氧量：强心苷加快心肌收缩速度，使收缩期缩短，舒张期相对延长，有利于衰竭心脏充分休息和静脉血的回流，有利于冠状动脉的血液灌流，增加心肌供氧量，改善心脏功能。

（2）降低衰竭心脏的耗氧量：心肌耗氧量取决于室壁肌张力、心率和心肌收缩力，其中室壁肌张力是最主要因素。衰竭心脏因室壁肌张力高、心率快和外周阻力大，使心肌耗氧量增加。用强心苷后增强心肌收缩力虽可使心肌耗氧量增加，但同时心排血量增加，心室舒张末期容积减小，室壁张力降低；还可反射性兴奋迷走神经，减慢心率，降低外周阻力，故总耗氧量降低，心脏工作效率提高。

（3）增加衰竭心脏的心排血量：心力衰竭患者心室内残余血量较多，强心苷通过加强心肌收缩力，使心排血量增加，同时通过降压反射，刺激压力感受器，反射性使迷走神经兴奋，交感神经活性降低，外周血管扩张，阻力下降，心脏前后负荷降低，心排血量显著增加。但并不增加正常心脏心排血量。

2. 负性频率作用（减慢心率）　治疗量强心苷对正常心率影响小。心功能不全时由于交感神经活动增强，使心率加快。应用强心苷后，通过增强心肌收缩力，心排血量增加，对颈动脉体和主动脉弓压力感受器的刺激增强，反射性兴奋迷走神经，使心率减慢。

3. 负性传导作用（减慢传导）　治疗量强心苷，通过兴奋迷走神经，降低窦房结的自律性，减慢房室传导速度。较大剂量可直接抑制房室传导，中毒剂量可导致不同程度的房室传导阻滞，甚至心脏停搏。

4. 其他作用　强心苷对 CHF 患者具有利尿和扩血管作用。其利尿作用能减少血容量，减轻心脏负担。

〖作用机制〗强心苷增强心肌收缩力是通过增加细胞内 Ca^{2+} 浓度而实现的。强心苷选择性地与心肌细胞膜上 Na^{+}，K^{+}-ATP 酶结合并抑制其活性，使 Na^{+}-K^{+} 交换减少，细胞内 Na^{+} 量增多，Na^{+}-Ca^{2+} 交换增强，使心 Na^{+} 外流增加，Ca^{2+} 内流增加，心肌细胞内 Ca^{2+} 浓度升高，心肌收缩力加强（图 10-9）。

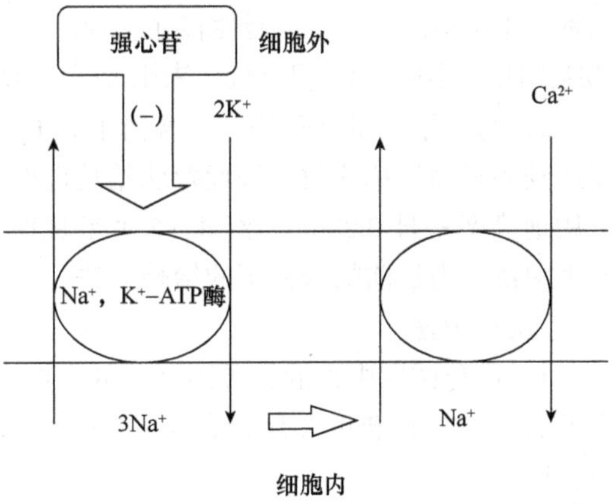

图 10-9　强心苷作用机制示意图

〖应用〗

1. 治疗慢性心功能不全　强心苷对心功能不全的疗效随病因和病情而异。对 CHF 伴有心房颤动和心室率快的患者疗效最好；对心瓣膜病、先天性心脏病、动脉硬化及高血压所致的低排血量的 CHF 疗效良好；但对继发于甲状腺功能亢进、严重贫血及维生素 B_1 缺乏等高排血量 CHF 疗效较差；对肺源性心脏病、严重的心肌或活动性心肌炎等因心肌缺血缺氧所致的 CHF 疗效差且易致中毒；对伴有心肌外机械因素如心包积液、缩窄性心包炎、严重二尖瓣狭窄所引起的 CHF 等无效。

2．治疗某些心律失常

（1）心房纤颤：是快慢不等、强弱不均的心房纤维颤动，每分钟可达 400～600 次。主要危害在于心房过多冲动传至心室，引起心室率过快，导致严重的循环衰竭。强心苷通过兴奋迷走神经，减慢房室传导，减慢心室率。

（2）心房扑动：是快速而规则的心房异位节律，每分钟可达 250～300 次，穿透力强，容易传入心室，使心室率过快而影响心脏泵血功能。强心苷通过缩短心房不应期，使心房扑动转为心房颤动，然后再发挥治疗心房纤颤的作用。

（3）阵发性室上性心动过速：强心苷主要通过兴奋迷走神经，减慢房室传导而终止其发作。

〖不良反应〗强心苷类安全范围小，治疗量已达中毒量的 60%，个体差异大，故易发生毒性反应。

1．胃肠道反应　常见的早期中毒症状，主要表现为食欲缺乏、恶心、呕吐、腹泻等，应与强心苷用量不足和心功能不全本身的胃肠道症状相鉴别。

2．神经系统反应　表现为表情淡漠、眩晕、疲倦、头痛、失眠、谵妄等。还可出现黄视症、绿视症及视物模糊等视觉异常。视觉异常通常是强心苷中毒的先兆，可作为停药的指征。

3．心脏毒性反应　是强心苷的最严重毒性反应，可出现各种心律失常。常见室性期前收缩。也可出现室性心动过速、房室传导阻滞、窦性心动过缓等。

〖给药方法〗原则上应采用个体化给药方案。这样既可发挥药物最佳疗效，又能避免药物过量中毒。

1．传统给药方法　先在短时间内给予足量强心苷以充分发挥疗效，此称为全效量或洋地黄化量；然后逐日给予一定剂量补充每日消除量，以维持疗效，称为维持量。全效量给药方法分为两种：①缓给法，适用于慢性轻症患者，于 3～4 天内给予全效量，可选用地高辛、洋地黄毒苷；②速给法，适用于重症且 2 周内未用过强心苷的患者，于 24 小时内给足全效量，可选用毒毛花苷 K。

2．每日维持量给药法　对病情不急的 CHF，每日给予维持量，经 4～5 个 $t_{1/2}$，能使血药浓度达到稳态而发挥疗效。按此疗法给药能明显降低强心苷中毒的发生率，用于病情较轻的患者。可用地高辛一日 0.25mg。经 4～5 个半衰期，6～7 天可达稳态血药浓度而取得稳定疗效，又不发生中毒，为目前临床常用的给药方法。

〖用药护理〗

1．避免诱发中毒的各种因素　低血钾、高血钙、低血镁，以及肺源性心脏病、严重心肌损害的心肌缺氧和老年人肾功能低下是强心苷中毒的诱发因素。与高效利尿药合用时，应注意同时补钾。

链　接

诱发强心苷中毒的因素

诱发因素：①电解质紊乱，低血钾、低血镁、高血钙、酸血症、碱血症等；②生理病理状态，老年人、甲状腺功能低下、肝肾功能不良（对药物代谢率低、消除慢）、肺源性心脏病、严重心肌损害（心肌缺氧、心肌细胞失钾、去甲肾上腺素释放增加）；③药物因素，排钾利尿药、糖皮质激素、胰岛素（可致低血钾）、拟肾上腺素药（提高心肌自律性）、奎尼丁、胺碘酮、维拉帕米、普罗帕酮、溴丙胺太林（能提高地高辛的血药浓度）等。因此，用药期间要注意上述各种诱发因素，严密观察患者的心率、脉率、心电图及症状体征的变化，防止强心苷中毒的发生。

2. 地高辛口服的生物利用度个体差异大，主要与制剂的制备过程有关。因此，用药时应注意选择同一来源的制剂。

3. 地高辛主要以原形从尿中排出，故老年人及肾功能不全患者易发生蓄积中毒，其用量应根据肌酐清除率计算。

4. 警惕中毒先兆，一旦发生频发室性期前收缩、心率每分钟低于 60 次、色视障碍，即为中毒先兆，要及时停药。

5. 轻度中毒者，停药后中毒症状自行消失。中毒严重者，根据心脏反应的不同，采取相应的治疗措施。

（1）对于快速型心律失常，可采用补钾的办法纠正，轻者口服氯化钾，重者静脉滴注或选择苯妥英钠、利多卡因等抗心律失常药。

（2）对于心动过缓或Ⅱ、Ⅲ度房室传导阻滞可用阿托品。

（3）对危及生命的强心苷中毒，可用地高辛抗体 Fab 片段做静脉注射，解除地高辛对心肌 Na^+，K^+-ATP 酶的抑制作用。

（考点：强心苷的作用、应用、不良反应及用药护理）

链 接

强心苷类记忆口诀

强心苷类慢中快，增强心力游离钙；
正性肌力最根本，心力衰竭适应证；
减慢心率和传导，房颤房扑阵发性；
黄视绿视胃反应，心律失常要送命；
维持疗法地高辛，禁钙补钾牢记心。

（二）非苷类强心药

非苷类强心药包括 β 受体激动药和磷酸二酯酶抑制药等。由于这类药物可能增加心力衰竭患者的病死率，故不宜作常规治疗药物。

1. β 受体激动药　本类药有多巴酚丁胺（杜丁胺），为多巴胺的衍生物。能选择性激动 $β_1$ 受体，使心肌收缩力增强，心排血量增加，改善心力衰竭症状。治疗量对心率影响小，很少引起心律失常。此外，多巴酚丁胺对 $β_2$ 受体有一定激动作用，使外周血管扩张、阻力下降，降低心脏后负苛，提高心泵功能。主要用于难治性心功能不全的短期治疗。

2. 磷酸二酯酶抑制药　本类药有氨力农（氨利酮）、米力农（米力酮）和维司力农等。它们通过抑制磷酸二酯酶Ⅲ的活性，减少 cAMP 的降解，使心肌和血管平滑肌细胞内 cAMP 含量增加，发挥增强心肌收缩力、扩张血管，降低心脏前后负荷，改善心功能的作用。主要用于强心苷、利尿药无效的难治性心功能不全的短期治疗。

三、其他抗充血性心力衰竭药

（一）利尿药

在 CHF 时，体内的水钠潴留可加重 CHF，两者形成恶性循环。利尿药一方面通过排钠利尿，减少血容量和回心血量，消除水钠潴留，减轻心脏的前负荷，另一方面通过增加排 Na^+，使血管内 Na^+ 含量下降，Na^+-Ca^{2+} 交换减少，血管平滑肌细胞内的 Ca^{2+} 浓度降低，舒张血管，减轻心脏后负荷，缓解心力衰竭症状。

轻度 CHF 可选用中效利尿药噻嗪类。中度 CHF 可口服呋塞米。对严重 CHF，急性左心衰竭合并肺水肿，可选用强效利尿药如呋塞米静脉注射。用药期间要注意补钾或用保钾利尿药，避免在治疗 CHF 的过程中因低钾诱发强心苷的毒性反应。

（考点：利尿药不良反应）

（二）血管扩张药

血管扩张药通过扩张静脉和动脉血管，降低心脏前、后负荷，缓解 CHF 症状。治疗 CHF 的血管扩张药的选择应根据病因、病情而定。

以舒张小动脉为主的肼屈嗪用于心排血量明显减少、外周阻力高的患者；以舒张小静脉为主的硝酸酯类用于肺静脉压明显升高、肺淤血症状明显的患者；均衡性舒张小动脉、小静脉的硝普钠、哌唑嗪用于心排血量低及肺静脉压高的患者。

血管扩张药治疗 CHF 的主要不良反应是低血压，用药期间要密切观察血压变化，随时调整剂量，从小剂量开始逐渐增至满意疗效剂量。为了不影响冠状动脉的灌注，影响心肌供血，应使收缩压不低 100mmHg，舒张压不低于 60mmHg。不可突然停药，会产生反跳现象。

（三）肾素－血管紧张素－醛固酮系统抑制药

肾素－血管紧张素－醛固酮系统抑制药用于 CHF 的治疗是抗心力衰竭治疗的最重要进展之一，不仅能缓解心力衰竭的症状、提高生活质量，而且显著降低心力衰竭患者的病死率、改善预后。

1．血管紧张素Ⅰ转化酶抑制药　临床用于治疗 CHF 的 ACEI 有卡托普利、依那普利、培哚普利、雷米普利等。

〖作用与应用〗可扩血管作用，缓解 CHF 症状，降低 CHF 的病死率，还可抑制心肌肥厚、血管增生及心室重构，从而改善预后。ACEI 广泛用于各种原因引起的 CHF，常与利尿药、地高辛合用提高疗效。

2．血管紧张素Ⅱ受体阻断药　本类药阻断 AngⅡ受体，抗 CHF 作用与 ACEI 相似，但血管紧张素Ⅱ受体阻断药的选择性更强，对 AngⅡ效应的拮抗更完全。并且对缓激肽途径无影响，故使用后不引起咳嗽、血管神经性水肿等不良反应。长期应用对心率无明显影响，无耐受性。常用药物有氯沙坦、厄贝沙坦等。

3．醛固酮拮抗药　CHF 时血中醛固酮的浓度可明显增高达 20 倍以上，因此，在对 CHF 的常规治疗基础上，加用醛固酮拮抗药螺内酯、依普利酮，阻断醛固酮受体，对抗醛固酮造成的心脏功能障碍和心力衰竭的恶化，可明显降低 CHF 病死率。

（四）β 受体阻断药

β 受体阻断药通过阻滞心脏 β 受体，降低交感神经对心脏的作用，使心率减慢、心肌耗氧量减少，可改善 CHF 的症状，如在心肌状况严重恶化之前早期应用，可降低死亡率，提高生活质量。临床常用的 β 受体阻断药有卡维地洛、美托洛尔、比索洛尔、拉贝洛尔等。卡维地洛可阻断 α 受体，扩张血管，减轻心脏负荷，并有抗氧化作用，可保护心肌细胞。主要用于高血压性心脏病、缺血性心脏病、扩张型心肌病导致的充血性心力衰竭。必须在利尿药、ACEI 和强心苷作为基础治疗药之上时谨慎使用。应从小剂量开始，在严密观察下逐渐增加至患者能够耐受的剂量。重度心力衰竭、急性肺水肿、严重心动过缓、重度房室传导阻滞、支气管哮喘及肝肾功能不全者慎用或禁用。

练一练：

请连线（强心苷的不良反应）

最早出现不良反应	消化道反应
特征性不良反应	心律失常
致死性不良反应	视觉障碍

小结

慢性心功能不全是多病因、多病理变化和多症状的慢性综合征。临床治疗应根据患者病情制定最合适的治疗方案，做到用药方案个体化。强心苷有正性肌力、负性频率、负性传导作用，是治疗慢性心功能不全的首选药。还可治疗心房扑动、心房纤颤和阵发性室上性心动过速。因安全范围小，易发生毒性反应，要避免诱发中毒的各种因素，警惕中毒的先兆，有中毒先兆者立即减量或停用强心苷和排钾利尿药。

药疗警示

患者，女，65 岁。患高血压性心脏病 12 余年，近 1 个月感乏力、易累入院。查体：心脏扩大、心率 100 次 / 分、血压 150/96mmHg，脚踝水肿。诊断为：①高血压性心脏病；②急性心力衰竭。给予地高辛、呋塞米尿治疗 1 周后，患者病情好转。但治疗第 13 天，患者再次出现乏力、心悸。请分析患者可能出现的情况？应如何处理？

第 4 节　抗心律失常药

案例 10-4　患者，女，45 岁。夜间频发心悸、胸闷 1 周就诊。既往体健，无高血压、冠心病及脑血管病史。心电图示有多发性室性期前收缩，诊断为：室性心动过速。患者对检查结果表现紧张、焦虑。医嘱给予美托洛尔缓释片治疗。

问题： 1. 为什么该患者使用了美托洛尔？

2. 用药时要注意什么问题？

一、概　　述

心律失常是心脏活动的起源或传导障碍导致心脏搏动的频率或节律的异常。心律失常时心脏泵血功能发生障碍，影响全身器官的供血，甚至危及生命。临床上根据心律失常时频率的快慢分为两类：缓慢型和快速型心律失常。

缓慢型心律失常包括窦性心动过缓、房室传导阻滞等，可应用阿托品和异丙肾上腺素治疗；快速型心律失常包括窦性心动过速、室上性心律失常（如房性期前收缩、房性心动过速、阵发性室上性心动过速、心房扑动、心房颤动等）、室性心律失常（如室性期前收缩、室性心动过速和心室纤颤等）。本章介绍的抗心律失常药物主要用于治疗快速型心律失常。

链 接

心率与心律

心率与心律的区别见图 10-10。

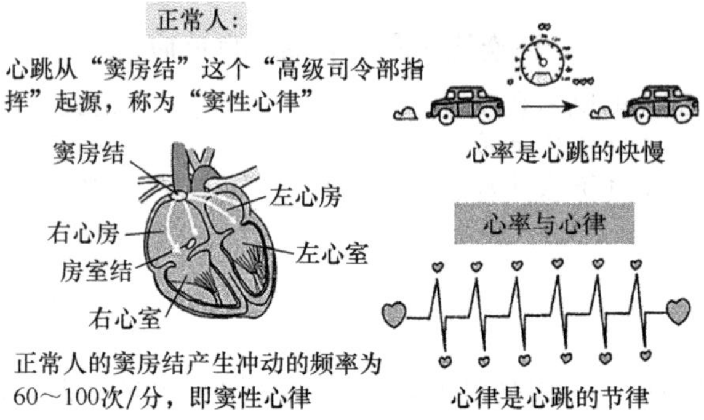

图 10-10 心率与心律的区别示意图

（一）心律失常发生的机制

心律失常产生有冲动起源异常和冲动传导异常或两者兼而有之。

1. 冲动起源异常

（1）由窦房结发出的冲动频率过快、过慢或有明显不规则形成的心律失常，如窦性心动过速、窦性心动过缓、窦性心律不齐。

（2）起源于窦房结以外（异位）的冲动，则形成期前收缩、阵发性心动过速、扑动、颤动等心律失常。

2. 冲动传导异常

（1）传导阻滞：常见的有窦房传导阻滞、房室传导阻滞、房内传导阻滞、室内传导阻滞。

（2）房室间传导途径异常，如预激综合征。

（二）抗心律失常药的作用和分类

1. 抗心律失常药的作用　抗心律失常药是通过影响心肌细胞膜上的离子通道，干扰 Na^+、K^+、Ca^{2+}等离子的转运，纠正心律失常时的电生理紊乱，发挥抗心律失常作用。

（1）降低自律性：自律性的高低取决于 4 期自动除极的速率和最大舒张电位。

药物通过：①抑制快反应细胞 4 期 Na^+内流；②促进 K^+外流；③阻断心脏的 β_1 受体等多个环节降低 4 期自动除极的速率，增加最大舒张电位而降低自律性，使心率减慢。

（2）减慢传导速度：阻滞 0 期 Na^+内流，使 0 期上升速度减慢，从而减慢心房肌、心室肌和浦肯野纤维的传导，使心率减慢。

（3）改善传导、消除折返：通过增强膜反应性来改善传导，消除单向传导阻滞；通过降低膜反应性来减慢传导，延长有效不应期，使单向传导阻滞变为双向传导阻滞消除折返。

2. 抗心律失常药物分类　根据药物对心肌细胞电生理作用的影响，将抗心律失常药物分为四类（表 10-3）。

表 10-3 抗心律失常药物的分类

分类		特点	常用药
Ⅰ类	Ⅰa	适度阻滞钠通道	奎尼丁、普鲁卡因胺
	Ⅰb	轻度阻滞钠通道	利多卡因、苯妥英钠
	Ⅰc	重度阻滞钠通道	普罗帕酮、氟卡尼
Ⅱ类		β 受体阻断药	普萘洛尔
Ⅲ类		延长动作电位时程药	胺碘酮
Ⅳ类		钙通道阻滞药	维拉帕米

二、常用的抗心律失常药

抗心律失常药应用广泛，但药物安全范围较窄，不良反应多且有的药物易致新的心律失常，甚至致死。应用抗心律失常药治疗时，应认真权衡利弊，做好用药护理。用药期间应密切注意血压、心率和心律的变化，特别静脉给药宜缓慢，用药过程中进行心电监护，严密观察心电图的变化。常用抗心律失常药的应用、不良反应及用药护理要点见表 10-4。

表 10-4 常用抗心律失常药物的临床应用及主要不良反应

分类	药物	临床应用	不良反应及用药护理
Ⅰ类			
Ⅰa	奎尼丁	为广谱抗心律失常药，用于各种快速型心律失常	①可引起“金鸡纳反应”，表现为恶心、呕吐、腹痛、腹泻、耳鸣、听力减退、视力障碍等，用药期间避免驾驶、高空作业或机械操作；②心血管系统反应，如低血压、传导阻滞等
Ⅰa	普鲁卡因胺		① 心脏毒性：如低血压、传导阻滞等，大剂量引起白细胞减少，少数患者出现红斑狼疮综合征。②过敏反应较常见。③静脉给药宜缓慢，严密观察血压变化，做好心电监护
	利多卡因	室性心律失常的首选药	① 有神经系统反应，过量可致惊厥；②心血管反应，大量致心脏抑制、血压下降、心脏停搏；③不宜口服
Ⅰb	苯妥英钠	强心苷中毒所致室性心律失常的首选药	① 静脉注射速度太快可致心律失常，如窦性心动过缓、窦性停博、心室颤动及低血压，呼吸抑制等；②静脉给药宜缓慢，用药过程中进行心电监护，严密观察心电图的变化
Ⅰc	普罗帕酮	室上性及室性心律失常	① 心血管反应严重，可加重心力衰竭、引起房室传导阻滞；②静脉用药过程进行心电监护
Ⅱ类	普萘洛尔	室上性心律失常 窦性心动过速的首选药	① 可致窦性心动过缓、房室传导阻滞、低血压、心力衰竭、心血管反应等；②长期用药后如需停药则应缓慢减量停药，骤然停用会出现撤药综合征；③房室传导阻滞、支气管哮喘或慢性肺部疾病患者禁用
Ⅲ类	胺碘酮	广谱抗心律失常药，用于室上性和室性心律失常	① 静脉注射致低血压和心动过缓；②长期用药可见角膜微粒沉淀，面部色素沉着，停药后可自行恢复；③可致肺间质纤维化，应定期胸片检查。对碘过敏者不用
Ⅳ类	维拉帕米	阵发性室上性心动过速的首选药	① 静脉注射过快，引起心动过缓，传导阻滞，血压下降等。宜缓慢静脉注射。②避免驾驶、高空作业或机械操作

（考点：抗心津失常药的应用）

三、抗心律失常药的合理应用

（一）治疗目标

治疗目标是恢复或维持窦性节律，减少或消除异位节律，控制心室率。

（二）治疗原则

心律失常类型多、病因复杂，合理选用抗心律失常药是治疗成功的关键。临床用药应了解病因、心律失常的具体类型及患者的身体状况，并且根据药物的作用特点、不良反应、禁忌证等因素综合考虑，合理选用抗心律失常药。

1. 去除诱因　缺血，缺氧，电解质紊乱，某些药物的使用是常见的诱发心律失常的因素。去除诱因是抗心律失常治疗的基本措施。

2. 重视病因治疗　多数心律失常继发于某种疾病，或是某种疾病的临床表现之一，如甲状腺功能亢进。积极治疗原发疾病，有利于心律失常的治疗。部分症状性心律失常，当原发疾病改善后，心律失常可自愈。因此分析、鉴别、治疗原发疾病，是抗心律失常治疗的前提。

3. 合理选择药物　抗心律失常药不主张预防性用药，除特殊需要外（如急性心肌梗死患者，可能出现的室性心律失常等）。多数抗心律失常药的安全范围较窄，易发生不良反应，严重者可致死。因此，只有当心律失常较为明显，或患者症状较明显时，方可根据心律失常的类型合理选药（表 10-5）。

表 10-5　快速型心律失常的药物治疗

类型	常用药物
窦性心动过速	β 受体阻断药或维拉帕米
阵发性室上性心动过速	维拉帕米
心房颤动或扑动	控制心室率用强心苷 复律用奎尼丁 预防复发用胺碘酮
室性期前收缩	胺碘酮、普罗帕酮、美西律等
室性心动过速	利多卡因、苯妥英钠、胺碘酮、美西律等
强心苷中毒引起的	
室上性心律失常	维拉帕米、β 受体阻断药
室性心律失常	苯妥英钠、利多卡因

4. 实施个体化治疗方案　根据患者的年龄、心功能状态、肝肾功能状态、体内电解质情况及用药情况等制订用药方案。用药期间应监测心电图，严密观察心率、心律和血压的变化，并备好抢救设备及药物。

5. 注意药物相互作用、不良反应及用药禁忌　既要注意避免药物之间相互作用而影响疗效、引起严重不良反应，也要注意抗心律失常药的致心律失常作用。严重心功能不全、房室传导阻滞、低血压等慎用抗心律失常药。

四、抗心律失常药用药护理

1. 使用抗心律失常药前须测血压和心率。用药期间也应经常监测血压、心率和心电图，如果血压明显下降、心率减慢或过快，心电图出现 Q-T 间期延长，或心律突然改变，应暂停给药，并立即向医师报告，以便及时处理。

2. 遵照医嘱，正确使用抗心律失常药。静脉注射抗心律失常药时，注射速度要慢，剂量要准确。

3. 使用普鲁卡因胺前应询问患者对本药或普鲁卡因有无过敏史，如有过敏史应报告医师。

4. 告知患者，奎尼丁、普罗帕酮应在餐中或餐后服用，服奎尼丁期间应缓慢改变体位，以免发生直立性低血压；服胺碘酮期间避免在日光下暴晒，如出现便秘应及时告诉医师。

5. 指导患者改变不良生活习惯，不吃刺激性食物，不饮用咖啡、浓茶，保持大便通畅。

练一练：

请 连 线

延长动作电位时程	利多卡因	角膜微粒沉着
钠通道轻度阻滞药	普萘洛尔	阵发性室上性心律失常首选
钙通道阻滞药	胺碘酮	血糖、血脂升高
β 受体阻断药	维拉帕米	室性心律失常首选

药疗警示

患者，女，67 岁。春节后因过度劳累出现心悸、心慌，立即到医院就诊。既往有高血压病史 17 年。查体：心率 142 次 / 分。心电图提示：阵发性室上性心动过速。医嘱给予胺碘酮 150mg 静脉推注。用药 30 分钟后，患者出现心动过缓和低血压。

小结

常用的抗心律失常药分为 4 类：钠通道阻滞药、β 受体阻断药、延长动作电位时程药、钙通道阻滞药。临床用药应在了解病因、心律失常的具体类型及患者的身体状况等基础上，合理选用抗心律失常药。抗心律失常药应用不当也可导致心律失常发生，用药期间应定时监测心电图，严密观察心率、心律和血压的变化。严重心功能不全、房室传导阻滞、低血压等慎用抗心律失常药。

第 5 节 调 血 脂 药

案例 10-5 患者，女，46 岁。体胖，无明显症状体征。健康体检时化验血脂，结果提示：高脂蛋白血症（Ⅳ型）。医嘱给予氟伐他汀调节血脂治疗。患者有常年坚持晨跑的运动习惯，但服药 3 天后，晨跑 10 多米觉小腿酸痛。到医院检查发现，肌肉出现发炎现象。

问题： 1. 目前临床上常用的调血脂药有哪几类？

2. 氟伐他汀主要治疗哪种类型的高脂蛋白血症？

3. 调血脂药常见的不良反应有哪些？

4. 患者出现的小腿酸痛是否和用药有关系？

血脂是血浆或血清中所含脂类的总称，包括胆固醇酯（CE）、游离胆固醇（FC）、三酰甘油（TG）、磷脂（PL）和游离脂肪酸（FFA）等，CE、FC 相加为总胆固醇（TC）。血脂与载脂蛋白（apo）结合成各种颗粒大小及密度不同的脂蛋白（LP），LP 能溶于血浆转运和代谢。血浆中低密度脂蛋白（LDL）、极低密度脂蛋白（VLDL）、总胆固醇（TC）、三酰甘油（TG），高出正常范围则称为高脂血症。WHO 将高脂蛋白血症分为六型（表 10-6）。

表 10-6 原发性高脂蛋白血症的分型

类型	脂蛋白变化	血脂变化		动脉粥样硬化的危险
Ⅰ	CM↑	TC↑	TG↑↑↑	—
Ⅱa	LDL↑	TC↑↑	—	高度
Ⅱb	LDL VLDL↑	TC↑↑	TG↑↑	高度
Ⅲ	βVLDL↑	TC↑↑	TG↑↑	中度
Ⅳ	VLDL↑	TC↑	TG↑↑	中度
Ⅴ	CM 及 VLDL↑	TC↑	TG↑↑	—

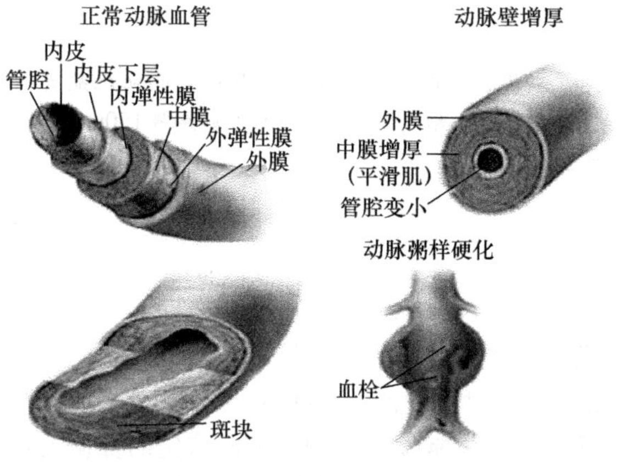

图 10-11 动脉硬化示意图

高脂血症可引起动脉粥样硬化等心血管疾病（图 10-11），直接危害人民群众的健康。预防和治疗高脂血症，主要通过合理膳食，食用低盐、低热量、低脂肪、低胆固醇类食物，加强体育锻炼，戒烟戒酒等措施，病情可得到缓解，无效或较重者应采用药物治疗。调血脂药具有调节血脂代谢的作用，可用于预防和治疗高脂血症，降低致残率和死亡率。

常用的调血脂药物有他汀类、贝特类、树脂类、烟酸类等。

一、他 汀 类

羟甲基戊二酸单酰辅酶 A（HMG-CoA）还原酶抑制剂，又称他汀类调血脂药，是目前治疗高胆固醇血症的主要药物。常用药物有洛伐他汀、普伐他汀、氟伐他汀、辛伐他汀等。

〖作用〗

1．调节血脂 HMG-CoA 还原酶是体内胆固醇合成的限速酶。本类药物在肝脏竞争性抑制 HMG-CoA 还原酶活性，使胆固醇合成显著减少，降低血浆胆固醇。洛伐他汀降低胆固醇作用最强，普伐他汀最弱。本类药物降三酰甘油作用较弱。

2．其他 抑制血小板聚集和提高纤溶活性、降低血浆 C 反应蛋白、减轻动脉粥样硬化的炎症反应、改善血管内皮功能、抑制血管平滑肌增殖和迁移等作用。对肾功能有一定的保护和改善作用。

〖应用〗

1．主要用于各种高胆固醇血症 对病情较严重者可与胆汁酸结合树脂合用。

2．预防心脑血管急性事件 他汀类能增加粥样斑块的稳定性和使斑块缩小，故可减少缺血性脑卒中、稳定型和不稳定型心绞痛发作、致死性和非致死性心肌梗死发生。

〖不良反应〗轻度的胃肠反应及头痛、头晕、皮疹、肌痛等，少数患者有血清氨基转移酶、碱性磷酸酶升高，停药后可恢复正常。偶有横纹肌溶解症，以西立伐他汀和辛伐他汀引起的肌病的发病率高。

〖用药护理〗

1. 洛伐他汀晚餐时一次顿服，吸收好；普伐他汀口服吸收不完全，受食物影响；氟伐他汀口服吸收迅速而完全，不受食物影响。

2. 长期应用需定期查肝功能。

3. 对本药过敏、活动性肝病、孕妇、哺乳期妇女禁用。

（考点：他汀类降血脂药的应用）

链　接

拜斯亭事件

1997 年，拜耳的拜斯亭（西立伐他汀）上市，2000 年销售额达 5.5 亿美元。1998 年，德国首次报道 1 名患者服用拜斯亭后出现肌肉疼痛、萎缩和神经麻木等症状，并最终死亡。至 2001 年 8 月，拜斯亭退出市场。分析原因为患者同时服用拜斯亭和降酯药吉非贝特，导致横纹肌溶解，出现生命危险。横纹肌溶解十分罕见，但所有常用降血脂药物均可能产生。故选药时，注意药物间的相互作用。

二、树　脂　类

胆汁酸结合树脂为碱性阴离子交换树脂，口服不吸收，在肠腔内与胆汁酸结合形成络合物随粪排出，故能阻断胆汁酸的肝肠循环和反复利用从而大量消耗胆固醇（Ch），使血浆中的 TC 和 LDL 水平降低。临床常用药物有考来烯胺（消胆胺）、考来替泊（降胆宁）。

考来烯胺

〖作用〗

1. 显著降低血浆 TC、LDL-C，轻度升高 HDL-C。药物与胆汁酸络合，阻断胆汁酸的肝肠循环，胆汁酸重吸收减少。胆汁酸是肠道胆固醇吸收所必需，故可降低肝内胆固醇。肝内胆固醇降低可使肝细胞表面 LDL 受体数量增多，血浆 LDL 向肝内转移，血浆 TC、LDL-C 浓度降低。

2. 提高 HMG-CoA 还原酶活性，肝脏胆固醇合成增多，故与 HMG-CoA 还原酶抑制药合用，可增强其降脂作用。

〖应用〗适于Ⅱa 型高脂血症（原发性高胆固醇血症）、以总胆固醇和 LDL-C 升高为主的家族性高胆固醇血症的治疗。

〖不良反应〗本品有特殊的气味，常致恶心、食欲减退、腹胀、便秘等胃肠症状。长期应用因为维生素缺乏可引起脂肪痢。

〖用药护理〗

1. 不要将药粉直接服用，以免呛入气管。可将粉状药剂溶解在饮料、牛奶或水中服用，可在饭前 1 小时服用。

2. 本品可妨碍香豆素类、强心苷类药物等吸收，应避免同时服用。

3. 纯合家族性高脂血症因患者肝表面缺乏 LDL 受体功能，本类药物无效。

4. 考来烯胺为氯化物形式，故可引起高氯酸血症。

三、贝特类

苯氧酸衍生物又称贝特类，最早应用的是氯贝丁酯（安妥明），降脂作用明显，但不良反应多而严重。新的苯氧酸类药效强、毒性低，有吉非贝齐、苯扎贝特、非诺贝特等。

〖作用〗

1. 降低血浆 TG、VLDL、IDL 含量　主要是激活脂蛋白脂酶，从而增加 VLDL 三酰甘油水解，加速 VLDL 降解，并转化为 LDL；其次是抑制肝内合成和分泌 VLDL；从而使富含三酰甘油的 VLDL 消除加速。

2. 轻度升高 HDL　正常时 VLDL 中的 TG 与 HDL 中的胆固醇酯可互换，VLDL 减少，胆固醇酯则留于 HDL 中，导致 HDL 升高。

3. 其他作用　抗血小板聚集、抗凝血和降低血浆黏度、增加纤溶酶的活性等作用。

〖应用〗用于原发性高三酰甘油血症，对Ⅲ型高脂血症和混合型高脂血症有较好的疗效。

〖不良反应〗可有胃肠反应，如轻度腹痛、腹泻、恶心等；偶有皮疹、脱发、视物模糊、血象及肝功能异常等。

〖用药护理〗肝胆疾病患者、孕妇、儿童及肾功能不全者禁用。

四、烟酸类

烟　酸

烟酸属 B 族维生素之一，大剂量有调节血脂作用，能使 TG、VLDL 浓度降低。服药后 1～4 小时生效，降低 LDL 作用慢，服药 1 周左右生效。烟酸还可升高 HDL、阻滞动脉粥样硬化病变的发展。此外，大剂量烟酸具有扩张血管和抑制血小板聚集的作用。临床用于高脂血症，与他汀类或苯氧酸类联用，可提高疗效。

烟酸可致皮肤潮红及瘙痒，与阿司匹林合用可缓解。烟酸可刺激胃黏膜，诱发或加重消化性溃疡，偶有肝功能异常、血尿酸增多、糖耐量降低，停药后可以恢复。溃疡病、痛风、糖尿病及肝功能异常者禁用。

阿昔莫司

烟酸的衍生物阿昔莫司为广谱调血脂药，作用强而持久。本药通过抑制脂肪酸的分解，减少游离脂肪酸的释出，从而抑制三酰甘油在肝中合成；也能抑制 VLDL、LDL 的合成，并加速 LDL 的分解；还可改善糖尿病患者的空腹血糖和糖耐量，不引起尿酸的升高。

适用于Ⅱ、Ⅲ、Ⅳ、Ⅴ型高脂血症。尤其适用于伴有 2 型糖尿病或伴有痛风的高脂血症患者。

不良反应可有胃肠反应；偶有面部潮红、热感、瘙痒及皮疹等血管扩张反应。溃疡病患者禁用，肾功能不全者应减量。

普罗布考

普罗布考为强效抗氧化剂，饭后立即口服药物能增加药物的吸收，主要分布在脂肪组织，能降低血清总胆固醇，并同时降低 LDL-C 和 HDL-C，但对 VLDL、TG 影响较小。HDL 的改变，有利于胆固醇自外周向肝的逆转运，促进黄色瘤消退。

常与其他降血脂药合用治疗高胆固醇血症及预防动脉粥样硬化的形成。

常见不良反应有腹泻、腹胀、腹痛、恶心等胃肠反应。偶见嗜酸粒细胞增多、感觉异常、血管神经性水肿；不宜用于有心肌损害的患者。用药期间注意监测心电图。孕妇和小儿禁用。

多烯脂肪酸类

多烯脂肪酸类又称为多不饱和脂肪酸类（PUFAs）。多烯脂肪酸指有 2 个或 2 个以上不饱和键结构的脂肪酸。根据第一个不饱和键的位置不同分为两类。① *n*-6PUFAs：主要含于植物油中，降脂作用弱，临床应用疗效可疑。② *n*-3PUFAs：主要含于海洋生物藻、鱼及贝壳类中，已有含 *n*-3PUFAs 的浓缩鱼油制剂。

n-3PUFAs 的主要作用有降低三酰甘油，轻度升高 HDL，大多出现在用药几天或几周内，对 TC 和 LDL-C 影响小。长期服用，能预防动脉粥样硬化斑块形成并使斑块消退。

此外，还能抑制血小板聚集，使全血黏度下降。可减轻斑块的炎症反应，稳定斑块，使之不易发生自发性破裂，减少心血管事件的发生。

鱼肝油禁用于Ⅱa 型高脂蛋白血症，因其可能增加 LDL-C 水平。

练一练：

请　连　线

HMG-CoA 还原酶抑制剂	考来烯胺	溃疡病患者禁用
强效氧化剂	洛伐他汀	碱性磷酸酶升高
苯氧酸衍生物	非诺贝特	血管神经性水肿
胆汁酸结合树脂	普罗布考	视物模糊
抑制脂肪酸的分解	阿昔莫司	可引起脂肪痢

药疗警示

患者，男，54 岁。体检时发现血脂较高，医嘱给予氟伐他汀调节血脂治疗。患者有常年坚持晨跑的运动习惯，但服药 3 天后，晨跑 10 多米觉小腿酸痛。到医院检查发现，肌肉出现发炎现象。

小结

高血脂患者首先强调非药物治疗，包括控制饮食、适当运动、减轻体重、减少饮酒等。临床根据患者血脂异常类型、病情危险程度选择调血脂药。TG、HDL 正常的高血脂，首选他汀类；伴冠心病或其他心血管病或糖尿病患者，宜用贝特类；胆汁酸螯合剂主要用于Ⅱa 型，常与氯丁酯合用；烟酸类广谱，除 I 型外均有效；少数严重混合型高脂血症或家族性高胆固醇血症，单药治疗效差，考虑联用。

自　测　题

1．通过阻断肾上腺素 β 受体产生降压作用的药是（　　）

A．哌唑嗪　　B．普萘洛尔

C．卡托普利　　D．利血平

E．硝苯地平

2．高血压伴有糖尿病的患者不宜使用（　　）

A．氢氯噻嗪　　B．哌唑嗪

C．卡托普利　　D．依那普利

E．可乐定

3．通过阻滞钙通道产生降压作用的药是（　　）

A. 硝苯地平　　B. 普萘洛尔
C. 依那普利　　D. 哌唑嗪
E. 氯沙坦

4. 长期大剂量应用噻嗪类药物降压的主要不良反应是（　　）
A. 血脂降低　　B. 血糖降低
C. 尿酸降低　　D. 血钾降低
E. 水钠潴留

5. 高血压危象宜选用（　　）
A. 普萘洛尔　　B. 硝普钠
C. 氢氯噻嗪　　D. 可乐定
E. 利血平

6. 长期使用血管紧张素Ⅰ转化酶抑制药最常见的副作用是（　　）
A. 水钠潴留　　B. 心动过速
C. 干咳　　D. 头痛
E. 脱发

7. 某高血压患者，同时患有支气管哮喘，该患者不宜使用哪种降压药物（　　）
A. 呋塞米　　B. 阿替洛尔
C. 硝苯地平　　D. 卡托普利
E. 哌唑嗪

8. 氯沙坦的降压机制是（　　）
A. 阻断 α 及 β 受体　　B. 抑制 ACE
C. 阻断 AT_1 受体　　D. 阻滞钠通道
E. 阻断 β 受体

9. 可防止和逆转高血压患者血管壁增厚和心肌肥大的抗高血压药是（　　）
A. 利尿降压药　　B. 钙拮抗药
C. α 受体阻断药　　D. ACEI
E. β 受体阻断药

10. 对伴有支气管哮喘的高血压患者不宜选用下列哪类降压药（　　）
A. 利尿降压药　　B. β 受体阻断药
C. 神经节阻断药　　D. 钙通道阻滞药
E. α_1 受体阻断药

11. 血管紧张素Ⅱ受体阻断药的代表药物是（　　）
A. 卡托普利　　B. 氯沙坦
C. 普萘洛尔　　D. 肼屈嗪
E. 硝苯地平

12. 通过影响肾素－血管紧张素－醛固酮系统而发挥降低血压作用的药物是（　　）
A. 哌唑嗪　　B. 利血平
C. 甲基多巴　　D. 肼屈嗪
E. 卡托普利

13. 通过利尿作用达到降压效果的药物是（　　）
A. 氯沙坦　　B. 硝苯地平
C. 普萘洛尔　　D. 氢氯噻嗪
E. 卡托普利

14. 高血压的治疗药物卡托普利最常见的副作用是（　　）
A. 头痛　　B. 乏力
C. 心率增快　　D. 心率减慢
E. 刺激性干咳

15. 患者，男，70 岁，高血压 15 年。昨日受凉后出现剧烈头痛、头晕、呕吐。查体：血压 200/130mmHg。遵医嘱给予硝普钠降压。用药护理正确的是（　　）
A. 提前配制　　B. 肌内注射
C. 静脉推注　　D. 快速滴注
E. 避光滴注

16. 下列哪种情况最易发生洋地黄中毒（　　）
A. 酸中毒　　B. 低血钾
C. 低钙血症　　D. 低钠血症
E. 高镁血症

17. 洋地黄中毒引起的心律失常最常见的是（　　）
A. 心房颤动　　B. 房性期前收缩
C. 室性期前收缩　　D. 房室传导阻滞
E. 室上性阵发性心动过速

18. 洋地黄中毒患者除停用洋地黄外还应停用（　　）
A. 氨茶碱　　B. 螺内酯
C. 氯化钾　　D. 氢氯噻嗪
E. 氨苯蝶啶

19. 治疗洋地黄中毒所致缓慢性心律失常时宜选用（　　）
A. 维拉帕米　　B. 阿托品
C. 氯化钾　　D. 普萘洛尔
E. 利多卡因

20. 应用洋地黄类药物治疗心力衰竭时，护士给药前应检查心律和心率，应暂时停止给药的情况是（　　）
A. 心率低于 80 次 / 分
B. 心率低于 70 次 / 分
C. 心率低于 60 次 / 分
D. 心率低于 50 次 / 分

E．心率低于 40 次 / 分

21．下列药物静脉滴注过程中需严密监测血压的是（　　）

A．利多卡因　B．氨茶碱
C．胺碘酮　D．硝普钠
E．呋塞米

22．患者，女，50 岁。有风心病史，因心源性水肿给予噻嗪类利尿药治疗时，应特别注意预防（　　）

A．低钾血症　B．高钠血症
C．低钠血症　D．高钾血症
E．低镁血症

23．患者，女，85 岁。风湿性心脏病、心力衰竭，用地高辛、双克治疗过程中出现气促加重，心电图示：室性期前收缩，二联律。下列治疗错误的是（　　）

A．停用地高辛　B．补钾
C．加用利多卡因　D．加用呋塞米
E．停用氢氯噻嗪

24．患者，男，65 岁。因急性前壁心肌梗死入院。治疗期间，心电监护显示室性期前收缩，8 次 / 分，呈二联律。应迅速给予（　　）

A．利多卡因静脉推注
B．普罗帕酮静脉推注
C．普鲁卡因胺口服
D．美西律口服
E．维拉帕米口服

25．患者患高血压 3 年，入院后给予降压药等治疗，在用药护理中指导患者改变体位时动作宜缓慢，其目的为（　　）

A．避免发生高血压脑病
B．避免发生高血压危象
C．避免发生急进型高血压
D．避免发生直立性低血压
E．避免血压增高

26．伴高血压和哮喘的心绞痛患者，宜选用（　　）

A．硝酸异山梨酯　B．麻黄碱
C．普萘洛尔　D．硝苯地平
E．阿替洛尔

27．伴有哮喘的心绞痛患者不宜选用（　　）

A．硝酸甘油　B．硝苯地平
C．硝酸异山梨酯　D．普萘洛尔
E．维拉帕米

28．变异型心绞痛首选（　　）

A．普萘洛尔　B．硝苯地平
C．硝酸甘油　D．硝酸异山梨酯
E．美托洛尔

29．下列哪项关于普萘洛尔的叙述错误的是（　　）

A．久用停药后应逐渐减量
B．适用于变异型心绞痛
C．个体差异大
D．适用于治疗劳累性心绞痛
E．伴有哮喘的心绞痛患者不宜使用

30．治疗高胆固醇首选（　　）

A．氯贝丁酯　B．洛伐他汀
C．考来烯胺　D．烟酸
E．苯扎贝特

31．强心苷中毒引起的室性心律失常最好选用（　　）

A．维拉帕米　B．普萘洛尔
C．苯妥英钠　D．奎尼丁
E．胺碘酮

32．慢性阻塞性支气管病患者禁用于下列哪种抗心律失常药物（　　）

A．普萘洛尔　B．普鲁卡因胺
C．胺碘酮　D．苯妥英钠
E．利多卡因

33．患者，男，68 岁。高血压病史 21 年，近日有时夜间出现胸闷，并有频发的阵发性室上性心动过速。此时宜选用（　　）

A．硝苯地平　B．普萘洛尔
C．普罗帕酮　D．维拉帕米
E．卡托普利

34．治疗窦性心动过缓的首选药是（　　）

A．肾上腺素　B．异丙肾上腺素
C．去甲肾上腺素　D．多巴胺
E．阿托品

35．患者，女，34 岁。患有甲状腺功能亢进 7 年，服用抗甲状腺药物治疗。近日因工作问题与领导发生矛盾，情绪激动，今日早上起心慌、胸闷，不安。体检心率 162 次 / 分，心电图显示窦性心律不齐。宜选用何药治疗（　　）

A．普萘洛尔　B．奎尼丁
C．利多卡因　D．胺碘酮
E．普鲁卡因胺

36．强心苷对下列何种疾病导致的心力衰竭疗效较

差甚至无效（　　）

A．高血压心脏病　　B．心瓣膜病

C．先天性心脏病　　D．心力衰竭伴有房颤

E．缩窄性心包炎

37．护士在发给心力衰竭患者地高辛前，应先数心率，若心率少于多少次则能不给药（　　）

A．110 次 / 分　　B．100 次 / 分

C．80 次 / 分　　D．70 次 / 分

E．60 次 / 分

38．服用洋地黄类药物后，患者将白大衣看成绿色的可能是（　　）

A．血钠过高　　B．血钾过高

C．心力衰竭症状好转　D．血镁过高

E．洋地黄中毒

39．某患者诊断为慢性心力衰竭，用地高辛长期治疗，病情好转，当再次出现乏力、腹胀、心慌等症状，心率 130 次 / 分，心电图明显 U 波，正确的处理措施是（　　）

A．加大洋地黄用量

B．立即肌内注射硫酸镁

C．补充氯化钾

D．立即静脉注射呋塞米

E．静脉注射碳酸氢钠

40．使用强心苷期间禁止（　　）

A．静脉滴注钠盐　　B．静脉注射钙盐

C．静脉滴注镁盐　　D．静脉滴注钾盐

E．静脉注射葡萄糖

41．强心苷中毒引起的窦性心动过缓可选用（　　）

A．阿托品　　B．利多卡因

C．氯化钾　　D．肾上腺素

E．苯妥英钠

（42～44 题共用题干）

患者，男，72 岁。患有风湿性心脏病，现出现心慌气短、下肢水肿、不能平卧，诊断为心功能不全。

42．应给予下列哪种药物治疗（　　）

A．强心苷　　B．硝普钠

C．利尿药　　D．肾上腺素

E．卡托普利

43．服用强心苷后，症状一度好转，近日来出现室性期前收缩，应（　　）

A．停用强心苷，改用利尿药

B．继续服用强心苷

C．减少强心苷剂量

D．减少强心苷剂量，加服奎尼丁

E．停用强心苷，加用利多卡因

44．如患者心率为 50 次 / 分，应（　　）

A．停药，补钾

B．停药，静脉注射利多卡因

C．停药，给予阿托品

D．继续使用强心苷

E．继续使用利尿药

（吴丽萍）

第11章 血液与造血系统药物

第1节 抗贫血药

贫血是指循环血液中红细胞数或血红蛋白量低于正常。根据病因和发病机制不同可分为缺铁性贫血、巨幼红细胞性贫血和再生障碍性贫血。对贫血的治疗采用对因及补充疗法，缺铁性贫血补充铁剂，巨幼红细胞性贫血补充叶酸和维生素 B_{12}。

铁制剂

常用的口服铁剂有硫酸亚铁、枸橼酸铁铵、富马酸亚铁。注射铁剂有右旋糖酐铁和山梨醇铁。临床以硫酸亚铁制剂常用。

铁主要在十二指肠和空肠上段以 Fe^{2+} 的形式被吸收。食物中的铁剂均为高价铁（Fe^{3+}）或有机铁，胃酸、食物中果糖、半胱氨酸和维生素 C 等可将其还原为二价铁（Fe^{2+}）而促进吸收。胃酸缺乏，服用抗酸药，高钙、高磷酸盐、高鞣酸的食物及四环素类药物等均可妨碍铁的吸收。

链接

我们的“铁哥们”

铁是我们最常用的金属，但它同时也是我们人体必需的微量元素，人体缺少了它就可能贫血，而且还会伴发很多病症。生活中，我们通过食用动物肝脏、木耳、香菇等来补充铁，可吃进去的“铁”都去哪了？原来咱的“铁哥们”随同食物到了小肠，此时“铁哥们”还很胖，是三价铁，不能进入小肠（不被吸收），在酸性的环境下或是吃了酸性的食物，如维生素C，很快地便让“铁哥们”瘦身了，成了二价铁，进入了十二指肠和空肠上段吸收入血。在铁蛋白的帮助下被转运到肝、脾、骨髓等单核－吞噬细胞系统中储存，而有部分“铁哥们”则与红细胞亲密接触，最终有了血红蛋白，从而维持人体血供（图 11-1）。

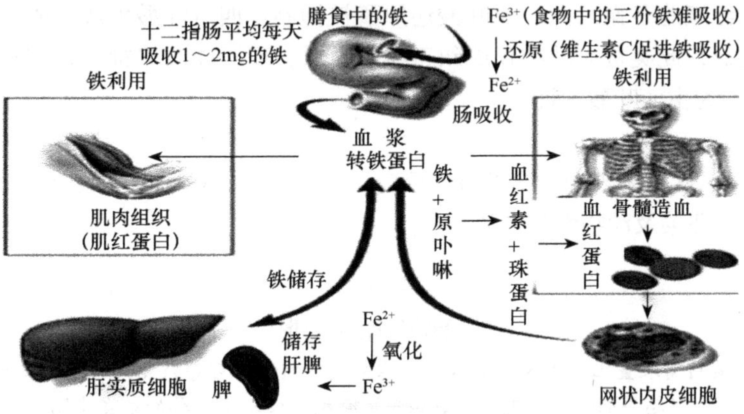

图 11-1 铁的吸收、转运、利用及储存过程示意图

〖作用〗铁是红细胞成熟期合成血红蛋白的原料。正常情况下成人每日生理需要量为1～1.5mg，日常饮食中含铁丰富，且红细胞破坏后释放的铁可以反复利用，一般可满足机体需要。婴儿、儿童、青少年和孕妇，铁的需要量相对或绝对地增加，如不能及时补充，造成机体铁缺乏而致血红蛋白的合成障碍可引起贫血。

〖应用〗主要用于治疗缺铁性贫血。尤其对慢性失血（如月经过多、子宫肌瘤、痔疮出血、消化性溃疡、钩虫病等）、机体需要量增多而补充不足（儿童生长发育期、妊娠）、胃肠吸收减少（如萎缩性胃炎、胃癌等）和红细胞大量破坏（如疟疾、溶血）等引起的缺铁性贫血疗效较好，用药后一般症状迅速改善，血红蛋白4～8周接近正常。

（考点：影响铁吸收的因素及铁制剂的不良反应）

〖不良反应与用药护理〗

1．消化道症状如恶心、呕吐、上腹部不适、腹泻、便秘及黑便等，饭后服用可减少胃肠道刺激性。黑便应注意与上消化道出血鉴别。

2．注射用铁剂可引起局部刺激及皮肤潮红，发热、荨麻疹等过敏反应。严重者可发生心悸、血压下降等。

小儿误服铁剂1g以上可发生急性中毒，表现为急性循环衰竭、休克、胃黏膜凝固性坏死。可应用去铁胺灌胃或肌内注射以结合残存的铁进行急救。用药期间定期检查血红蛋白、网织红细胞及血清铁蛋白和血清铁，服用铁剂必须坚持足够疗程，为使体内储存铁恢复正常，待血红蛋白正常后尚需减半量继续服用2～3个月。多食含铁丰富的食物及有利于铁吸收如含维生素C的食物。

叶　酸

叶酸存在于肝、肾、酵母及绿叶蔬菜中。叶酸缺乏可引起巨幼红细胞贫血。

〖作用与应用〗叶酸吸收后经叶酸还原酶和二氢叶酸还原酶的作用，生成四氢叶酸，后者作为一碳基团的传递体，参与体内核酸和氨基酸的合成。叶酸缺乏时增殖旺盛的组织细胞受损，可使红细胞中的DNA合成受阻，红细胞发育和成熟停滞，红细胞数量减少，停留在幼稚阶段，细胞内血红蛋白量增多，体积较正常细胞大，形成巨幼红细胞性贫血。

临床主要用于治疗：①各种原因引起的叶酸缺乏导致的巨幼红细胞性贫血，如妊娠、婴儿期、营养不良、胃和小肠切除、胃肠功能紊乱等。②叶酸对抗药甲氨蝶呤、乙胺嘧啶、甲氧苄啶等引起的巨幼红细胞贫血。因二氢叶酸还原酶被抑制，四氢叶酸生成障碍，应选用亚叶酸钙治疗。③恶性贫血，此类贫血叶酸仅能纠正异常血象，而不能改善神经损害症状。故治疗时应以注射维生素B_{12}为主，叶酸为辅。

（考点：叶酸的临床应用）

〖不良反应〗不良反应较少，罕见过敏反应。告诉患者大量服用叶酸时，可使尿呈黄色。多食含叶酸高的绿叶蔬菜及动物性蛋白质。

链　接

叶酸与胎儿畸形

孕妇对叶酸的需求量比正常人高4倍。妊娠早期叶酸缺乏可导致胎儿神经管畸形，包括无脑儿、脊柱裂等。还可能引起早期的自然流产。妊娠中、晚期叶酸不足，孕妇易发生胎盘早剥。备孕女性应在怀孕前就开始每天服用400μg的叶酸，对神经管畸形的防治和优生优育有十分重要的意义。

维生素 B_{12}

维生素 B_{12} 是一类含钴的 B 族维生素。主要来源于动物性食品如肝、肾、心脏及乳、蛋类食品。

〖作用〗

1．促进叶酸的循环再利用　维生素 B_{12} 可促进红细胞成熟和叶酸的循环利用，出现缺乏时叶酸代谢发生障碍，导致叶酸缺乏症状，出现与叶酸缺乏相似的巨幼红细胞性贫血。

2．参与神经髓鞘脂蛋白的合成　维生素 B_{12} 使脂肪酸代谢中间产物甲基苯二酸转变成琥珀酸，参与三羧酸循环，当维生素 B_{12} 缺乏时，影响神经髓鞘脂质合成，使中枢和外周神经纤维结构不完整而导致大脑、脊髓及外周神经发生病变。

〖应用〗维生素 B_{12} 可主要用于治疗恶性贫血和其他巨幼红细胞性贫血，也可作为神经系统疾病（如神经炎、神经萎缩等）、再生障碍性贫血等辅助治疗。

链　接

恶性贫血与居里夫人之死

恶性贫血是因胃黏膜萎缩、胃液中缺乏内因子，使维生素 B_{12} 吸收出现障碍而发生的巨幼细胞贫血。居里夫人由于长期从事放射性物质的研究，不幸患上恶性贫血，医治无效，永远地闭上了眼睛。她一生创造、发展了放射科学，长期无畏地研究强烈放射性物质，直至最后把生命贡献给了这门科学。

〖不良反应〗维生素 B_{12} 有引起过敏反应的可能，包括过敏性休克。叶酸和维生素 B_{12} 可互相纠正血常规的异常，但出现神经症状时必须用维生素 B_{12} 治疗。维生素 B_{12} 的吸收有赖于胃的壁细胞分泌的内因子，当某些疾病如胃癌、萎缩性胃炎使内因子分泌减少时，应肌内注射给药。

促红细胞生长素

〖作用与应用〗促红细胞生长素是由肾皮质近曲小管管壁细胞分泌的一种蛋白质，在贫血或低氧血症可促进肾脏合成和分泌促红细胞生长素。促红细胞生长素能刺激红系干细胞生成，促进红细胞成熟，使网织红细胞从骨髓中释放出来及提高红细胞抗氧化功能，从而增加红细胞数量并提高血红蛋白含量。促红细胞生长素对多种贫血有效，特别是造血功能低下者疗效更佳。临床主要用于肾衰竭需进行血液透析的贫血患者，也可用于慢性肾病引起的贫血、肿瘤化疗和艾滋病药物治疗所致的贫血等。

〖不良反应〗不良反应主要有流感样症状，慢性肾功能不全者可致血压上升和癫痫发作，某些患者可有血栓形成等。

小结

贫血的治疗原则是“缺什么，补什么”，缺铁性贫血用铁制剂治疗，常用的药物有硫酸亚铁，巨幼红细胞性贫血用叶酸和维生素 B_{12} 治疗，但叶酸拮抗药引起的巨幼红细胞性贫血则用亚叶酸钙治疗，内因子缺乏所致的恶性贫血采用肌内注射维生素 B_{12} 辅以叶酸治疗。

第 2 节　促凝血药、抗凝血药和溶栓药

一、促 凝 血 药

出血是机体凝血功能障碍的一种临床表现。止血是个复杂的过程，受血管壁功能、凝血因

子和血小板等多种因素的影响（图 11-2）。促凝血药是用于治疗因凝血因子缺乏、血小板减少或纤溶功能亢进等所致凝血功能障碍的一类药物。

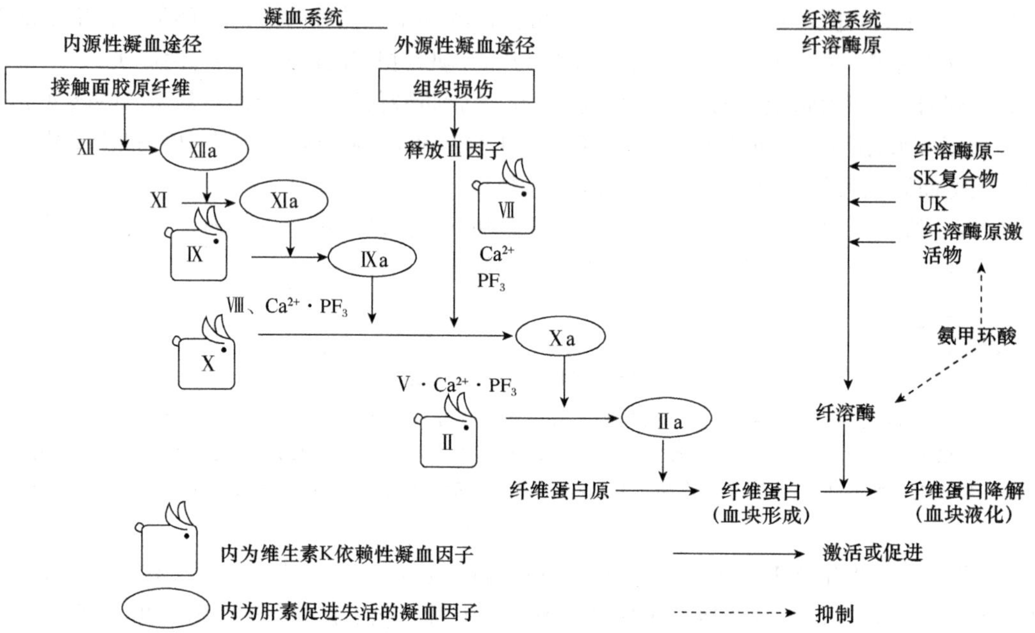

图 11-2　凝血及抗凝血过程示意图

（一）促进凝血因子生成药

维生素 K

维生素 K 分为两类。①脂溶性维生素 K：植物性食物中所含的维生素 K_1 和由肠道细菌所产生或得自腐败鱼粉者的维生素 K_2，吸收有赖于胆汁参与；②水溶性维生素 K：人工合成的维生素 K_3 和维生素 K_4，不需胆汁协助吸收。

〖作用〗维生素 K 的主要生理功能是作为辅酶在肝内参与凝血因子Ⅱ、Ⅶ、Ⅸ、Ⅹ合成。当维生素 K 缺乏时，上述凝血因子合成减少，引起凝血障碍，凝血酶原时间延长而导致出血。

（考点：维生素 K 的临床应用）

〖应用〗主要用于：①阻塞性黄疸、胆瘘、慢性腹泻患者出血；②早产儿及新生儿出血；③香豆素类和水杨酸类药物或其他原因导致凝血酶原过低而引起的出血；④可用于预防长期应用广谱抗菌药物继发性维生素 K 缺乏症。维生素 K_1 作用快，持续时间长，常采用肌内注射，严重出血者可静脉注射。一般病例口服维生素 K_3、维生素 K_4，吸收不良者可肌内注射维生素 K_3。

〖不良反应与用药护理〗维生素 K_1 静脉注射速度过快时，可产生面部潮红、呼吸困难、血压下降，甚至发生虚脱，故一般以肌内注射为宜。维生素 K_3、维生素 K_4 刺激性强，口服后引起恶心、呕吐等。较大剂量维生素 K_3 可致新生儿、早产儿溶血性贫血、高胆红素血症及黄疸。对红细胞缺乏葡萄糖 -6- 磷酸脱氢酶（G-6-PD）的患者也可诱发急性溶血性贫血。肝功能不良者应慎用。

（二）抗纤维蛋白溶解药

氨甲苯酸（止血芳酸）、氨甲环酸（止血环酸）

〖作用与应用〗能竞争性抑制纤溶酶原激活因子，导致纤溶酶原不能转变为纤溶酶，从而抑制纤维蛋白的溶解，产生止血效果。临床主要用于治疗各种纤溶过程亢进引起的出血，如肺、肝、胰、前列腺、甲状腺、肾上腺等手术所致的出血，产后出血、前列腺增生出血、上消化道出血等，因为这些脏器及尿内存有较大量纤溶酶原激活因子。也可用于链激酶、尿激酶过量导致的出血。对癌症出血、创伤出血及非纤维蛋白溶解引起的出血无效。氨甲环酸比氨甲苯酸作用强 7～10 倍。

〖不良反应〗应用过量可致血栓，并可能诱发心肌梗死。禁用于有血栓形成倾向或有血栓病史者。

（三）促进血小板生成药

酚磺乙胺（止血敏）

酚磺乙胺能促进血小板生成并增强其聚集性和黏附性，还可降低毛细血管通透性，收缩血管，起到止血作用。作用迅速，维持时间长。用于防治外科手术出血过多和血管因素引起的出血，如血小板减少性紫癜、胃肠道出血、牙龈出血、鼻黏膜出血等，不良反应轻，偶可出现暂时性血压下降。

（四）血管收缩药

垂体后叶素

垂体后叶素是垂体后叶分泌的含氮激素，包括缩宫素和加压素。缩宫素可兴奋子宫平滑肌（见第 12 章）；加压素（抗利尿激素）可通过收缩血管而产生止血作用，对内脏血管作用明显，尤其对肺血管及肠系膜血管作用更明显。临床主要用于肺咯血、门脉高压引起的上消化道出血和产后出血。口服易被破坏，常静脉给药。静脉注射过快可引起面色苍白、胸闷、心悸、恶心和过敏反应等，应缓慢静脉注射。用药前应详细询问病史，且应测量血压，高血压、冠心病、动脉硬化患者等禁用。用药期间随时为患者测量血压，发现血压有升高的趋势立即停药。

二、抗 凝 血 药

抗凝血药是一类通过影响凝血过程中的不同环节而阻止血液凝固的药物，临床主要用于血栓栓塞性疾病的预防与治疗。

血液凝固是一系列凝血因子经蛋白酶水解活化的过程。它可通过内源性途径或外源性途径启动，进而引起一系列凝血因子依次激活，最终生成凝血酶进入共同途径，使可溶性的纤维蛋白原变成稳定、难溶的纤维蛋白，网罗血细胞而成血凝块（图 11-2）。

肝　素

肝素因最初来自肝脏而得名，是一种硫酸化的酸性糖胺聚糖混合物。强酸性，带有的大量负电荷与其抗凝作用有关。分子量大，不易透过生物膜，口服给药无效，肌内注射可致局部血肿，应避免使用，一般采用静脉注射。

〖作用〗在体内、体外均有抗凝作用，作用迅速、强大，可延长凝血时间。静脉注射后 10 分钟内血液凝固时间、凝血酶时间及凝血酶原时间均明显延长，作用维持 3～4 小时。肝素主要通过激活抗凝血酶Ⅲ来发挥作用。抗凝血酶Ⅲ与凝血酶和凝血因子Ⅻa、Ⅺa、Ⅸa、Ⅹa 相结合，而使凝血因子失去活性。

〖应用〗

1. 主要用于防治血栓栓塞性疾病　如脑栓塞、肺栓塞及急性心肌梗死性栓塞、深静脉栓塞、周围动脉血栓栓塞等。但对已经形成的血栓无溶解作用。

2. 治疗早期弥散性血管内凝血（DIC）　如脓毒血症、胎盘早期剥离、恶性肿瘤溶解等所致的 DIC。早期应用肝素治疗，可防止因纤维蛋白和凝血因子的消耗引起继发性出血。

3. 体外抗凝　如血液透析、心导管检查、体外循环等。

〖不良反应与用药护理〗

1. 出血　自发性出血是最常见的不良反应，表现为各种黏膜出血、关节腔积血和伤口出血等。如出血严重，可缓慢静脉注射特效解毒剂硫酸鱼精蛋白对抗（1mg 可中和 100U 肝素钠）。用药期间告知患者及时报告出血情况，如尿液粉红色或红棕色，呕吐物红色或棕黑色，有无齿龈出血、黑便、红色痰、瘀斑、月经量增多、骨盆疼痛等。嘱患者用软毛刷刷牙。

链　接

鱼精蛋白

鱼精蛋白是一种碱性蛋白，主要在鱼类（如蛙鱼、鳟鱼、鲱鱼等）成熟精子细胞核中作为和 DNA 结合的核精蛋白存在。鱼精蛋白的作用原理主要是强碱性的硫酸鱼精蛋白与肝素中的硫酸基团离子结合，形成鱼精蛋白复合物，使肝素不再与抗凝血酶Ⅲ结合，从而消除其抗凝作用。

2. 血小板减少症　多为一过性，一般程度较轻。在使用期间注意监测血小板计数。

3. 其他　偶有过敏反应，如哮喘、荨麻疹、结膜炎和发热等。长期应用可引起脱发、骨质疏松和骨折等。

4. 禁忌证　禁用于对肝素过敏、有出血倾向、血友病、血小板功能不全和血小板减少症、紫癜、严重高血压、细菌性心内膜炎、肝肾功能不全、溃疡病、颅内出血、活动性肺结核、孕妇、先兆流产及产后、内脏肿瘤、外伤及术后等。

（考点：肝素的不良反应及防治措施）

华　法　林

华法林为香豆素类口服抗凝血药的代表药，同类的药物还有双香豆素、醋硝香豆素（新抗凝）等，这类药口服有效，故又称口服抗凝血药。

〖作用〗华法林化学结构与维生素 K 相似，能竞争性对抗维生素 K 的作用，抑制凝血因子Ⅱ、Ⅶ、Ⅸ、Ⅹ的合成，产生抗凝作用。本类药物只能阻止凝血因子前体的生成过程，对已有的凝血因子无作用，需待血液循环中具有的凝血因子耗竭后才能出现疗效，因此显效慢，无体外抗凝作用。口服后至少需经 12～24 小时才出现作用，1～3 天达高峰，维持 3～4 天。

〖应用〗主要用于防治血栓栓塞性疾病，如静脉血栓栓塞、外周动脉血栓栓塞、肺栓塞、心房纤颤伴附壁血栓和冠脉闭塞等。对需快速抗凝者则应先用肝素发挥治疗作用后，再用本类药物维持疗效。

〖不良反应与用药护理〗应用过量易致自发性出血，可累及机体的所有脏器，表现为牙龈出血、皮肤黏膜瘀斑、血尿及胃肠道、呼吸和生殖系统的出血症状。最严重者为颅内出血，应严密观察。轻度出血者减量或停药可以缓解；对中度或重度出血者，应给予维生素 K 治疗，同时输注新鲜血、血浆或凝血酶原复合物可以迅速恢复凝血因子的功能。此外，还可有胃肠道反应、粒细胞增多等。

链 接

死去的牛群、自杀的士兵与华法林

19 世纪 20 年代，美国出现大量牛群因食用被污染的草料胃肠出血而死亡的现象。威斯康星大学的 Karl Paul Link 教授发现是发霉的三叶草产生的双香豆素很强的抗凝作用导致牛群死亡。后来经过进一步研究，筛选出了毒性很强的华法林作为老鼠药使用。1951 年，一位美国士兵企图吃下含华法林的老鼠药自杀，在医院经过维生素 K 治疗后完全康复了，这场未遂的自杀初步证实了华法林在人体中的安全性。1954 年，美国 FDA 正式批准华法林作为药物应用于人类。1955 年，美国总统艾森豪威尔突发心肌梗死，医生给总统使用了华法林，挽救了这位美国总统的生命。从此华法林作为抗凝药物逐渐被人们所接受。

枸橼酸钠

〖作用与应用〗枸橼酸钠为体外抗凝药，其枸橼酸酸根离子与 Ca^{2+}可形成难解离的可溶性络合物，导致血中 Ca^{2+}浓度降低，凝血过程受阻，从而发挥抗凝作用。仅适用于体外抗凝血，用于体外血液保存。当大量输入或过快输入含有枸橼酸钠的外源性血液时，可引起血钙过低，导致手足抽搐、心功能不全、血压骤降，应立即静脉注射钙盐解救。

三、溶 栓 药

溶栓药可使纤溶酶原转变为纤溶酶，纤溶酶能迅速水解纤维蛋白导致血栓溶解，故又称纤维蛋白溶解药。链激酶、尿激酶及组织型纤溶酶原激活因子等均为溶栓药。

链激酶

〖作用与应用〗链激酶（SK）能与纤溶酶原结合，形成链激酶－纤溶酶原复合物，促使纤溶酶原转变成纤溶酶，溶解纤维蛋白。主要用于治疗血栓栓塞性疾病。静脉注射治疗动、静脉内新鲜血栓（6 小时内）形成和栓塞，如急性肺栓塞和深部静脉血栓等。心肌梗死早期治疗，可缩小梗死面积，使病变血管重建血流。冠状动脉注射链激酶，可使阻塞冠状动脉再通，恢复血流灌注。

〖不良反应与用药护理〗链激酶易引起出血，注射局部可出现血肿，一般不需治疗。如严重出血可注射氨甲苯酸对抗。出血性疾病、新创伤、伤口愈合中、消化道溃疡、严重高血压者禁用。由于具有抗原性，能引起过敏反应，出现寒战、发热、头痛等症状，还能引起血压降低，必要时可应用升压药。溶解本品时不可剧烈振摇，以免降低活性。本品冷藏保存，配制后的溶液在同样温度下保存不得超过 24 小时。

尿激酶

尿激酶（UK）是人肾细胞合成，从健康人新鲜尿液中提取的蛋白质酶，无抗原性，较常用。尿激酶直接激活纤溶酶原使之转变为纤溶酶，溶解已经形成的纤维蛋白，发挥溶血栓作用。尿激酶还能促进血小板聚集。其适应证、不良反应及禁忌证基本和链激酶相同，但没有抗原性，不引起过敏反应。

阿尼普酶

阿尼普酶进入血液后经逐渐去乙酰化作用而被激活，然后与纤溶酶原结合，使后者活化为纤溶酶溶解血栓。临床常用于急性心肌梗死，可改善症状，降低病死率，也用于其他血栓性疾病。最常见不良反应为出血，常发生于注射部位或胃肠道，亦可发生一过性低血压和与链激酶类似的过敏反应。

组织型纤溶酶原激活剂

本品为新型溶栓药，是利用基因重组技术合成的药物，激活内源性纤溶酶原使之转变为纤溶酶。溶栓作用较强，对血栓具有选择性，作用快。用于治疗肺栓塞和急性心肌梗死。

第3节　血容量扩充药

大量失血或大面积烧伤（失血浆）可使血容量降低，导致休克。临床上除了输血或血浆外，使用血容量扩充药维持血容量和重要器官的血液灌注是非常重要的治疗措施。常用药物有右旋糖酐、羟乙基淀粉等。

右旋糖酐

右旋糖酐为葡萄糖的聚合物，临床上常用的有右旋糖酐70（中分子右旋糖酐）、右旋糖酐40（低分子右旋糖酐）及右旋糖酐10（小分子右旋糖酐）。

〖作用与应用〗

1. 扩充血容量　静脉滴注后提高血浆胶体渗透压而扩充血容量。中分子右旋糖酐分子量大，不宜透过血管壁，故作用持久，可达12小时。低分子右旋糖酐和小分子右旋糖酐作用弱，维持时间短。主要用于大量失血或失血浆（如严重烧伤）等引起的低血容量性休克。

2. 改善微循环　右旋糖酐分子可覆盖在红细胞表面，阻止红细胞聚集，从而使血液稀释，改善微循环，用于治疗休克（如感染性休克）。低分子和小分子右旋糖酐疗效比较明显。

3. 抗凝血　右旋糖酐可覆盖在血小板的表面和损伤的血管内膜，抑制血小板和纤维蛋白聚集，阻止血栓形成，同时血液稀释，微循环改善都有助于阻止血栓形成，可防治休克后期弥散性血管内凝血。也可用于防治心肌梗死和脑血栓形成及外科术后防止血栓形成。低分子和小分子右旋糖酐抗凝效果较好。

4. 渗透性利尿　低分子和小分子右旋糖酐因分子量较小，易自肾小球滤过，且不被肾小管重吸收而产生渗透性利尿作用。用于防治急性肾衰竭。

〖不良反应与用药护理〗

1. 过敏反应　偶见，如发热、荨麻疹等，呼吸困难，严重可致过敏性休克，用药前取0.1ml作皮内注射，观察15分钟，静脉滴注要缓慢。

2. 凝血障碍　用量超过1000ml时，少数患者出现凝血障碍而出血，可用抗纤维蛋白溶解药对抗。

3. 禁忌证　禁用于血小板减少症、出血性疾病、血浆中纤维蛋白原低下等。心功能不全、肺水肿及肾功能不佳者慎用。

羟乙基淀粉

羟乙基淀粉又名706代血浆，由玉米淀粉制成，为葡萄糖聚合物，分子量在（2.5～4.5）万。作用、应用与右旋糖酐相同。

小结

血容量扩充药常用药是右旋糖酐，中分子右旋糖酐主要用于各种原因引起的低血容量性休克，低分子右旋糖酐主要用于抗血栓和改善微循环。右旋糖酐用药前应做皮试。

自测题

1. 缺铁性贫血的患者可服用哪个药物进行治疗（　　）
   A. 硫酸亚铁　B. 维生素 B_{12}
   C. 叶酸　D. 维生素 K
   E. 华法林
2. 口服下列哪种物质有利于铁剂的吸收（　　）
   A. 茶　B. 牛奶
   C. 维生素 C　D. 咖啡
   E. 四环素
3. 口服铁剂的主要不良反应是（　　）
   A. 血栓形成　B. 胃肠道刺激
   C. 血压下降　D. 过敏反应
   E. 出血
4. 叶酸可用于治疗下列哪种疾病（　　）
   A. 缺铁性贫血　B. 巨幼红细胞性贫血
   C. 再生障碍性贫血　D. 白血病
   E. 自发性出血
5. 甲氨蝶呤引起的巨幼红细胞性贫血的治疗药物是（　　）
   A. 叶酸　B. 维生素 B_{12}
   C. 亚叶酸钙　D. 硫酸亚铁
   E. 维生素 K
6. 恶性贫血患者宜用（　　）
   A. 维生素 A　B. 维生素 B
   C. 维生素 B_{12}　D. 叶酸
   E. 维生素 B_{12}＋叶酸
7. 维生素 K 的作用机制是（　　）
   A. 抑制抗凝血酶Ⅲ
   B. 竞争性对抗纤溶酶原激活因子
   C. 抑制纤溶酶
   D. 作为羧化酶的辅酶参与凝血因子的合成
   E. 促进血小板聚集
8. 华法林过量引起的自发性出血的治疗药物是（　　）
   A. 肝素　B. 枸橼酸钠
   C. 维生素 K　D. 尿激酶
   E. 维生素 B_{12}
9. 肝素过量引起的自发性出血可选用的药物是（　　）
   A. 酚磺乙胺　B. 维生素 K
   C. 鱼精蛋白　D. 垂体后叶素
   E. 链激酶
10. 体内、体外均有抗凝作用的药物是（　　）
    A. 尿激酶　B. 华法林
    C. 肝素　D. 枸橼酸钠
    E. 链激酶
11. 下列哪项不是右旋糖酐的作用（　　）
    A. 扩充血容量　B. 阻止血小板聚集
    C. 渗透性利尿　D. 改善微循环
    E. 扩张血管，降低血压
12. 患者，男，35 岁。一个月前因反复发作性上腹部餐后痛而就医，胃镜确诊为胃溃疡，近两周以来上腹痛加剧，间断出现柏油样大便，现感头晕、心慌、乏力。体检：面色苍白，心率加快。血液检查：血红蛋白 80g/L，宜选择治疗的药物是（　　）
    A. 叶酸　B. 维生素 B_{12}
    C. 硫酸亚铁　D. 维生素 B_6
    E. 亚叶酸钙
13. 患者，男，60 岁。高血压病史 18 年，因右侧肢体麻木，肌肉无力就诊，检查确诊为脑血栓形成，宜选择的溶栓药是（　　）
    A. 肝素　B. 华法林
    C. 尿激酶　D. 枸橼酸钠
    E. 右旋糖酐
14. 患者，女，26 岁。因外伤失血过多，血容量过低出现休克而入院急诊，紧急补液宜选用的是（　　）
    A. 中分子右旋糖酐　B. 低分子右旋糖酐
    C. 小分子右旋糖酐　D. 0.9% 氯化钠溶液
    E. 5% 葡萄糖溶液

（闫丽珍）

第12章 子宫兴奋药与抑制药

影响子宫功能的药物包括子宫兴奋药和抑制药，前者主要用于催产、引产或产后出血、子宫复原等，后者主要用于防治早产。

案例 12-1 患者，女，28岁。妊娠40周，入院待产。经检查可以正常分娩，但在分娩过程中出现子宫无力收缩。遵医嘱给予缩宫素静脉滴注。

问题：1. 为什么要给予缩宫素治疗？

2. 如何做好用药护理？

一、子宫兴奋药

子宫兴奋药是一类选择性兴奋子宫平滑肌，促进子宫收缩的药物。常用的药物有缩宫素、麦角新碱、前列腺素等。本类药如使用不当，可造成子宫破裂或胎儿窒息。因此，必须慎重使用，并严格掌握剂量。

缩宫素（催产素）

〖作用〗口服易被消化液破坏，须多注射给药。其作用为：

1. 兴奋子宫平滑肌　缩宫素能直接兴奋子宫平滑肌，加强其收缩。其作用特点：①与剂量及子宫部位有关：小剂量（2～5U）使子宫产生节律性收缩，其收缩性质与正常分娩相似，使子宫体和底部平滑肌产生节律性收缩，子宫颈平滑肌轻度松弛，有利于胎儿娩出。大剂量（5～10U）引起子宫强直性收缩，可用于产后止血。②与女性激素有关：雌激素能提高子宫对缩宫素的敏感性，孕激素则降低其敏感性。妊娠早期，孕激素水平高，子宫对缩宫素敏感性较低，有利于胎儿的发育；妊娠后期，雌激素水平升高，子宫对缩宫素敏感性增强，临产时最为敏感，有利于胎儿娩出。

2. 其他作用　缩宫素能使乳腺腺泡周围的肌上皮细胞收缩，促进排乳。大剂量能扩张血管，使血压下降，还有轻度抗利尿作用。

链　接

宫 缩 特 点

宫缩具有节律性、对称性、极性和缩复作用的特点。临产后的子宫收缩为阵发性、有规律且伴有“疼痛”的收缩。分娩刚开始时，宫缩较弱时持续约30秒，间歇期较长时5～6分钟，每次宫缩由弱渐强（进行期），维持一定时间（极期），随后由强渐弱（退行期），直至消失进入松弛状态（间歇期）。宫缩有规律地反复出现、强度也随产程进展逐渐增加，宫缩可持续约60秒、间歇期达1～2分钟。

〖应用〗

1. 催产和引产　对于胎位正常、无产道障碍而宫缩无力的难产，可用小剂量缩宫素加强子宫节律性收缩，促进分娩。对于死胎，过期妊娠或因患严重心脏病、肺结核等疾病需提前终止妊娠者，也可用小剂量缩宫素引产。

2. 产后止血　产后出血时，立即皮下或肌内注射大剂量的缩宫素，使子宫平滑肌产生强直性收缩以压迫子宫肌层内血管而止血。因其作用短暂，需加用麦角新碱以维持疗效。

〖不良反应与用药护理〗

1. 过量可引起子宫强直性收缩，导致胎儿窒息或子宫破裂。用于催产或引产时要注意严格掌握剂量，每次 2～5U，用 5% 葡萄糖液 500ml 稀释后，先以 8～10 滴 / 分的速度静脉滴注，要密切观察，并根据宫缩及胎心情况随时调整静脉滴注速度，最快不超过 40 滴 / 分。凡产道异常、胎位不正、头盆不称、前置胎盘及三次妊娠以上的经产妇或有剖宫产史者禁用。

2. 偶见恶心、呕吐、血压下降、心律失常及过敏反应等。

（考点：缩宫素的主要临床应用和注意事项）

麦角新碱

〖作用与应用〗能选择性地兴奋子宫平滑肌，使子宫收缩。作用强度与用药剂量和子宫的功能状态有关。其特点是：①兴奋子宫作用迅速、强大、持久，剂量不易控制，剂量稍大即可引起子宫强直性收缩；②对子宫体和子宫颈的兴奋作用无明显区别，不利于胎儿娩出；③对妊娠子宫比未孕子宫敏感，临产时或新产后最敏感。主要用于治疗产后出血或其他原因所致的子宫出血，也用于产后子宫复原等。

〖不良反应与用药护理〗注射给药可致恶心、呕吐、血压升高等，偶见过敏反应。高血压、冠心病、妊娠高血压综合征、催产、引产禁用麦角新碱。

前列腺素

前列腺素的种类较多，作为子宫兴奋药应用的有前列腺素 E_2（地诺前列酮）、前列腺素 $F_2\alpha$（地诺前列素）、15- 甲基前列腺素 $F_2\alpha$（卡前列素）。

〖作用与应用〗

1. 兴奋子宫平滑肌　对妊娠各期子宫均有兴奋作用，其作用强度随妊娠的发展而增强，对妊娠晚期子宫作用最强，在增强子宫体平滑肌收缩时，使子宫颈松弛，有利于胎儿娩出。用于足月妊娠引产或中期妊娠引产。

2. 抗早孕　PGE_2 能使黄体萎缩溶解，血中孕激素水平急剧下降，子宫内膜脱落形成月经，具有催经止孕作用。PGE_2 使子宫平滑肌强烈收缩，妨碍受精卵着床而抗早孕。可用于妊娠早期人工流产，也可用于月经过期不久妇女的催经和抗孕。

〖不良反应〗可见恶心、呕吐、腹痛、腹泻等消化道反应。静脉滴注剂量过大可引起子宫强直性收缩，应严密观察宫缩情况，防止子宫破裂。青光眼、哮喘患者禁用。

二、子宫抑制药

子宫抑制药是一类能抑制子宫平滑肌收缩，使子宫收缩力减弱的药物，临床上主要用于防治早产。常用的药物有利托君、硫酸镁、钙通道阻滞药等。

利托君

〖作用与应用〗激动子宫平滑肌中的 β_2 受体，抑制子宫收缩，减少子宫的活动而延长妊娠期，推迟分娩，有利于胎儿发育成熟。主要用于防治早产。一般先采用静脉滴注，取得疗效后再改口服维持。

〖不良反应〗常见的有心悸、胸闷、胸痛、心律失常等，还可降低血钾和升高血糖。妊娠不足 20 周及分娩进行期、严重心血管疾病及糖尿病患者禁用。

硫　酸　镁

硫酸镁可抑制子宫平滑肌收缩，防治早产，尤其适用于禁用 β_2 受体激动药的早产患者。还可用于治疗妊娠高血压综合征和子痫。

练一练：

请　连　线

对子宫兴奋无明显区别	缩宫素	主要用于治疗产后出血
具有抗早孕作用	麦角新碱	可用于妊娠早期人工流产
激动子宫平滑肌中的 β_2 受体	前列腺素	主要用于防治早产
小剂量使子宫产生节律性收缩	利托君	主要用于催产和引产

小结

常用的子宫平滑肌兴奋药有缩宫素、麦角新碱、前列腺素等，缩宫素用于催产、引产和产后出血；麦角新碱用于产后出血和产后子宫复原，禁用于催产和引产，前列腺素用于引产和药物流产。子宫平滑肌抑制药用于防治早产。

自测题

1. 对胎位正常、产道无障碍而宫缩乏力的难产可选用（　　）
   A. 小剂量缩宫素静脉滴注
   B. 大剂量缩宫素静脉滴注
   C. 大剂量缩宫素肌内注射
   D. 小剂量麦角新碱静脉滴注
   E. 大剂量麦角新碱静脉滴注
2. 麦角新碱禁用于催产、引产的原因是（　　）
   A. 妊娠子宫对其不敏感
   B. 兴奋子宫平滑肌的作用较弱
   C. 易致低血压
   D. 对子宫体和子宫颈的兴奋作用无明显区别
   E. 作用时间短暂
3. 防治早产可选用（　　）
   A. 缩宫素　　B. 麦角新碱
   C. 垂体后叶素　　D. 地诺前列酮
   E. 利托君
4. 抗早孕可选用（　　）
   A. 利托君　　B. 地诺前列酮
   C. 硫酸镁　　D. 缩宫素拮抗药
   E. 钙通道阻滞药
5. 产后止血应选用（　　）
   A. 地诺前列酮　　B. 小剂量缩宫素
   C. 麦角新碱　　D. 维生素 K
   E. 利托君
6. 缩宫素用于催产和引产时宜采用（　　）
   A. 静脉滴注　　B. 肌内注射
   C. 静脉注射　　D. 皮下注射
   E. 宫腔内注射
7. 能提高子宫平滑肌对缩宫素敏感性的药物是（　　）
   A. 孕激素　　B. 雌激素
   C. 麦角新碱　　D. 麦角胺
   E. 糖皮质激素
8. 缩宫素过量可引起哪项不良反应（　　）
   A. 血压升高
   B. 恶心、呕吐
   C. 胎儿窒息或子宫破裂
   D. 呼吸抑制
   E. 抑制排乳

9. 患者，女，26 岁。足月妊娠，昨晚 8 时开始分娩，开始时子宫收缩力良好，但当宫口开大至 3cm 时，宫缩减弱，持续时间缩短，间隔时间长，每当阵缩达高峰时按压子宫壁，感觉不够硬且可被压下陷，宫颈不再继续扩张。宜选用哪种药物催产（　　）
   A. 小剂量缩宫素静脉滴注
   B. 大剂量缩宫素肌内注射
   C. 麦角新碱
   D. 麦角胺
   E. 垂体后叶素
10. 患者，女，29 岁。妊娠期间患急性粟粒性肺结核，用耳毒性较大的氨基糖苷类药物治疗，若中止妊娠可用哪种药物引产（　　）
   A. 麦角胺　　B. 麦角新碱
   C. 雌激素　　D. 前列腺素
   E. 大剂量缩宫素
11. 患者，女，28 岁。患高血压 4 个月，妊娠足月后，自然分娩，产后 3 小时突然阴道大出血，宜选用（　　）
   A. 小剂量缩宫素静脉滴注
   B. 麦角新碱
   C. 大剂量缩宫素静脉滴注
   D. 麦角胺
   E. 垂体后叶素

（高艳丽）

第13章 激素类药

第1节 肾上腺皮质激素类药

案例 13-1 患者，男，27岁。3个月前开始出现双下肢凹陷性水肿并逐渐加重，尿液中有泡沫。检查：尿蛋白4.7g/d，血白蛋白25g/L。诊断为肾病综合征。医嘱给予泼尼松、氢氯噻嗪治疗。

问题：1. 患者为什么要用糖皮质激素类药物治疗？

2. 作为护士，该患者入院后应做好哪些用药护理？

肾上腺皮质激素是肾上腺皮质合成并分泌的激素总称，简称皮质激素，属于甾体类激素。肾上腺皮质由外向内依次分为：①球状带，分泌盐皮质激素，包括醛固酮和脱氧皮质酮等，临床应用少。②束状带，分泌糖皮质激素，包括氢化可的松和可的松，作用广泛，临床常用。③网状带，分泌性激素，包括雄激素和少量雌激素，分泌量少且生物活性低（图13-1）。临床常用的肾上腺皮质激素类药物主要指糖皮质激素类药。

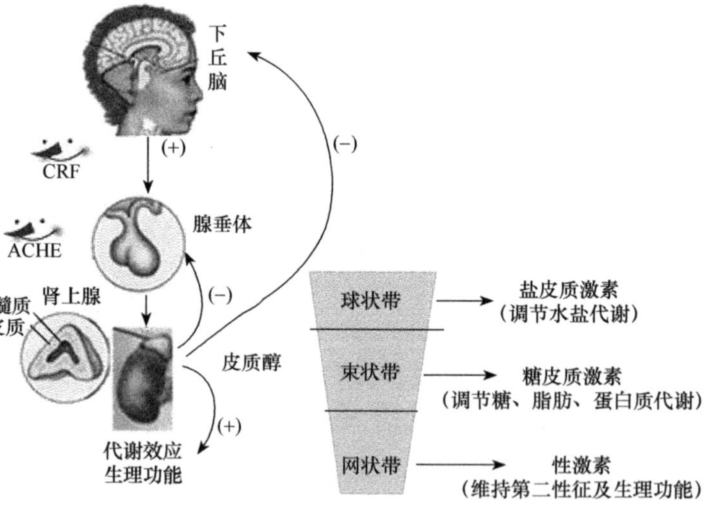

图13-1 肾上腺皮质激素分泌的调节示意图

（+）表示促进；（−）表示反馈性抑制

一、糖皮质激素

糖皮质激素是由肾上腺皮质合成并分泌的激素，具有广泛而复杂的生理作用，其合成及分泌受下丘脑－垂体前叶－肾上腺皮质轴调节（图13-1）。

糖皮质激素类药物除氢化可的松、可的松外，大多是半合成品，种类较多，按其半衰期及临床应用分为短效（可的松、氢化可的松）、中效（泼尼松、泼尼松龙、甲泼尼龙）、长效（地塞米松、倍他米松）和外用类（氟氢可的松、氟轻松）。其作用相似，只是在作用强弱、维持时间长短及对水盐代谢、糖代谢的影响方面存在差异。可的松和泼尼松需在肝内转化为氢化可的松和泼尼松龙后才能发挥作用，故严重肝病时宜选用有活性的氢化可的松或泼尼松龙。

〖作用〗糖皮质激素类药作用广泛，生理剂量时主要影响物质代谢过程，超生理剂量时，除产生生理作用外，还会产生一系列药理作用。

1. 抗炎作用　对各种原因所致的炎症及炎症的各个阶段都具有强大的抑制作用。在急性炎症初期，可抑制毛细血管扩张，降低血管通透性，减少渗出及水肿，抑制白细胞浸润和吞噬，改善红、肿、热、痛等症状。在急性炎症后期和慢性炎症时，可抑制毛细血管和成纤维细胞的增生，延缓肉芽组织的生成，从而减轻瘢痕和粘连等炎症后遗症。但须注意，糖皮质激素在抑制炎症、减轻症状的同时，也降低了机体的防御功能，可致炎症扩散。

2. 抗免疫作用　对免疫过程的多个环节都具有抑制作用。小剂量时主要抑制细胞免疫，大剂量时可抑制体液免疫。

3. 抗内毒素作用　能提高机体对内毒素的耐受力，降低机体对内毒素刺激的反应，减轻细胞损伤。但不能中和、破坏内毒素，对外毒素无效。

4. 抗休克作用　除具有抗炎、抗毒、抗免疫作用外，还能稳定溶酶体膜，减少心肌抑制因子的形成，从而减轻心肌收缩无力和内脏血管收缩；能降低血管对某些缩血管活性物质的敏感性，舒张痉挛血管，改善微循环；能兴奋心脏，增强心肌收缩力，增加心排血量，从而发挥抗休克作用。

5. 对代谢过程的影响　在生理剂量下主要参与调节糖、蛋白质、脂肪代谢和水电解质代谢。①促进糖异生，抑制组织对糖的利用，升高血糖；②促进蛋白质分解，抑制其合成；③促进脂肪分解，抑制其合成；④保钠排钾，减少小肠对钙的吸收并能促进尿钙排出。长期大剂量应用可引起糖、蛋白质、脂肪及水盐代谢紊乱。

> 糖皮质激素生理作用助记口诀：升糖、解蛋、分脂、保钠、排钙。

6. 其他作用

（1）血液和造血系统：刺激骨髓造血功能，增加血液中红细胞、血红蛋白、血小板、纤维蛋白原、中性粒细胞的数量；但能使血液中淋巴细胞和嗜酸粒细胞数量减少。

（2）中枢神经系统：提高中枢神经系统兴奋性，出现欣快、行动增多、激动、失眠甚至焦虑、抑郁、躁狂等症状，可诱发癫痫或精神失常。儿童大剂量应用可致惊厥。

（3）消化系统：促进胃酸及胃蛋白酶分泌，增强食欲，促进消化。但大剂量长期使用可诱发或加重消化性溃疡。

〖应用〗

1. 替代疗法　用于急、慢性肾上腺皮质功能不全、垂体前叶功能减退及肾上腺次全切除术后。

2. 严重感染及炎症

（1）治疗严重感染：如中毒性菌痢、中毒性肺炎、猩红热、败血症、暴发型流行性脑膜炎、急性粟粒型肺结核等。糖皮质激素可迅速缓解症状，但因其不抗菌，而且还会降低机体免疫力，故须同时使用足量有效抗菌药物进行治疗。病毒性感染一般不用糖皮质激素，但对严重的传染性非典型肺炎、病毒性肝炎、流行性腮腺炎和流行性乙型脑炎，可酌情使用，以达到迅速控制症状，减轻或防止并发症和后遗症的目的。

（2）预防炎症后遗症：对某些重要脏器或部位的炎症，如结核性脑膜炎、脑炎、心包炎、风湿性心瓣膜炎、损伤性关节炎、睾丸炎、虹膜炎、角膜炎、视神经炎和视网膜炎等，早期应用可减轻症状，防止粘连和瘢痕等后遗症的发生。

3. 自身免疫性疾病、过敏性疾病和器官移植排斥反应

（1）自身免疫性疾病：治疗类风湿关节炎、系统性红斑狼疮等自身免疫性疾病。可迅速缓解症状，但单用不能根治，应采用综合疗法。

（2）过敏性疾病：治疗顽固性支气管哮喘、接触性皮炎、血管神经性水肿、荨麻疹等过敏性疾病。可在使用肾上腺素受体激动药和抗组胺药治疗无效或病情特别严重时加用糖皮质激素作辅助治疗。

（3）器官移植排斥反应：一般与环孢素 A 等免疫抑制药合用。

4. 休克　大剂量糖皮质激素可用于治疗各种休克，使患者度过危险期。对感染中毒性休克，须与足量有效的抗菌药物合用，并应早期、大剂量、短时间使用。对过敏性休克，首选肾上腺素，严重者可合用糖皮质激素。对心源性休克和低血容量性休克须结合病因综合治疗。

5. 血液病　治疗急性淋巴细胞性白血病、再生障碍性贫血、粒细胞缺乏症、血小板减少症、过敏性紫癜等，但停药后容易复发。

6. 局部应用　外用制剂局部使用对接触性皮炎、湿疹、银屑病等皮肤病有效。

（考点：糖皮质激素的作用）

〖不良反应与用药护理〗

1. 长期大剂量用药引起的不良反应（图 13-2）

（1）类肾上腺皮质功能亢进综合征：长期大量应用糖皮质激素可出现满月脸、水牛背、向心性肥胖、水肿、皮肤变薄、多毛、痤疮、低血钾、高血糖、高血压、肌无力和肌肉萎缩等。

用药护理：①停药后可自行消退。②采用低盐、低糖、高蛋白、高纤维素饮食，多食含钾丰富的水果、蔬菜，摄入足够热量。③定期检查血糖、尿糖、糖耐量试验、水电解质及血压等。

（2）诱发或加重感染：长期应用可诱发或加重感染，使体内潜在的感染灶扩散、加重，特别是原有疾病已使机体抵抗力下降患者更易发生。

用药护理：①排除潜在感染，如潜在结核病灶。②密切观察有无感染体征。③合用足量有效的抗菌药物。

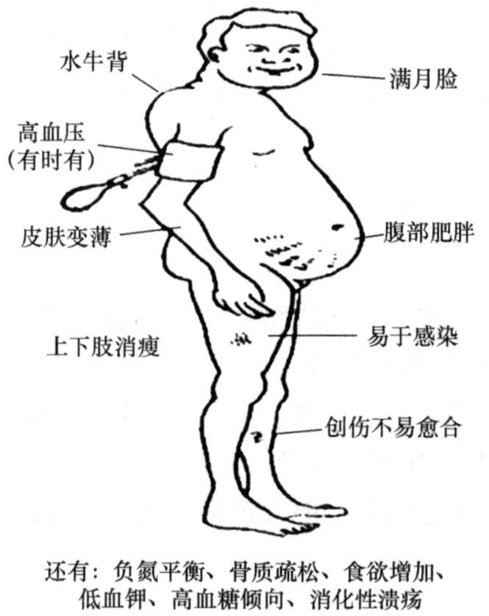

图 13-2　糖皮质激素不良反应示意图

（3）消化系统并发症：可诱发或加重消化性溃疡。

用药护理：①定期做大便隐血试验。②加服抗酸药及胃黏膜保护药。

（4）心血管系统并发症：可诱发高血压和动脉粥样硬化，还可引起脑卒中、高血压性心脏病、血管脆性增加等。

用药护理：①定期监测血压。②注意合理饮食。③必要时加用抗高血压药。

（5）骨质疏松、肌肉萎缩、伤口愈合迟缓、影响儿童生长发育等。

用药护理：①长期用药应适当补充维生素 D 和钙剂。②高蛋白饮食。③小儿定期监测生长和发育情况。

（6）诱发精神失常或癫痫，儿童大剂量使用易发生惊厥。

用药护理：①密切观察。②儿童用药时注意剂量。

（7）其他不良反应：可致白内障和青光眼，并有致畸作用。应定期行眼科检查，孕妇禁用。

2. 停药反应

（1）医源性肾上腺皮质功能减退症：长期应用超生理剂量糖皮质激素的患者，由于负反馈调节，抑制腺垂体促皮质激素的分泌，使肾上腺皮质萎缩，内源性肾上腺皮质激素释放减少，此时骤然停药或减量过快，可表现出肾上腺皮质功能不全或危象，表现为恶心、呕吐、乏力、低血糖、低血压等，甚至休克，尤其机体存在感染、创伤、手术等严重应激情况时更易出现。

用药护理：长期应用糖皮质激素，不可骤然停药，需缓慢递减，直至停药。

（2）反跳现象：长期应用超生理剂量糖皮质激素的患者，骤然停药或减量过快，会使原有疾病复发，甚至加重。

用药护理：加大剂量再行治疗，待症状缓解后再逐渐减量，缓慢停药。

（考点：糖皮质激素的不良反应和用药护理）

〖禁忌证〗抗菌药不能控制的病毒、真菌感染、活动性肺结核、严重高血压、充血性心力衰竭、糖尿病、骨折、创伤修复期、新近胃肠吻合术、角膜溃疡、精神病史、癫痫病史、消化性溃疡、肾上腺皮质功能亢进、孕妇等禁用。

当病情严重危及生命时，虽有禁忌证仍需使用，但须注意：同时针对禁忌证给予相应治疗，待度过危险期后，及时逐渐减量至停药。

〖给药方法〗

1. 大剂量突击疗法　适用于急性重危患者，如重度感染性疾病、各种休克等。常用氢化可的松静脉滴注，首剂 200～300mg，1 天量可达 1g 以上，疗程不超过 3 天，之后逐渐减量。同时配合抗感染、抗休克等治疗。

2. 一般剂量长期疗法　适用于结缔组织病、肾病综合征、顽固性支气管哮喘。常用泼尼松口服，开始每天 10～20mg，一天 3 次，产生疗效后逐渐减量至最小维持量，疗程可数月甚至更长。

3. 小剂量替代疗法　适用于急、慢性肾上腺皮质功能不全、垂体前叶功能减退及肾上腺次全切除术后。常用氢化可的松每天 10～20mg 维持治疗。

4. 隔日疗法　适用于需长期使用激素治疗的慢性疾病患者。常用泼尼松或泼尼松龙，将 2 天的总药量在隔日的清晨 7～8 时一次给药。

5. 局部应用　适用于湿疹、接触性皮炎等。常用氟轻松等外用制剂局部涂抹。

链　接

内源性糖皮质激素分泌的昼夜规律

内源性糖皮质激素的分泌具有昼夜节律性（图 13-3），即每日上午 8～10 时为分泌高峰，之后逐渐下降，午夜 12 时左右为低谷。如果在上午 8 时左右，即内源性糖皮质激素分泌高峰时给药，可最大限度降低药物对肾上腺皮质功能的抑制。

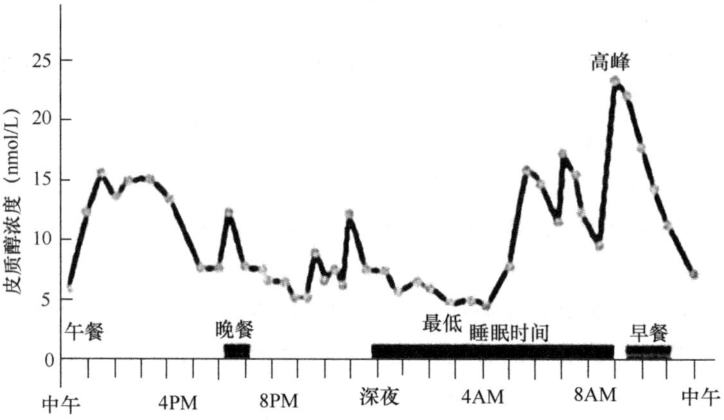

图 13-3 糖皮质激素的昼夜分泌规律示意图

药疗警示

患者，男，44 岁。因发热、心悸、血沉 100mm/h，诊断为风湿性心肌炎。无高血压、高血糖、消化性溃疡病史。入院后，给予泼尼松每日 35mg 口服，用药 14 日后，自觉上腹不适，有压痛，第 20 日发现黑便，第 24 日开始呕血。试分析为什么会出现这种情况？有何警示？

二、盐皮质激素

盐皮质激素包括醛固酮和脱氧皮质酮，主要作用是促进肾远曲小管对 Na^+ 的重吸收，保钠排钾，维持机体正常的水电解质代谢。临床上常与氢化可的松等合用，治疗慢性肾上腺皮质功能减退症。

小结

糖皮质激素在生理剂量时发挥生理功能（主要影响三大物质及水电解质代谢），在超生理剂量时还可发挥药理作用（四抗及对血液造血、中枢、消化系统作用）。糖皮质激素用途广泛，但必须同时配合病因治疗。大剂量或长期使用时不良反应较多，主要有一进（类肾上腺皮质功能亢进综合征）、一退（医源性肾上腺皮质功能减退症）、四诱发（诱发或加重感染、高血压、消化性溃疡、精神失常及癫痫），长期使用后突然停药可引起反跳现象。在使用糖皮质激素治疗疾病时，应注意观察、定期监测相应检查项目，避免严重不良反应的发生。

第 2 节 甲状腺激素与抗甲状腺药

一、甲状腺激素

甲状腺激素由甲状腺合成、储存和分泌，包括三碘甲状腺原氨酸（T_3）和四碘甲状腺原氨酸（甲状腺素，T_4），其中 T_3 分泌量少却活性高，T_4 分泌量多却活性低，T_4 在外周会脱碘转变为 T_3 后发挥作用。甲状腺激素的合成和分泌由下丘脑 - 腺垂体调控（图 13-4）。

甲状腺激素类药物主要有动物甲状腺制得的甲状腺片，以及人工合成的左甲状腺素和碘塞罗宁。

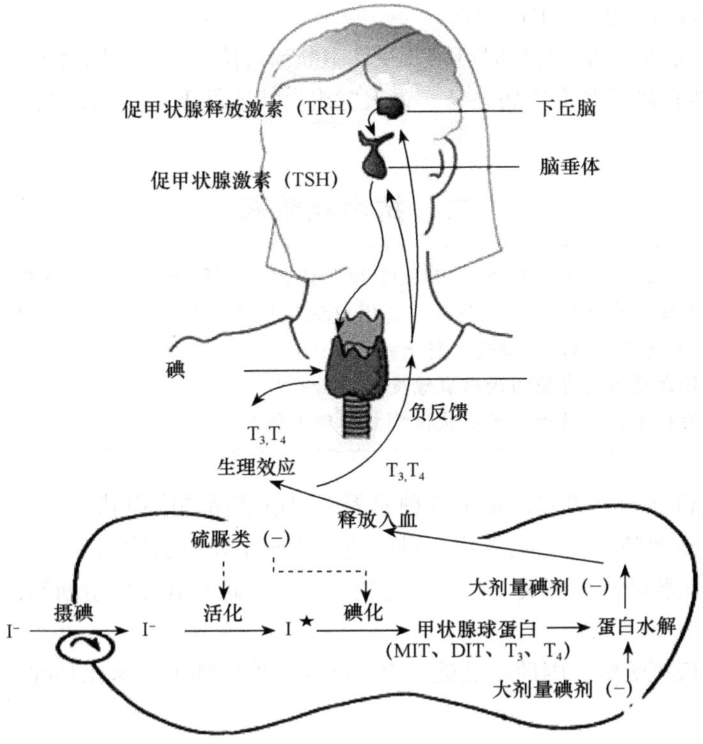

图 13-4 甲状腺激素的合成、分泌、调节与抗甲状腺药作用机制

〖作用〗

1．维持正常生长发育 促进蛋白质合成、骨骼生长及神经系统的发育，此作用在出生后最初的 4 个月内最为明显。甲状腺功能低下时，婴幼儿可表现为智力低下、身材矮小的呆小症；成年人可出现黏液性水肿，表现为中枢兴奋性降低、记忆力减退、畏寒等。

2．促进代谢 促进物质氧化，增加组织耗氧，提高基础代谢率，增加产热量。甲状腺功能亢进时，有怕热、多汗等症状。

3．神经系统和心血管效应 增强血管对儿茶酚胺的敏感性，维持中枢和交感神经系统兴奋性。甲状腺功能亢进时，可出现神经过敏、易激动、心率加快、血压升高等症状。

〖应用〗

1．治疗呆小症 对婴幼儿的治疗越早越好。及早治疗，发育仍可恢复正常；若治疗过晚，身体发育虽可恢复正常，但智力仍然低下。

2．治疗黏液性水肿 应从小剂量开始，逐渐增加至足量，2～3 周后如基础代谢率恢复正常，可逐渐减量至维持量。

3．防治单纯性甲状腺肿 给予适量甲状腺激素，以补充内源性激素的不足，并可通过负反馈抑制促甲状腺激素分泌，从而减轻甲状腺组织的代偿性增生。

〖不良反应〗过量可引起甲状腺功能亢进症的临床表现，如多汗、心悸、失眠、手震颤、体重减轻等，严重者可出现腹泻、呕吐、发热、脉搏增快而不规律、心绞痛和心力衰竭等。

〖用药护理〗

1．严格执行医嘱。严密观察患者体温、脉搏、体重、消化功能等情况，重点监测心率和心律。发现异常及时报告医生做相应处理。

2. 一旦发生，立即停药，必要时可用β受体阻断药对抗。停药1周后再从小剂量开始应用。

3. 糖尿病、伴心血管严重疾病患者、肾上腺皮质功能低下者禁用，老年人、孕妇、哺乳期妇女慎用。

二、抗甲状腺药

案例 13-2 患者，女，35岁。甲状腺肿大伴怕热、多汗、多食、消瘦、心悸、手震颤、烦躁、易怒等症状9个月，查体甲状腺Ⅱ度肿大，根据血T_3、T_4检查，诊断为甲状腺功能亢进症。医嘱给予丙硫氧嘧啶进行治疗。

问题： 1. 为什么要给患者使用丙硫氧嘧啶进行治疗？

2. 作为护士，该患者入院后应做哪些护理工作？

甲状腺功能亢进症简称甲亢，是由各种原因引起血液循环中甲状腺激素异常增多而出现的以全身代谢亢进为主要特征的一类疾病。目前治疗措施主要有药物治疗、放射性碘治疗和手术治疗。常用的抗甲状腺药有硫脲类、碘及碘化物、放射性碘和β受体阻断药四类。

（一）硫脲类

常用药物有甲硫氧嘧啶、丙硫氧嘧啶、甲巯咪唑（他巴唑）和卡比马唑（甲亢平）等。

〖作用〗

1. 抑制甲状腺激素的合成　通过抑制甲状腺过氧化物酶，进而抑制酪氨酸的碘化及偶联，减少甲状腺激素的生物合成。对已经合成的甲状腺激素无效。

2. 抑制T_4转化为T_3　丙硫氧嘧啶能抑制周围组织的T_4脱碘生成T_3，迅速降低血中活性较高的T_3水平，在甲状腺危象、重症甲状腺功能亢进时常被列为首选药。

3. 免疫抑制作用　抑制免疫球蛋白合成，使血液中甲状腺刺激性免疫球蛋白减少。

〖应用〗

1. 甲状腺功能亢进症的内科治疗　适用于轻度、不宜手术和放射性碘治疗的患者，也可作为放射性碘治疗的辅助治疗。疗程一般1～2年。

2. 甲状腺手术的术前准备　对需要做甲状腺次全切除手术的患者，术前应服用硫脲类至甲状腺功能恢复正常，以减少麻醉和手术后的并发症及术后甲状腺危象的发生。注意术前2周应再服用大剂量的碘剂，使腺体缩小、变韧，以减少出血，利于手术进行。

3. 甲状腺危象的综合治疗　甲状腺功能亢进症患者在精神刺激、感染、手术、外伤等诱因下，甲状腺激素会突然大量释放入血，导致病情恶化，患者会出现高热、心力衰竭、肺水肿、水电解质紊乱等而危及生命，称甲状腺危象。治疗时应在使用大剂量碘剂阻止甲状腺激素释放的同时，辅以大剂量硫脲类阻止甲状腺激素的合成。

（考点：硫脲类药物的应用）

〖不良反应与用药护理〗

1. 粒细胞缺乏症　为最严重的不良反应，发生率为0.3%～0.6%，多于用药后2～3个月发生，老年人较容易发生。

用药护理：①注意观察患者有无出现咽痛、发热、肌痛、乏力等症状，注意观察有无感染征象。②必要时进行保护性隔离，预防交叉感染，并加用抗微生物药物。③定期检查血象，低

于 3.0×10^9/L 应立即停药。

2．消化道反应　表现为厌食、呕吐、腹痛、腹泻等。进餐时服用可减轻。

3．过敏反应　多为皮疹、发热、荨麻疹等轻度过敏反应，停药后可自行消失，必要时可给予抗组胺药或糖皮质激素类药。

4．甲状腺肿和甲状腺功能减退　剂量过大可通过负反馈引起腺体代偿性增生，腺体增大、充血。及时停药后可自愈，严重者产生压迫症状，可采取替代疗法。

5．禁忌证　硫脲类易通过胎盘和进入乳汁，妊娠期妇女慎用，哺乳期妇女禁用。甲状腺癌、结节性甲状腺肿合并甲亢等患者禁用。

（考点：硫脲类药物的不良反应及用药护理）

药疗警示

患者，男，30 岁。于半年前诊断为甲状腺功能亢进症，医生给予丙硫氧嘧啶进行治疗。近 2 日出现乏力、咽痛、发热，体温 38.1℃，白细胞 3.3×10^9/L。试分析为什么会出现这种情况？有何警示？

（二）碘及碘化物

常用药物有复方碘溶液（又称卢戈液，含碘 5%、碘化钾 10%）、碘化钾、碘化钠等。

〖作用与应用〗不同剂量的碘化物对甲状腺功能产生的作用不同。

1．防治单纯性甲状腺肿　碘是合成甲状腺激素的原料，小剂量碘和碘化物可以促进甲状腺激素的合成，主要用于防治缺碘引起的单纯性甲状腺肿。

2．甲状腺手术术前准备　大剂量碘有抑制促甲状腺激素促进腺体增生的作用。甲状腺功能亢进症术前 2 周服用大剂量碘剂，使腺体缩小、变韧，利于手术进行，减少术中出血。

3．甲状腺危象　大剂量碘能抑制甲状腺激素释放，迅速缓解症状。症状改善后，及时停药，需同时配合硫脲类药物治疗。

〖不良反应与用药护理〗

1．过敏反应　发热、皮疹、血管神经性水肿等，严重时可发生喉头水肿。

用药护理：①询问过敏史。②注意观察并叮嘱家属注意。③轻度过敏一般停药后可消退，大量饮水可促进碘排泄，必要时给予抗过敏治疗。

2．慢性碘中毒　长期或过量应用可出现口内铜腥味、口腔及咽喉烧灼感、唾液分泌增多、鼻炎和结膜刺激等症状，停药后可消退。

3．诱发甲状腺功能紊乱　长期应用须监测甲状腺功能。

4．胃肠刺激　口服碘及碘化物制剂应于饭后服药，以减轻对胃肠的刺激。可用果汁、牛奶等饮料稀释，以减轻口内的金属味。用吸管服用，可减轻对牙齿的侵蚀。

5．新生儿甲状腺肿　碘化物能通过胎盘和进入乳汁，引起新生儿甲状腺肿，严重者可压迫气管而致命。妊娠期妇女和哺乳期妇女应慎用。

（三）放射性碘

〖作用〗 放射性碘（^{131}I）可释放 β 射线（占 99%）和 γ 射线（占 1%）。口服后被甲状腺摄取，释放的 β 射线能破坏增生的腺体组织。但由于射程较短（<2mm），所以对周围组织和器官影响很小。一般用药 1 个月后开始见效，3～4 个月可达最大疗效。

〖应用〗适用于年龄在 20 岁以上中度甲状腺功能亢进症患者、对药物过敏或治疗无效、治疗后复发者及不宜手术或术后复发患者。

〖不良反应与用药护理〗

1. 甲状腺功能低下，剂量过大时易出现。

用药护理：①严格限制 ^{131}I 适应证，用药剂量个体化。②一旦发生甲状腺功能低下，不需补充甲状腺激素。

2. 20岁以下患者、孕妇、哺乳期妇女禁用。

3. 用药期间，应避免精神刺激、感染等诱发因素，否则易诱发甲亢危象。

（考点：碘及碘化物的作用和应用）

（四）β受体阻断药

β受体阻断药以普萘洛尔、阿替洛尔、美托洛尔等较为常用。主要通过阻断β受体，减轻甲状腺功能亢进症患者交感神经系统的兴奋症状，还可抑制甲状腺激素分泌及外周组织 T_4 向 T_3 转化。适用于不宜手术、不宜应用抗甲状腺药物及 ^{131}I 治疗的甲状腺功能亢进症患者，可迅速减轻焦虑、震颤及窦性心动过速等症状；甲亢手术前应用大剂量本类药物还可避免甲状腺充血，利于手术的进行。与硫脲类合用疗效迅速而显著。

小结

甲状腺激素主要用于治疗呆小症、黏液性水肿和单纯性甲状腺肿。抗甲状腺药分为硫脲类、碘及碘化物、放射性碘和β受体阻断药四类。硫脲类主要用于甲亢的内科治疗、甲亢的术前准备和甲亢的辅助治疗，最严重的不良反应为粒细胞减少；碘及碘化物剂量不同，作用及用途也不同，小剂量时防治单纯性甲状腺肿，大剂量时联合硫脲类药物用于甲亢的术前准备和甲亢危象的综合治疗。

第3节 胰岛素与口服降血糖药

糖尿病是由多种原因引起的机体胰岛素分泌绝对或相对不足，而产生的糖、蛋白质、脂肪、水电解质等代谢紊乱性疾病。以高血糖为主要特征，持续的高血糖会引起心、脑、肾等重要器官的损害。其典型症状为多尿、多饮、多食、消瘦，即“三多一少”。糖尿病可分为1型糖尿病（胰岛素绝对缺乏）和2型糖尿病（胰岛素抵抗及胰岛素相对缺乏）。目前治疗糖尿病的药物主要是胰岛素和口服型降糖药。

一、胰 岛 素

案例 13-3 患者，女，40岁。有糖尿病史1年，常感口渴，多饮，多食，尿量增加，体重减轻。空腹血糖17mmol/L，尿酮（++）。临床诊断：糖尿病。医嘱给予胰岛素进行治疗。

问题： 1. 为什么要给患者使用胰岛素进行治疗？

2. 作为护士，该患者在用药期间应注意哪些问题？

胰岛素口服易被消化酶破坏，须注射给药。根据作用快慢、达峰时间和作用持续时间分为速效、中效和长效制剂（表13-1）。

表 13-1　临床常用胰岛素制剂及用法

类别	药物	皮下作用时间（小时）			用法
		起效	峰值	持续	
短效	正规胰岛素	0.5～1	2～4	6～8	皮下注射，餐前 15～30 分钟，静脉用于急救
中效	低蛋白锌胰岛素	3～4	8～12	18～24	皮下注射，每日早餐前半小时注射 1 次，必要时晚餐前加 1 次，剂量个体化
	珠蛋白锌胰岛素	2～4	6～10	12～18	
长效	精蛋白锌胰岛素	3～6	16～18	24～36	早餐或晚餐前 0.5～1 小时给药，一日 1 次

〖作用〗

1．对糖代谢的影响　促进葡萄糖无氧酵解和有氧氧化，促进肝糖原和肌糖原的合成与储存，增加糖的去路；抑制糖原分解及异生，减少糖的来源，从而降低血糖。

2．对蛋白质代谢的影响　促进蛋白质合成，抑制蛋白质分解。

3．对脂肪代谢的影响　促进脂肪合成，抑制脂肪分解，减少游离脂肪酸和酮体的产生。

4．钾离子转运　促进钾离子进入细胞内，降低血钾。

〖应用〗

1．糖尿病　适用于：①1 型糖尿病。②2 型糖尿病经饮食控制和使用口服降糖药无效患者。③伴严重感染、高热、妊娠、创伤及手术的糖尿病患者。④发生严重并发症的糖尿病患者，如酮症酸中毒、糖尿病高渗性昏迷等。

2．细胞内缺钾　将葡萄糖、氯化钾和胰岛素三者合用（称为极化液、GIK），可促进钾离子内流，防治心肌梗死时的快速型心律失常。

（考点：胰岛素的作用和应用）

〖不良反应与用药护理〗

1．低血糖反应　是胰岛素常见的不良反应。常出现在剂量过大、用药后未按时进餐时，表现为饥饿感、出汗、无力、头晕、心悸、焦虑及震颤等症状，严重者可昏迷、休克及脑损伤，危及生命。

用药护理：①从小剂量开始，逐渐增加。②胰岛素注射时间应和进食时间相衔接，不同制剂用药时间不同。③教会患者熟知发生低血糖的诱因，如进食减少或未能按时进食、腹泻、过度饮酒、超长运动等。应常规在身上备带糖块。教会患者及家属掌握低血糖反应的症状及应急措施，反应轻者可饮用糖水或进食，严重者应立即静脉注射 50% 的葡萄糖。④定期检查血糖、尿糖、尿酮体，及时调整剂量（图 13-5）。

图 13-5　低血糖常见症状及引起原因示意图

2. 过敏反应　荨麻疹、血管神经性水肿、紫癜等，偶有休克。此反应与动物胰岛素内含有异性蛋白或制剂内含杂质有关。可改用重组人胰岛素。

3. 胰岛素抵抗（胰岛素耐受性）　由于多种原因可使机体对胰岛素的敏感性降低。

用药护理：①急性耐受性：由于创伤、手术、感染或情绪激动引起，去除诱因后抵抗可自行消失。②慢性耐受性：可能与体内产生胰岛素抗体或胰岛素受体脱敏等因素有关，可改用高纯度胰岛素制剂。

4. 局部反应　皮下注射部位可能会出现红肿、硬节、皮下脂肪萎缩等。

用药护理：腹部皮下为最常用注射部位，上臂外侧、大腿外侧、臀部皮下也可以注射。长期注射胰岛素患者应有计划的按顺序更换注射部位。

5. 胰岛素应避光并在温度2～8℃的冷藏室储存。

6. 短效胰岛素（正规胰岛素）既可皮下注射，也可在急救时静脉给药，中效、长效胰岛素制剂仅可皮下注射，不可静脉注射。预混制剂在每次注射前，应充分摇匀后即刻注射。

7. 教会患者及家属使用血糖仪和胰岛素笔。

药疗警示

患者，女，30岁。被诊断为1型糖尿病，采取胰岛素治疗。今日注射胰岛素后未按时吃饭，自感出汗、无力、头晕、心悸，测血糖2.6mmol/L。试分析为什么会出现这种情况？有何警示？

链　接

胰岛素的发现

在20世纪20年代以前，糖尿病一直无药可医，被视为绝症。至1921年，一位年轻的加拿大外科医生班廷和贝斯特开始了对胰岛素的探索，他们在简陋的实验条件下，克服重重困难，用了不到2年的时间，成功提取出能够治疗糖尿病的牛胰岛素。在试验期间，班廷和贝斯特二人不惜冒险，各自偷偷地给自己注射牛胰岛素，以验证其对人体的安全性。后来，班廷又以仅1美元的价格，将自己的专利出售，从此胰岛素得到了大规模的生产和销售。胰岛素发现至近100年来，拯救了亿万糖尿病患者。为奖励班廷在医学上的巨大贡献，1923年班廷被授予诺贝尔生理学或医学奖。而后，世界卫生组织和国际糖尿病联盟也将其生日11月14日定为“世界糖尿病日”，以奖励其为医学自我牺牲、不谋私利、博爱众人的精神。

（考点：胰岛素的不良反应与用药护理）

二、口服降血糖药

目前临床上使用的口服降糖药主要有促胰岛素分泌药（磺酰脲类、非磺脲类）、双胍类、胰岛素增敏药（噻唑烷二酮类）、α-葡萄糖苷酶抑制药等。

（一）促胰岛素分泌药

本类药物通过刺激胰岛B细胞释放胰岛素降低血糖，包括磺酰脲类和非磺脲类。

磺 酰 脲 类

第一代药物有甲苯磺丁脲（D860）、氯磺丙脲，第二代药物有格列本脲（优降糖）、格列吡嗪（美吡达）、格列波脲（克糖利）、格列齐特（达美康）等，第三代药物有格列美脲。

〖作用与应用〗对血糖正常者和胰岛功能尚存的 2 型糖尿病患者均有降血糖作用。主要用于单用饮食控制无效的轻、中度 2 型糖尿病患者。氯磺丙脲可促进抗利尿激素分泌并增强其作用，发挥抗利尿作用，用于治疗尿崩症。

〖不良反应与用药护理〗

1. 消化道反应　恶心、呕吐、厌食、腹胀和腹泻，减量后可减轻。

2. 低血糖　常因用药过量所致，轻者及时进食即可纠正，重者需给予葡萄糖治疗。定期监测血糖。

3. 其他　偶见皮肤过敏、肝损害、嗜睡、眩晕等中枢神经系统反应、白细胞、血小板减少、溶血性贫血等血液系统反应。应定期检查肝功能和血常规。

4. 口服后约 30 分钟起效，故应在餐前 30 分钟口服。

非磺脲类

非磺脲类为新型口服降血糖药，常用药物有那格列奈（唐力）和瑞格列奈（诺和龙）等。药物起效快，服药后进餐，能有效地控制餐后血糖，为餐时血糖调节药；作用维持时间短，餐后 2 小时基本无作用。临床上用于 2 型糖尿病餐后血糖的控制，也适用于老年糖尿病患者和糖尿病肾病患者。对磺酰脲类药物过敏者仍可使用。主要不良反应为低血糖，较磺酰脲类少见。

（二）双胍类

常用药物有苯乙双胍（苯乙福明、降糖灵）和二甲双胍（甲福明）等。

〖作用与应用〗主要是通过促进组织摄取葡萄糖、抑制葡萄糖在肠的吸收及糖异生降低血糖。可降低 2 型糖尿病患者空腹及餐后血糖，对正常人无降血糖作用。主要用于经饮食控制无效的轻、中度 2 型糖尿病患者，尤其适用于肥胖患者。

〖不良反应与用药护理〗

1. 低血糖　应注意使用剂量，定期监测血糖。

2. 消化道反应　厌食、恶心、呕吐、腹痛、腹泻、口中有金属味，进餐或餐后服用可减轻，减量或停药后可消失。

3. 乳酸性酸中毒　老年人及伴有心血管、肺、肝、肾糖尿病患者，由于体内缺氧，乳酸生成增多而其清除障碍，应用本类药物尤易发生。

4. 长期使用可使体内维生素 B_{12} 和叶酸缺乏，引起巨幼红细胞性贫血。

（三）胰岛素增敏药

常用药物有吡格列酮、罗格列酮，主要通过提高机体对胰岛素的敏感性，使胰岛素正常发挥作用。主要用于饮食控制和其他口服药物治疗效果不佳的 2 型糖尿病，尤其对胰岛素抵抗者。不良反应少，低血糖发生率低，主要表现为嗜睡、头痛、水肿、消化道刺激症状。

（四）α- 葡萄糖苷酶抑制药

常用药物有阿卡波糖（拜糖平）、伏格列波糖（倍欣）等。主要通过竞争性抑制小肠的 α- 葡萄糖苷酶，使淀粉类分解为葡萄糖的速度减慢，延缓葡萄糖的吸收，降低餐后血糖。主要用于治疗 2 型糖尿病，尤其适用于餐后高血糖患者，阿卡波糖应与第一口饭同时嚼服。不良反应有腹胀、腹痛、腹泻或便秘等，不影响治疗。

（考点：常用口服降血糖药分类及应用）

小结

降血糖药物有胰岛素和口服降血糖药。胰岛素用于治疗 1 型糖尿病、经饮食控制和使用口服降血糖药无效的 2 型糖尿病、伴严重并发症及应激状态的糖尿病患者。主要不良反应是低血糖，应注意避免诱因，定时监测血糖，发生低血糖时要及时正确处理。口服降糖药有磺酰脲类、双胍类、胰岛素增敏药、α- 葡萄糖苷酶抑制药和非磺脲类的促胰岛素分泌药，主要用于轻、中度 2 型糖尿病。

第 4 节　性激素类药

性激素为性腺合成并分泌的激素，包括雌激素、孕激素和雄激素。临床应用的性激素类药物是人工合成品及其衍生物。

一、雌激素类药

天然雌激素主要是雌二醇，口服效价很低，需注射给药。人工合成的雌激素类药有己烯雌酚、炔雌醇、炔雌醚等，可口服。

〖作用〗

1. 促进、维持女性性征和性器官发育、成熟，促进阴道上皮增生、发育，促进子宫内膜增生，维持女性月经周期。

2. 大剂量时抑制促性腺激素分泌，抑制排卵，抑制催乳素分泌，减少泌乳。

3. 增加骨骼的钙盐沉积。

〖应用〗子宫发育不全、卵巢发育不全、闭经、绝经期综合征、功能性子宫出血、退乳、晚期乳腺癌、前列腺癌和痤疮等。

〖不良反应〗常见恶心、呕吐、食欲减退，应从小剂量开始，逐渐增加剂量。长期大剂量应用引起子宫内膜过度增生及子宫出血，有子宫出血倾向及子宫内膜炎者慎用。可致水肿、淤积性黄疸，肝功能减退者慎用。

二、孕激素类药

天然孕激素为黄体酮（孕酮），口服无效。临床常用的人工合成品及其衍生物有甲羟孕酮、甲地孕酮、炔诺酮、炔诺孕酮等。

〖作用〗

1. 促进子宫内膜继续增厚充血，使子宫由增殖期转为分泌期，维持正常月经周期。

2. 降低子宫对缩宫素的敏感性，抑制子宫收缩。

3. 抑制黄体生成素分泌，抑制排卵。

4. 促进乳腺腺泡发育，为哺乳做准备。

〖应用〗功能性子宫出血、痛经、先兆流产、习惯性流产和子宫内膜异位症等。

〖不良反应〗偶见头晕、恶心及乳房胀痛等。长期应用可引起子宫内膜萎缩，月经量减少，并易诱发阴道真菌感染。

三、雄激素类药

天然雄激素主要是睾酮（睾丸素），临床常用的有甲睾酮、丙酸睾酮和苯乙酸睾酮等。

〖作用〗

1．促进、维持男性性征和性器官发育、成熟，促进精子的生成。

2．大剂量抑制促性腺激素释放，对女性可减少雌激素的分泌，并有直接抗雌激素作用。

3．促进肾脏分泌促红细胞生成素，刺激骨髓造血，促进红细胞生成。

4．促进蛋白质合成，抑制其分解。

〖应用〗男性性腺功能减退症、无睾症、隐睾症、功能性子宫出血、晚期乳腺癌和再生障碍性贫血等。

〖不良反应〗女性患者长期应用可能引起痤疮、多毛、声音变粗、闭经、乳腺退化、性欲改变等男性化现象。可引起胆汁淤积性黄疸。孕妇、哺乳期妇女及前列腺癌患者禁用，肾炎、肾病综合征、肝功能不良、高血压及心力衰竭患者应慎用。

自测题

1．关于糖皮质激素的药理作用叙述错误的是（　　）

A．抗炎　　B．抗菌

C．抗免疫　　D．抗休克

E．抗内毒素

2．糖皮质激素的抗毒作用指的是（　　）

A．提高机体对内毒素的耐受力

B．中和内毒素

C．破坏内毒素

D．中和外毒素

E．破坏外毒素

3．糖皮质激素用于严重感染的重要原则是（　　）

A．剂量不能超过生理剂量

B．与足量有效抗菌药合用

C．不需要使用抗菌药

D．先停用抗菌药

E．长期使用激素

4．严重肝功能障碍患者不宜选用下列哪个药（　　）

A．可的松　　B．氢化可的松

C．泼尼松龙　　D．地塞米松

E．倍他米松

5．长期应用糖皮质激素的患者，饮食应采用（　　）

A．低盐，低糖，低蛋白

B．低盐，高糖，低蛋白

C．低盐，低糖，高蛋白

D．高盐，低糖，低蛋白

E．高盐，高糖，高蛋白

6．患者，男，55岁患结核性脑膜炎，伴有高热不退，呕吐，意识模糊，应用糖皮质激素治疗，以下哪一项不是其目的（　　）

A．抑制结核杆菌的生长

B．减轻炎症渗出

C．退热

D．预防脑膜粘连和瘢痕形成

E．帮助患者度过危险期

7．甲状腺激素不能治疗的疾病是（　　）

A．单纯性甲状腺肿　B．甲状腺功能亢进症

C．呆小症　　D．黏液性水肿

E．甲状腺功能减退者

8．治疗单纯性甲状腺肿应选用（　　）

A．大剂量碘剂　　B．小剂量碘剂

C．硫脲类　　D．放射性碘

E．普萘洛尔

9．甲状腺危象时应采取下列哪种治疗措施（　　）

A．单用大剂量碘剂

B．单用小剂量碘剂

C．单用硫脲类药物

D．大剂量碘剂与硫脲类药物联合使用

E．小剂量碘剂与硫脲类药物联合使用

10. 使用拜糖平治疗糖尿病时，正确的给服药时间是（　　）

A. 空腹服用　　B. 饭前 1 小时服用

C. 饭后 1 小时服用　D. 餐时服用

E. 睡前服用

11. 患者，女，24 岁。因系统性红斑狼疮入院，使用糖皮质激素类药物治疗。用药期间，护士应特别注意观察和预防的是（　　）

A. 继发感染　　B. 高血糖

C. 骨质疏松　　D. 高血压

E. 骨髓抑制

12. 下列哪项不需要首选胰岛素治疗（　　）

A. 1 型糖尿病

B. 使用口服降糖药无效的 2 型糖尿病

C. 轻度 2 型糖尿病

D. 伴严重感染的糖尿病

E. 酮症酸中毒

13. 单用饮食控制无效的肥胖型糖尿病患者，可选用（　　）

A. 胰岛素　　B. 格列本脲

C. 二甲双胍　　D. 阿卡波糖

E. 吡格列酮

（14、15 题共用题干）

患者，女，35 岁。发热、咳嗽、咳痰，血压 80/50mmHg，被诊断为中毒性肺炎，使用足量有效的抗微生物药治疗。

14. 症状未见缓解，应该（　　）

A. 尽早使用糖皮质激素类药物

B. 加大抗微生物药剂量

C. 补充维生素

D. 加用阿司匹林

E. 输血

15. 病情缓解后应该（　　）

A. 立刻停用糖皮质激素类药

B. 立刻停用抗微生物药

C. 尽早开始逐渐减量直至停用糖皮质激素类药

D. 尽早开始逐渐减量直至停用抗微生物药

E. 立刻停用所有药物

（16～18 题共用题干）

患者，男，25 岁。近半个月急躁易怒、怕热、多汗、多食、失眠。查体：甲状腺 I 度肿大，眼球轻度突出，心率 95 次 / 分，实验室检查：T_3、T_4 均高于正常水平，被诊断为甲状腺功能亢进症。

16. 该患者的最佳治疗方法是（　　）

A. 甲巯咪唑治疗　　B. 放射性碘治疗

C. 普萘洛尔治疗　　D. 肾上腺素治疗

E. 手术治疗

17. 应用此治疗期间，应注意观察的不良反应是（　　）

A. 红细胞减少　　B. 粒细胞减少

C. 血小板减少　　D. 骨质疏松

E. 声音嘶哑

18. 患者出现上述不良反应时，正确的护理措施是（　　）

A. 给予含铁丰富的饮食

B. 预防感染

C. 给予含钙丰富的饮食

D. 补充甲状腺素

E. 给予清咽含片

（19、20 题共用题干）

患者，女，30 岁，被诊断为糖尿病。

19. 因注射胰岛素后未及时进餐，出现头晕、心悸、出冷汗，随即休克，该患者最可能是（　　）

A. 低血糖休克　　B. 过敏性休克

C. 高血糖　　D. 酮症酸中毒

E. 低血压

20. 对此患者，应立即静脉注射（　　）

A. 肾上腺素　　B. 5% 葡萄糖

C. 50% 葡萄糖　　D. 氢化可的松

E. 胰岛素

（张　洁）

第14章 调节水电解质与酸碱平衡药

第1节 调节水电解质平衡药

氯化钠

〖作用与应用〗血浆中阳离子是Na^+、K^+、Ca^{2+}、Mg^{2+}，其中以Na^+含量最高，约占阳离子总量的90%以上，对维持细胞外液的渗透压、体液的分布和转移起着决定性的作用。临床上主要用于：①因剧烈吐泻、大量出汗、大量失血、大面积烧伤和利尿过度等引起的低钠综合征；②脱水或休克；③可用0.1%～0.5%氯化钠溶液口服防治中暑，生理盐水可用于冲洗眼、鼻、腹腔等手术伤口，也可作为注射用药的溶剂或稀释剂。

案例 14-1 患儿，女，2岁。腹泻三天。患儿出现口唇发干、精神差、睡眠多、小便较少的症状，诊断为轻度脱水。医嘱给予口服补液盐进行治疗。每日50ml/kg。

问题：说出用药理由及用药注意事项。

〖不良反应与用药护理〗

1．高钠血症　大量输入，可导致高钠血症，引起皮肤发红、水肿、血压升高、心动过速等症状。

2．高氯性酸中毒　不宜单独使用，否则可致高氯性酸中毒，或对已有酸中毒倾向的患者大量输入可引起高氯性酸中毒。临床应用中宜采用复方氯化钠溶液或加用适量纠酸药。

3．脑水肿患者禁用，高血压及心、脑、肾、肝功能不全者慎用。

4．静脉滴注时，根据患者病情，严格控制输液总量及输液速度。

氯化钾

〖作用与应用〗正常人体内总钾量为120μg，其中2%存在于细胞外液，其余全部存在于细胞内。钾离子是人体细胞内的主要阳离子，是维持细胞内渗透压的主要成分。钾离子是维持神经肌肉兴奋性和心肌正常功能所必需的物质，并通过与细胞外的氢离子交换，参与调解体液酸碱平衡。

临床上主要用于：①防止各种原因引起的低钾血症；②用于强心苷类药物中毒所致的快速型心律失常，如心动过速、室性期前收缩等。

〖不良反应与用药护理〗

1．胃肠反应　口服对胃肠刺激性较大，可引起恶心、呕吐、腹痛，甚至可引起胃肠溃疡、坏死等并发症。应稀释后口服，或饭后口服，减轻胃肠刺激性。

2．抑制心脏　诱发或加重房室传导阻滞，甚至心搏骤停。

3．局部组织坏死　本品严禁直接静脉注射。静脉滴注时，局部刺激血管内膜可引起疼痛。若漏于皮下可致局部组织坏死。静脉滴注时，浓度不宜超过3%，滴速宜慢（每小时不超过1g），而且有尿才能补钾。

链　接

补钾的原则是无尿少尿不补钾，补钾不要过早（要先改善肾功能，使尿量达到30～40ml/h以上），补时慢、稀、少（滴速要缓慢，浓度要稀释在0.4%以下，滴速一般不得超过1.5g/h，每日以不超过6g为宜，小儿剂量按0.1～0.2g/kg计）。

4. 禁忌证　禁用于肾衰竭、房室传导阻滞、高钾血症。

（考点：钾盐的不良反应）

口服补液盐（ORS）

〖作用与应用〗口服补液盐含有氯化钠、氯化钾、碳酸氢钠（或枸橼酸钠）和葡萄糖，具有补充水、钠、钾的作用。ORS是世界卫生组织推荐的治疗急性腹泻脱水的药物，其纠正脱水的速度优于静脉滴注。主要用于腹泻和呕吐引起的急性脱水和电解质紊乱，尤其对急性腹泻脱水疗效显著，也常用于静脉补液后的维持治疗。

口服补液盐分为口服补液盐Ⅰ、口服补液盐Ⅱ和口服补液盐Ⅲ，它们成分及配方略有不同（表14-1）。

表14-1　3种口服补液盐的成分及配方

药物名称	成分及配方
口服补液盐Ⅰ	氯化钠3.5g、氯化钾1.5g、碳酸氢钠2.5g、葡萄糖20g
口服补盐液Ⅱ	氯化钠1.75g、氯化钾0.75g、枸橼酸钠1.45g、无水葡萄糖10g
口服补液盐Ⅲ	氯化钠2.6g、氯化钾1.5g、枸橼酸钠2.9g、无水葡萄糖13.5g

〖不良反应与用药护理〗

1. 常见恶心、呕吐、咽部不适、胸痛等，以及高钠血症和水钠潴留。

2. 对小儿或有恶心、呕吐而口服困难的患者，可采用直肠输注法，输注宜缓慢，一般于4～6小时内补完累积损失量。腹泻停止，应立即停服，以防出现高钠血症。

3. 禁用于少尿或无尿；严重失水，有休克征象患者；肠梗阻、肠麻痹及肠穿孔患者。

第2节　调节酸碱平衡药

正常人体血液的pH稳定在7.35～7.45的范围内，体液的这种相对稳定状态称为酸碱平衡。当机体内体液酸碱平衡紊乱时可用调节酸碱平衡药加以纠正。

碳酸氢钠

〖作用与应用〗碳酸氢钠属于弱碱性药物，口服或静脉滴注，均可给机体直接提供HCO_3^-，通过HCO_3^-与H^+结合成H_2CO_3，再分解成CO_2和H_2O，使血液的pH升高，纠正酸中毒。

碳酸氢钠主要用于：①纠正代谢性酸中毒，为临床首选药，常用5%碳酸氢钠静脉注射或静脉滴注；②碱化血液、尿液，用药后可提高血液和尿液中的pH，促进弱酸性药物从尿中排泄，增强氨基糖苷类抗生素的抗菌活性，减轻磺胺类药物对肾脏的损伤；③治疗高钾血症，碳酸氢钠升高血液的pH，促使血清钾离子进入细胞内，从而使血钾降低；④中和胃酸，口服治疗胃酸过多引起的临床症状。

〖不良反应〗对局部组织有刺激性，静脉滴注时切勿漏出血管外。输入过快或过量引起代谢性碱中毒、钠水潴留和低血钾。碳酸氢钠与胃蛋白酶合剂、维生素C合用，可使彼此的作用减弱；与钙盐、红霉素、庆大霉素、四环素、哌替啶、硫酸镁、氯丙嗪等注射液混合可发生沉淀或分解反应。充血性心力衰竭、急慢性肾衰竭和缺钾患者慎用。

乳酸钠

乳酸钠进入机体后，经肝脏氧化代谢生成碳酸氢钠。临床用于治疗代谢性酸中毒，因其作用不及碳酸氢钠迅速和稳定，现已较少用。但在高钾血症或某些药物过量（如普鲁卡因胺、奎尼丁等）引起的心律失常伴酸血症者，仍以乳酸钠治疗为宜。过量可导致代谢性碱中毒。对于伴有休克、缺氧、肝及心功能不全者不宜使用。

链接

林格液

复方氯化钠注射液，即在生理盐水中加入氯化钾及氯化钙，又称为林格液，是由英国生理学家"林格"所发明。在林格液的基础上再加入乳酸钠，则成为乳酸钠林格注射液，也称哈特曼溶液，每 100ml 含氯化钙 0.02g、氯化钾 0.03g、氯化钠 0.6g、乳酸钠 0.31g。林格液比生理盐水成分完全，可代替生理盐水使用，以调节体液、电解质及酸碱平衡，乳酸钠林格注射液则适用于酸中毒或有酸中毒倾向的脱水病例。

练一练：

请 连 线

低钠血症	氯化钾	腹泻停止，立即停用
低钾血症	氯化钠	严禁直接静脉注射
代谢性酸中毒	口服补液盐	代谢性碱中毒
急性腹泻引起的轻、中度脱水	碳酸氢钠	高氯性酸中毒，妊娠高血压患者禁用

小结

盐类主要用于补充无机盐离子，当机体相应离子不足出现代谢紊乱时应及时准确补给；氯化钠主要用于防治严重的低钠血症，妊娠高血压患者禁用；纠正酸碱平衡药均属于弱碱性或弱酸性药物，主要作用是进入机体后通过升高或降低体液的 pH 纠正酸碱失衡。

自测题

1. 严禁直接静脉注射的药物是（ ）
   A. 葡萄糖注射液 B. 氯化钾注射液
   C. 氯化钠注射液 D. 葡萄糖氯化钠注射液
   E. 碳酸氢钠注射液
2. 患者，男，58 岁。因患心力衰竭，服用地高辛后出现心率加快的症状，宜选用（ ）
   A. 葡萄糖注射液 B. 氯化钾注射液
   C. 氯化钠注射液 D. 葡萄糖氯化钠注射液
   E. 碳酸氢钠注射液
3. 下列不属于口服补盐液Ⅱ成分的是（ ）
   A. 无水葡萄糖 B. 氯化钾
   C. 氯化钠 D. 枸橼酸钠
   E. 碳酸氢钠
4. 纠正代谢性酸中毒常用的药物是（ ）
   A. 氯化钙注射液 B. 氯化钾注射液
   C. 氯化钠注射液 D. 乳酸钠注射液
   E. 碳酸氢钠注射液

（汤旭云）

第15章

抗寄生虫病药

第1节 抗肠蠕虫药

肠道蠕虫包括钩虫、蛔虫、蛲虫、绦虫、鞭虫和姜片虫等。抗肠蠕虫药是驱除或杀灭肠道蠕虫的药物。不同蠕虫对药物的敏感性不同，必须依据感染蠕虫的类别正确选择药物。近年来高效、低毒、广谱的驱肠蠕虫药不断问世，使多数肠道蠕虫病得到有效治疗和控制。临床常用抗蠕虫药作用特点和用药注意如下（表15-1）。

表15-1 临床常用抗肠蠕虫药的作用特点

药物	蛔虫	钩虫	蛲虫	鞭虫	绦虫	不良反应
阿苯达唑（肠虫清）	+++	+++	+++	++	++	大剂量偶见白细胞减少和氨基转移酶升高。孕妇、哺乳期妇女、2岁以下儿童、肝肾功能不全者禁用
甲苯咪唑	+++	+++	+++	++	+	大剂量偶见氨基转移酶升高。孕妇、哺乳期妇女、2岁以下儿童、肝肾功能不全者禁用
左旋咪唑	+++	++	++			剂量过大偶见粒细胞减少、肝功能减退、肝肾功能不全者禁用
噻嘧啶	+++	++	++			偶见氨基转移酶升高。肝功能不全者慎用，孕妇及2岁以下儿童禁用
哌嗪（驱蛔灵）	++		++			大剂量可引起嗜睡、眩晕、眼球震颤、共济失调、肌肉痉挛等。孕妇、肝肾功能不全者禁用
吡喹酮					+++	轻度胃肠道反应
氯硝柳胺					+++	胃肠道反应

链 接

"宝塔糖"的变迁

许多成年人小时候都吃过"宝塔糖"打虫，服药期间要"忌油荤"。那时候的宝塔糖是从中药蛔蒿（又称"山道年蒿"）中提取的，专门用于驱除蛔虫，开始为片剂，后来，为了让儿童愉快服药，加入了一定比例的食用糖，制成了淡黄色、粉红色圆锥体的宝塔形状，人们便将这种驱蛔虫药称为"宝塔糖"。现在的宝塔糖与以前的虽然名字相同但成分却发生了根本的变化，现有双羟萘酸嘧啶宝塔糖、盐酸哌嗪宝塔糖、盐酸左旋咪唑宝塔糖等多种，可治疗蛔虫、蛲虫、钩虫等肠道寄生虫，与传统的宝塔糖相比，毒性更低，疗效更好，用药时不必再"忌油荤"。

第2节 抗阿米巴病药与抗滴虫病药

案例15-1 患者，男，14岁。腹痛、腹泻2日。3日前因饮食不当逐渐出现腹部不适，伴有腹泻，继而出现腹痛、腹泻，每日排便4～5次，大便呈暗红色糊状，呈果酱色，有腥臭味。粪便检查发现有大量阿米巴滋养体。诊断为：急性阿米巴痢疾。

问题：如何治疗？用药时需注意什么问题？

一、抗阿米巴病药

阿米巴病是由溶组织阿米巴原虫感染引起的疾病。根据溶组织阿米巴原虫生活史及阿米巴病的症状，以及感染部位的不同分为肠内感染和肠外感染（图 15-1）。肠内感染可表现为急、慢性阿米巴痢疾；肠外感染有阿米巴脓肿、肺脓肿和脑脓肿，以阿米巴肝脓肿常见。抗阿米巴病药的选用主要根据感染部位和类型决定。常用抗阿米巴病药作用特点见表 15-2。

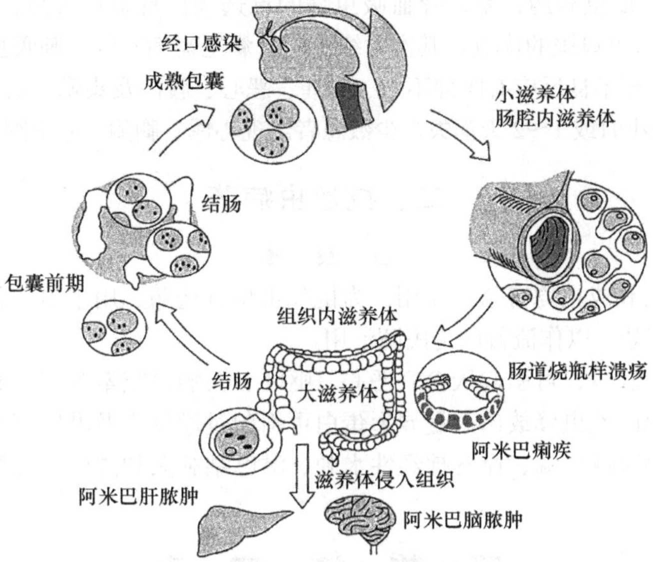

图 15-1 溶组织阿米巴原虫生活史及阿米巴病示意图

表 15-2 临床常用抗阿米巴病药作用特点

药物	包囊	小滋养体	大滋养体（肠内）	大滋养体（肠外）	应用	不良反应
甲硝唑			√	√	参见第 2 章第 3 节	参见第 2 章第 3 节
氯喹				√	用于甲硝唑无效或禁忌的阿米巴肝炎或肝脓肿患者	长期大量应用可引起视力障碍
卤化喹啉 双碘喹啉		√			治疗慢性阿米巴痢疾和无症状排包囊者	主要反应是腹泻，儿童则毒性大
二氯尼特	√	√			是目前最有效的杀阿米巴包囊药，对无症状或症状轻微的排包囊者有较好疗效。对慢性阿米巴痢疾也有效	偶有呕吐和皮疹等。大剂量时可导致孕妇流产

二、抗滴虫病药

滴虫病是由阴道毛滴虫感染所致的一种常见性传播疾病，可累及泌尿生殖系统。最常见的是阴道毛滴虫引起的滴虫性阴道炎，表现为阴道口灼痒、泡沫型白带等。甲硝唑是治疗滴虫病首选药，对已婚患者应告知需夫妇同时服药。耐药者用乙酰胂胺局部给药治疗。

乙 酰 胂 胺

乙酰胂胺复方制剂称滴维净，以其片剂置于阴道穹后部有直接杀滴虫作用。有局部刺激作用，使阴道分泌物增加。

第3节　抗血吸虫病药与抗丝虫病药

一、抗血吸虫病药

吡喹酮

吡喹酮为广谱抗蠕虫病药，是治疗血吸虫病的首选药，具有疗效高、疗程短（急性4日、慢性2日）、毒性小、可口服的优点。其次对绦虫病、囊尾蚴病及肝、肺吸虫病均有效。

本品毒性低，主要不良反应有腹部不适、腹痛、恶心、腹泻及头晕、头痛、肌束颤动等，一般不需处理，停药数小时或1～2天消失。少数患者出现心悸、胸闷、心电图改变。孕妇禁用。

二、抗丝虫病药

乙胺嗪

乙胺嗪对微丝蚴和成虫均有杀灭作用，为抗丝虫病首选药，用于治疗各种丝虫病。将本品掺拌于食盐中制成药盐，以作流行区全民防治用。

乙胺嗪不良反应较少，可引起厌食、恶心、呕吐、头痛、眩晕等，一般不严重，用药数日后可消失。但因杀死的丝虫释放出大量异形蛋白可引起过敏反应及淋巴管炎，表现为畏寒、发热、皮疹、支气管痉挛或哮喘、血管神经性水肿、淋巴结肿大和淋巴管炎等，可用抗过敏药或激素治疗。

第4节　抗　疟　药

案例 15-2　患者，男，35岁。突发寒战高热，进而剧烈头痛、全身大汗，口唇、指甲发绀，面色苍白，持续约20分钟后，冷感消失，面色转红，发绀消失，体温迅速上升达39℃。高热后期全身大汗淋漓，约3小时体温降至35.5℃，患者感觉舒适，活动自如，正常2日后又同样发作。家属送入院，经诊断为：疟疾。

问题：1. 此患者用这两种药的治疗依据是什么？
2. 用药时有何不良反应和注意事项？

疟疾是由疟原虫感染引起，经按蚊传播的一种疾病。典型临床表现为周期性、规律性寒战、高热和汗出热退。致病疟原虫有恶性疟、间日疟和三日疟。后两者又称良性疟。抗疟药作用于疟原虫生活史的不同环节（图15-2），是防治疟疾的重要手段。常用抗疟药作用特点及主要不良反应见表15-3。

表15-3　临床常用抗疟药

药物	作用环节	临床应用	不良反应及注意事项
氯喹	红细胞内期	是控制疟疾症状发作首选药物，用于治疗各种疟疾	轻度头晕、头痛、胃肠不适和皮疹等。禁止静脉推注，不宜肌内注射；孕妇禁用
奎宁	红细胞内期	控制疟疾症状发作，主要用于耐氯喹或耐多药的恶性疟，尤其是脑型疟，静脉滴注，作用强，疗效显著	①金鸡纳反应，停药后可恢复；②先天缺乏G-6-PD者可出现溶血反应；③能抑制心脏、兴奋子宫，孕妇禁用

续表

药物	作用环节	临床应用	不良反应及注意事项
青蒿素	红细胞内期	控制疟疾症状发作，用于治疗各型疟疾，尤其是耐氯喹的恶性疟疾及抢救脑型疟疾	偶见四肢麻木感和心动过速。浅部注射可引起局部疼痛及硬块，应深部肌内注射。孕妇慎用
伯氨喹	①继发性红细胞外期；②雌按蚊体内有性生殖阶段	是根治间日疟（阻止复发）和控制疟疾传播的首选药物	①头晕、乏力、恶心、呕吐、发绀、腹痛；②先天缺乏 G-6-PD 者可出现急性溶血和高铁血红蛋白症，应注意观察尿液颜色，如变黑色，为溶血的表现，应及时处理
乙胺嘧啶	原发性红细胞外期	是病因性预防的首选药，还具有阻断传播作用	大剂量久服导致叶酸缺乏，引起巨幼红细胞性贫血及消化系统症状，应定期检查血常规

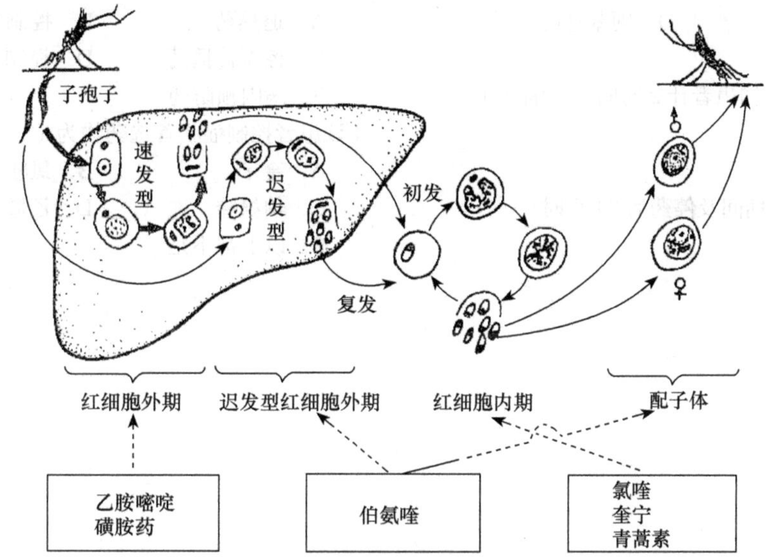

图 15-2　疟原虫生活史及抗疟药的作用环节示意图

链　接

东方神药——青蒿素

青蒿素在国际上被誉为“东方神药”，名副其实，是我国科学家屠呦呦带领的科学团队经过数十年的研究得来的科研成果。1969 年 1 月，时年 39 岁的卫生部研究员屠呦呦，接到一份秘密任务，以课题组组长身份，研发抗疟疾的中草药。屠呦呦以常山、胡椒、青蒿作为主要原料展开研究，经过长期研究，1986 年 10 月，青蒿素获得了卫生部颁发的《新药证书》。1992 年，她历时多年主持研究的青蒿素类新药——双氢青蒿素片，获得《新药证书》，并转让投产，该研发项目，当年被评为全国十大科技成就，是她对中国乃至世界作出的又一重要贡献，为此荣获 2011 年拉斯克临床医学奖和 2015 年诺贝尔生理学或医学奖。

小结

驱绦虫首选吡喹酮；驱蛔虫或钩虫首选阿苯达唑、甲苯咪唑。抗阿米巴病药中急性阿米巴痢疾和肠外阿米巴病首选甲硝唑。甲硝唑或替硝唑是治疗滴虫病最有效的药物，且服用方便。氯喹是控制疟疾症状的首选药物；青蒿素注射给药用于抢救脑型疟具有良效；伯氨喹用于控制疟疾的复发和传播，与氯喹合用可根治间日虐；乙胺嘧啶可控制疟疾的流行和传播，是病因预防的首选药。

自测题

（1、2 题共用题干）

患者，女，30 岁。哺乳期。主诉白带增多，腰酸，阴部瘙痒伴腥臭味。诊断：滴虫性阴道炎。

1. 该患者应该选择下列何药作为首选药物（　　）
   A. 氯喹　　B. 甲硝唑
   C. 呋喃唑酮　　D. 阿苯达唑
   E. 二氯尼特
2. 用药期间应告知患者什么时间不宜哺乳（　　）
   A. 饭前
   B. 饭后
   C. 整个用药期间及停药后 24 小时
   D. 睡前
   E. 早上

（3、4 题共用题干）

患者，男，40 岁。发热、寒战、出汗，隔天发作一次，体温 42℃，曾到越南旅游。诊断：疟疾。

3. 该患者使用下列何药是不恰当的（　　）
   A. 退热药　　B. 控制症状药
   C. 控制传播药　　D. 控制复发药
   E. 病因预防药

4 该患者控制症状首选药物为（　　）
   A. 奎宁　　B. 氯喹
   C. 伯氨喹　　D. 乙胺嘧啶
   E. 以上都不是

（姚勇志）

第16章 抗恶性肿瘤药

第1节 概　　述

恶性肿瘤也称癌症，是严重危害人类健康的常见病、多发病。目前临床上采用手术、药物治疗（化疗）、放射治疗、免疫治疗、基因治疗、造血干细胞移植及中医中药等相结合的综合治疗，其中化学治疗在综合治疗中占有重要地位，可明显延长癌症患者的生存时间和改善生活质量。

案例 16-1　患者，男，46岁。左上腹饱胀6个月有余，乏力，查体轻度贫血貌，脾大；血化验指标中嗜酸、嗜碱细胞增多，进一步骨髓检查，确诊为慢性粒细胞白血病。

问题：1. 最好选用哪种药物治疗？

2. 在化疗过程中应该注意哪些主要不良反应？

一、细胞增殖周期

细胞从前一次分裂结束开始，到下一次分裂完成为止的过程称细胞增殖周期。肿瘤细胞群包括增殖细胞群、静止细胞群（G_0期）和无增殖能力细胞群。根据肿瘤细胞生长繁殖特点，可将其分为增殖细胞群和非增殖细胞群（图16-1）。

（一）增殖细胞群

增殖细胞群是指肿瘤细胞在增殖周期中迅速增殖，使瘤体不断增大的细胞群。根据细胞内DNA的含量可将其分为四个亚期。

1. G_1期（DNA合成前期）　指前一次分裂结束到开始合成DNA之前的这段时期，主要合成mRNA和蛋白质，为S期DNA的合成做准备，占细胞增殖周期的1/2。

2. S期（DNA合成期）　主要复制DNA，同时也合成RNA和蛋白质，约占细胞增殖周期的1/4。

3. G_2期（DNA合成后期）　DNA合成停止，继续合成RNA和蛋白质，为细胞分裂做准备，约占细胞增殖周期的1/5。

4. M期（有丝分裂期）　此期一个细胞分裂成两个子细胞。

（二）非增殖细胞群

1. 静止期细胞（G_0期细胞）　具有增殖能力但暂不分裂增殖的后备细胞，当增殖周期中细胞被药物杀灭后，即可进入增殖周期进行补充，是肿瘤细胞复发的根源。

2. 无增殖能力细胞　这部分细胞少，具有生理功能，但无增殖能力，是老化即将死亡的细胞。

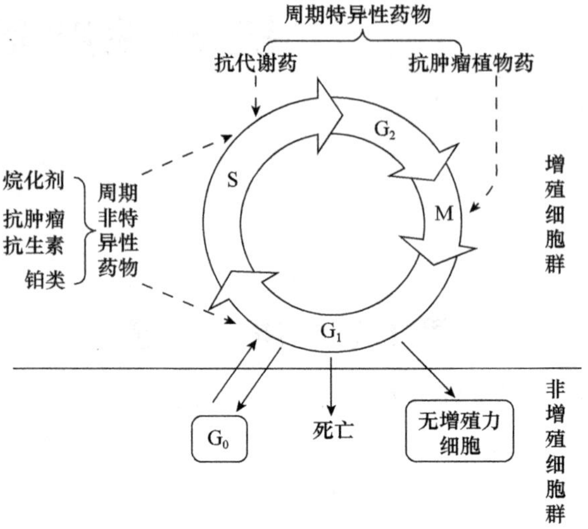

图 16-1　细胞增殖周期及药物作用环节示意图

二、抗恶性肿瘤药的分类

（一）根据药物对细胞增殖周期的影响分类

1．周期非特异性化疗药　对增殖周期各阶段细胞均有杀灭作用，有烷化剂、抗肿瘤抗生素、铂类等（图 16-1）。

2．周期特异性化疗药　仅对增殖周期中某特定阶段有杀灭作用，主要作用于 S 期的药物有抗代谢药，主要作用于 M 期的药物有长春碱类（图 16-1）。

（二）根据药物的化学结构与来源分类

根据药物的化学结构与来源可分为烷化剂、抗代谢药、抗肿瘤抗生素、抗肿瘤植物药、铂类等。

（三）根据药物的作用机制分类

1．干扰叶酸合成　如甲氨蝶呤、氟尿嘧啶、巯嘌呤等。

2．破坏 DNA 结构与功能药　如环磷酰胺、氮芥、顺铂等。

3．干扰转录过程和阻止 RNA 合成药　如放线菌素、卡铂等。

4．抑制蛋白质合成　如长春碱、长春新碱、紫杉醇。

5．改变体内激素平衡药　如糖皮质激素、雌激素、雄激素等。

三、抗恶性肿瘤药常见不良反应与用药护理

化疗药物对肿瘤细胞缺乏足够的选择性，在杀伤肿瘤细胞的同时，对正常组织细胞也有不同程度的损伤，其毒性反应成为肿瘤化疗时药物用量受限的主要因素。

（一）抗恶性肿瘤药共有的不良反应

1．消化道反应　最常见，表现为恶心、呕吐、食欲减退、口腔溃疡、胃炎、胃肠溃疡等。

2．抑制骨髓造血功能　最严重的不良反应，表现为白细胞、红细胞、血小板减少，严重时可发生再生障碍性贫血。激素类、博来霉素等对骨髓无明显抑制作用。

3．脱发现象　多数抗恶性肿瘤药能损伤毛囊上皮细胞，引起不同程度的脱发。

4．肝损害　表现为肝大、黄疸、中毒性肝炎等。

5．肾损害　表现为血尿、蛋白尿、血尿素氮升高，严重时可引起肾衰竭。大剂量环磷酰胺可引起出血性膀胱炎。

6．肺毒性和心脏毒性、外周神经毒性　表现为肺纤维化、急性心律失常和慢性心肌病变，四肢麻木、跟腱反射消失、感觉异常等。

链　接

靶向治疗

靶向治疗从 20 世纪 90 年代后期开始在治疗某些类型癌症上得到明显的效果，与化疗一样可以有效治疗癌症，但不良反应有所减少，已成为一个非常活跃的研究领域。其治疗的原理是使用具有特异性对抗癌细胞的不正常或失调蛋白质的小分子，但耐药基因的出现是目前阻碍进一步提高疗效的主要障碍。

（二）抗恶性肿瘤药的用药护理

1．护士应介绍化疗目的、注意事项、成功案例，帮助患者保持良好的精神状态，使患者树立自信心，确保化疗顺利完成。

2．每周检查血常规 1～2 次；注意观察患者有无出血倾向和感染先兆，防止意外损伤。

3．用药期间应定期检查肝肾功能，肝肾损害严重时应停药，告知患者采用高热量、高蛋白、低脂、高维生素饮食；化疗期间鼓励患者大量饮水，给药前预先饮水或输液 1～2L。

4．用药后 1～2 周可发生脱发，1～2 个月后脱发最明显，应事先向患者说明脱发的可逆性，做好患者的思想疏导，化疗时用止血带捆扎于发际或戴冰帽，对脱发有明显的预防效果。

5．静脉滴注时应注意观察局部皮肤有无水肿、变色，有些药物多次静脉滴注可引起静脉炎，在静脉滴注后要用生理盐水冲洗静脉，以减轻刺激。静脉滴注时，血管要轮流使用，如不慎药液溢出，需立即停止注药，保留针头强力回抽漏于皮下的药液，然后再拔出针头并适当处理。

6．静脉化疗首选中心静脉置管，可以保证化疗药物持续通畅匀速输入，避免化疗药对外周静脉刺激及药物外渗的风险。

第 2 节　常用的抗恶性肿瘤药

临床常用的抗恶性肿瘤药见表 16-1。

表 16-1　临床常用抗恶性肿瘤药

分类及药物名称	缩写	临床应用	主要不良反应
1．抑制 DNA 合成的药（主要作用于 S 期）			
氟尿嘧啶	5-FU	抗嘧啶药。对消化道肿瘤及乳腺癌疗效好，亦用于绒毛膜上皮癌、卵巢癌等	消化道反应、骨髓抑制、脱发
6- 巯嘌呤	6-MP	抗嘌呤药。主要用于儿童急性淋巴细胞白血病，亦用于绒毛膜上皮癌、恶性葡萄胎	消化道反应、骨髓抑制
甲氨蝶呤	MTX	抗叶酸药。用于各型急性白血病，特别是儿童急性白血病，也可用于恶性葡萄胎、绒毛膜上皮癌、卵巢癌	常见口腔及肠道黏膜损伤、骨髓抑制
阿糖胞苷	Ara-C	DNA 多聚酶抑制药。主要用于成人急性粒细胞性白血病、单核细胞白血病	骨髓抑制、胃肠反应
羟基脲	HU	核苷酸拮抗药。是慢性粒细胞白血病首选药，亦用于黑色素瘤	骨髓抑制、轻度胃肠反应；可致畸胎

续表

分类及药物名称	缩写	临床应用	主要不良反应
2．破坏DNA结构与功能的药（属周期非特异性药物）			
环磷酰胺	CTX	对恶性淋巴瘤疗效显著，亦用于急性淋巴细胞白血病、卵巢癌、乳腺癌、多发性骨髓瘤、肺癌、鼻咽癌等	消化道反应、骨髓抑制，脱发、出血性膀胱炎
白消安		对慢性粒细胞白血病疗效显著	骨髓抑制
丝裂霉素	MMC	抗瘤谱广，用于消化道肿瘤、乳腺癌、慢性粒细胞白血病、恶性淋巴瘤	骨髓抑制、消化道反应
博来霉素	BLM	鳞状上皮癌，亦用于淋巴瘤和睾丸癌	发热、脱发、肺纤维化
顺铂	DDP	睾丸癌、卵巢癌、乳腺癌、膀胱癌、头颈部癌	消化道反应、肾毒性、骨髓抑制及听力减退
3．抑制蛋白质合成与功能的药（主要作用于M期）			
长春碱	VLB	主要用于急性白血病、恶性淋巴瘤、绒毛膜上皮癌	骨髓抑制
长春新碱	VCR	对儿童急性淋巴细胞白血病疗效较好，其他适应证与长春碱相同	周围神经损害较严重、骨髓抑制较轻
紫杉醇		转移性的卵巢癌和乳腺癌，肺癌、食管癌、大肠癌、头颈部恶性肿瘤及脑肿瘤等	骨髓抑制、神经毒性、心脏毒性和过敏反应
4．干扰转录过程和阻止RNA合成的药（属周期非特异性药物）			
多柔比星（阿霉素）	ADM	急性白血病、恶性淋巴瘤及实体瘤如乳腺癌、肺癌、肝癌、膀胱癌、宫颈癌、骨肉瘤等	骨髓抑制、心脏毒性、消化道反应等
放线菌素D	DACT	绒毛膜上皮癌、恶性葡萄胎、恶性淋巴瘤、肾母细胞瘤、横纹肌肉瘤及神经母细胞瘤	口腔溃疡、消化道反应较多见，骨髓抑制较明显
柔红霉素（正定霉素）	DRN	急性非淋巴细胞白血病和急性淋巴细胞白血病	骨髓抑制，心脏毒性较大
5．影响体内激素平衡的药（属周期非特异性药物）			
他莫昔芬	TAM	对雌激素受体阳性的乳腺癌患者疗效较好	长期应用可出现视力障碍；无骨髓抑制作用

（考点：羟基脲、甲氨蝶呤的应用）

（考点：顺铂、长春新碱的不良反应）

小结

抗恶性肿瘤药能抑制或杀灭肿瘤细胞而发挥作用。根据各期肿瘤细胞对药物的敏感性不同分为周期特异性药和周期非特异性药。抗恶性肿瘤药选择性低，不良反应多，常见骨髓抑制、消化道反应、脱发、肝及肾损害、免疫抑制等，应加以防治；在治疗过程中，必须密切观察用药后反应，严防药液外渗，并做好对患者的用药指导工作。

自 测 题

1. 患者，男，56 岁。患急性淋巴细胞性白血病。医嘱静脉推注长春新碱。护理措施错误的是（　　）
   A. 静脉注射时边抽回血边注药
   B. 外周静脉应选择粗直的
   C. 首选中心静脉置管
   D. 推注药物前，先用生理盐水冲管，确定针头在静脉内方能注药
   E. 输注时若发现外漏，立即拔针
2. 患儿，男，6 岁。患白血病入院。治疗方案中有阿糖胞苷。在化疗期间要特别注意加强监测的项目是（　　）
   A. 体温　B. 血压
   C. 脱发　D. 食欲
   E. 血常规
3. 慢性再生障碍性贫血患者首选治疗的药物是（　　）
   A. 糖皮质激素　B. 雌激素
   C. 雄激素　D. 阿糖胞苷
   E. 环磷酰胺
4. 为减轻甲氨蝶呤的毒性，可并用（　　）
   A. 叶酸　B. 甲酰四氢叶酸
   C. 维生素 B_{12}　D. 维生素 B_6
   E. 维生素 C
5. 抗癌药物最严重的不良反应是（　　）
   A. 听力减退　B. 脱发
   C. 消化道反应　D. 骨髓抑制
   E. 过敏反应
6. 对消化道癌有显著疗效的药物是（　　）
   A. 环磷酰胺　B. 氟尿嘧啶
   C. 甲氨蝶呤　D. 羟基脲
   E. 放线菌素 D
7. 对肾和膀胱有一定的刺激性，常引起出血性膀胱炎的药物是（　　）
   A. 环磷酰胺　B. 放线菌素 D
   C. 甲氨蝶呤　D. 羟基脲
   E. 氟尿嘧啶
8. 根据细胞增殖动力学的研究，肿瘤复发的根源是（　　）
   A. G_0 期　B. G_1 期
   C. G_2 期　D. S 期
   E. M 期

（闫建坤）

实　训

实训 1-1　解读药品说明书

〖实训目的〗

1. 能正确解读药品说明书相关内容。

2. 能按照药品说明书的要求，指导患者用药。

〖实训准备〗药品制剂若干种，药品说明书每人 2～3 份。

〖实训流程〗

1. 解读药品说明书　选取若干名学生，解读药品说明书中列举的药品名称、成分、性状、适应证、规格、用法用量、不良反应、禁忌证、注意事项、药物相互作用、药理毒理、贮存条件、批准文号、产品批号、有效期、生产企业等内容。

2. 情景演练　按照药品说明书，学生分组进行角色扮演。

（1）角色扮演：学生分为若干组，由一位学生扮演患者，一位学生扮演护士模拟进行用药指导。

（2）效果展示：选取 2～3 组学生为全班进行活动展示，由学生进行评判。

（3）讨论与点评：教师对小组代表和全班活动进行总结点评。

〖结果与评价〗

实训项目	结果	学生评价（优、良、一般、差）	教师评价（优、良、一般、差）	总评（优、良、一般、差）
解读药品说明书	解读效果			
情景演练	演示效果			

〖讨论〗如何按照药品说明书的要求，指导患者合理用药？

（陈秀风）

实训 1-2　给药剂量对药物作用的影响

〖实训目的〗

1. 观察剂量对药物作用的影响。

2. 练习小白鼠的捉拿和腹腔注射法。

〖实训准备〗

1. 药品　2.5% 尼可刹米溶液。

2．器材　大烧杯3个、托盘天平1台、1ml注射器3支。

3．动物　小白鼠3只。

〖实训流程〗

1．取小白鼠3只，称重，分别编号为甲、乙、丙。

2．分别放入大烧杯中，观察小白鼠正常活动。然后将2.5%尼可刹米溶液分别按0.05ml/10g、0.1ml/10g、0.2ml/10g给甲、乙、丙鼠腹腔注射。

3．观察甲、乙、丙鼠给药后的表现，有无兴奋（如活动增多、行走加快）、惊厥（如尾巴竖起、全身抽搐、四肢强直等），甚至死亡等现象，并记录发生的时间。

〖实训结果〗

鼠号	体重	剂量	用药后反应及发生时间
甲			
乙			
丙			

〖讨论〗

1．不同给药剂量对药物作用有何影响？

2．尼可刹米在临床应用时要注意哪些问题？

（符秀华）

实训1-3　给药途径对药物作用的影响

〖实训目的〗

1．观察不同给药途径对药物作用的影响。

2．练习小白鼠的捉拿法和灌胃、肌内注射法。

〖实训准备〗

1．药品　10%硫酸镁注射液。

2．器材　大烧杯2个、托盘天平1台、1ml注射器2支、小白鼠灌胃器1个。

3．动物　小白鼠2只。

〖实训流程〗

1．取小白鼠2只，称重，编号为甲、乙，分别放于大烧杯内，观察正常活动。

2．将10%硫酸镁注射液按0.2ml/10g，分别给甲鼠灌胃、乙鼠肌内注射。

3．观察给药后两鼠的反应有何不同。

〖实训结果〗

鼠号	体重	剂量	给药前情况	途径	用药后反应
甲				灌胃	
乙				肌内注射	

〖讨论〗

1．口服和注射硫酸镁分别出现什么作用？为什么？

2．不同给药途径对药物作用有何影响？

（符秀华）

实训 1-4 药物配伍禁忌

〖实训目的〗

1．充分认识选择溶剂的重要性。

2．了解配伍禁忌的临床意义。

〖实训准备〗

1．药品 氟罗沙星注射液 3 瓶（每瓶 0.2g），0.9% 氯化钠注射液、葡萄糖氯化钠注射液、5% 葡萄糖注射液各 1 支。

2．器材 5ml 注射器 3 支。

〖实训流程〗

1．将 3 瓶氟罗沙星注射液编为甲、乙、丙号。

2．将 5ml 的 0.9% 氯化钠注射液、葡萄糖氯化钠注射液、5% 葡萄糖注射液分别加入甲瓶、乙瓶和丙瓶，振摇 3～5 分钟后，观察溶液变化情况。

〖实训结果〗

瓶号	溶剂	是否溶解
甲	0.9% 氯化钠注射液	
乙	葡萄糖氯化钠注射液	
丙	5% 葡萄糖注射液	

〖讨论〗

1．静脉给药时如何避免药物的配伍禁忌？

2．如何正确配制氟罗沙星注射液？

（陈秀风）

实训 2-1 青霉素过敏性休克的抢救及用药护理

〖案例设计〗通过实训能判断青霉素药物过敏的症状及掌握青霉素休克抢救措施。

〖实训目的〗

1．能准确判断青霉素药物过敏的症状。

2．能掌握青霉素过敏性休克抢救措施。

3．能对患者做好用药指导。

〖实训准备〗

1．临床用药案例 青霉素过敏性休克及其防治的影音资料。

2. 药品及设备 青霉素G、0.9%氯化钠注射液、0.1%盐酸肾上腺素注射液、地塞米松、注射器若干、吸氧设备（如面罩、氧气瓶）等。

3. 环境 药物实训室、模拟药房。

〖实训流程〗

1. 学生观看青霉素过敏性休克及抢救的录像片。

2. 案例讨论及角色扮演

（1）案例：患者，男，30岁。因患扁桃体炎而采用青霉素治疗，给药后约1分钟，患者出现面色苍白、冷汗、烦躁不安、脉搏细弱、血压下降至60/45mmHg，并伴有呼吸困难、四肢麻木。诊断为青霉素过敏性休克。

（2）讨论问题：诊断依据是什么？如何预防和处理？

（3）角色扮演：学生分成若干组，每组由1位扮演患者、1位扮演护士。学生模拟护士按医嘱给患者注射青霉素，做好用药指导。患者表演发生过敏性休克的症状表现。学生模拟护士表演预防过敏性休克及抢救处理的措施。

（4）效果展示：选取2～3组学生为全班进行模拟扮演，同学之间进行评判。

（5）讨论与点评：教师对小组代表和全班活动进行点评。

〖结果与评价〗

实训项目	结果	学生评价（优、良、一般、差）	教师评价（优、良、一般、差）	总评（优、良、一般、差）
情景演练	演示效果			
用药指导	指导效果			

〖讨论〗如何预防青霉素过敏反应的发生？一旦发生青霉素过敏性休克，抢救措施有哪些？

（高艳丽）

实训2-2 抗生素合理应用案例分析

〖案例设计〗通过抗生素用药的现象分析，理解抗生素用药存在的问题及解决方法。

〖实训目的〗

1. 能分辨抗生素不合理用药的现象。

2. 能规范合理使用抗生素。

3. 能进行抗生素合理用药指导。

〖实训准备〗

案例一：目前每一个临床科室、每一位临床医师都在使用抗生素，而且不论医师，还是患者都乐意使用新型、广谱抗生素。而一般医院使用最多的10种抗生素中，超过一半都是新型抗生素。1978年，医务人员在上海抽检了200株金黄色葡萄球菌，分离出的耐甲氧西林金黄色葡萄球菌（简称MRSA）还不到5%。而现在，MRSA在医院内感染的分离率已高达60%以上。耐药性越强，意味着感染率和病死率越高。专家调查发现，在住院的感染患者中耐药菌感染的病死率（11.7%）比普通感染的病死率（5.4%）高出 1 倍多。

案例二：重症监护病房的一名 21 岁女孩，刚接受肺移植，但医师发现了高度耐药的鲍曼不动杆菌。它能抵抗现有的几乎所有抗生素，仅对多黏菌素敏感，但患者患有肾衰竭。这名携带“超级细菌”的患者，幼儿时就被诊断患肺部囊性纤维化——这是一种极易受到细菌感染的疾病。因此，她一直在使用各种抗生素，大量的抗生素虽然杀死了无数试图侵蚀患者的细菌，但也“锤炼”出了不再害怕它们的“超级细菌”。

附：“超级细菌”是指那些几乎对所有抗生素都有抵抗能力的细菌。

〖实训方法〗

1．导入　以教材“药疗警示”为导言，启发学生重视抗生素滥用带来的危害。

2．讲解　案例展示，讲解案例内容。

3．分组　将学生分组进行案例讨论分析，把内容记录在表格中。

4．发言　请每组学生代表发言，把案例中滥用抗生素的现象复述，并陈述本组观点“如何合理使用抗生素”。其他小组可以补充发言。

5．总结　教师将每组发言内容汇总，强调合理使用抗生素任重道远。

〖结果与评价〗

案例（　　）		
现象	结论	得分
1		
2		
3		

（覃　琳）

实训 3-1　烟碱的毒性

〖案例设计〗设计烟碱对动物的作用实验让学生切身观察到吸烟的危害。

〖实训目的〗

1．学习烟碱溶液的制备法。

2．观察烟碱对小白鼠的毒性，理解吸烟对人体的危害。

〖实训准备〗

1．用物准备　水烟袋 1 只，1ml 注射器 1 支、小烧杯 1 个、香烟 1 根、火柴 1 盒。

2．动物　小白鼠 2 只。

〖实训流程〗

1．水烟袋里放 2ml 的注射用水，将烟点燃插在水烟袋上，用手指堵住水烟袋另一口，慢慢吸，使烟充满水烟袋，以便烟碱充分溶于注射用水中。

2．吸完后，将制备好的烟碱溶液倒入小烧杯内，吸取 1ml。

3．给 2 只小白鼠编号后，甲鼠腹腔注射烟碱溶液 1ml，乙鼠腹腔注射生理盐水 1ml 作为对照。观察给药后 2 只小白鼠的反应。

〖结果与评价〗

小白鼠	给药前小白鼠活动情况	给药	给药后小白鼠反应
甲鼠		烟碱溶液 1ml	
乙鼠		生理盐水 1ml	

〖注意事项〗烟碱制备过程注意慢慢吸，使烟充满水烟袋。

〖讨论〗烟碱对小白鼠有何毒性？吸烟对人体有何危害？

（付红焱）

实训 3-2　拟胆碱药与抗胆碱药对瞳孔的影响

〖案例设计〗通过对家兔点眼观察毛果芸香碱与阿托品对家兔瞳孔的影响。

〖实训目的〗

1．了解　家兔的捉拿及量瞳方法。

2．熟悉　家兔滴眼方法。

3．掌握　拟胆碱药与抗胆碱药对瞳孔的影响。

〖实训准备〗

1．药品　1% 硝酸毛果芸香碱溶液、1% 硫酸阿托品溶液。

2．器材　兔固定器 1 个、剪刀 1 把、手电筒 1 个、量瞳尺 1 把。

3．动物　家兔 1 只。

〖实训流程〗

1．取家兔 1 只，用兔固定器固定，剪去两眼睫毛，在自然光线下用量瞳尺测量家兔两眼瞳孔大小，并记录正常瞳孔直径（以 mm 表示）。

2．用手电筒照射家兔的眼睛，观察瞳孔对光反射是否存在。

3．将家兔左眼下眼睑拉成杯状，并按压鼻泪管（防止药液流入鼻腔），滴入 1% 硝酸毛果芸香碱溶液 3 滴，坚持 1 分钟后将手放开，任药液自溢。同样方法在家兔右眼滴入 1% 硫酸阿托品溶液 3 滴。

4．滴药 15 分钟后，在光照强度与用药前一致的条件下，再测两眼瞳孔直径及观察对光反射是否存在。比较用药前后有何不同。

〖结果与评价〗

兔眼	用药前		药物	用药后	
	瞳孔直径	对光反射		瞳孔直径	对光反射
左眼			毛果芸香碱		
右眼			阿托品		

〖注意事项〗注意在同一光照强度测量瞳孔大小和防止药液经鼻泪管吸收。

〖讨论〗毛果芸香碱和阿托品对兔瞳孔的影响的原理是什么？毛果芸香碱用药护理应注意什么？

（付红焱）

实训 4-1 普鲁卡因和丁卡因表面麻醉作用比较

〖实训目的〗

1. 比较普鲁卡因和丁卡因的表面麻醉作用强度。

2. 学会家兔的捉拿方法、滴眼给药法及眨眼反射测试法。

〖实训准备〗

1. 器材 兔固定箱 1 个、剪刀 1 把、滴管 2 支。

2. 药品 1% 的普鲁卡因溶液、1% 的丁卡因溶液。

3. 动物 家兔 1 只。

〖实训流程〗

1. 取无眼疾家兔 1 只，放入家兔固定箱中。剪去其双眼睫毛，用兔须轻触角膜的上、中、下、左、右 5 点，观察并记录正常眨眼反射。

2. 将家兔下眼睑拉成杯状，向左右两眼分别滴入 1% 普鲁卡因溶液 2 滴和 1% 丁卡因溶液 2 滴，药液保留 1 分钟并与角膜充分接触后开始计时。

3. 每隔 5 分钟测两眼的眨眼反射 1 次，记录阳性反射率，至 30 分钟为止。

〖实训结果〗

兔眼	药物	滴药前眨眼反射	滴药后眨眼反射（分钟）					
			5	10	15	20	25	30
左	普鲁卡因							
右	丁卡因							

〖注意事项〗

1. 刺激角膜的兔须前、后应用同一根，刺激强度尽量一致。

2. 刺激角膜时不可触及眼睑，以免影响实验效果。

3. 眨眼反射阳性反应率的记录方法：如果家兔角膜的上、下、左、右、中 5 个位置均存在眨眼反射，则记为 5/5；如果只有 1 个位置存在眨眼反射，则记为 1/5；如果均不存在眨眼反射，则记为 0/5。

〖讨论〗

1. 为了实验结果的准确性，测试眨眼反射时应注意什么？

2. 实验结果说明了什么？有什么临床参考意义？

（杨孟欢）

实训 5-1 地西泮的抗惊厥作用

〖实训目的〗

1. 练习家兔的捉拿及耳静脉注射法。

2. 观察尼可刹米致惊厥和地西泮的抗惊厥作用，并联系其临床应用。

〖实训准备〗

1. 药品　25% 尼可刹米溶液、0.5% 地西泮溶液、0.9% 氯化钠注射液。

2. 动物　家兔 2 只。

3. 器械　磅秤一台、5ml 注射器 3 支。

〖实训流程〗

1. 取家兔 2 只，称重并编号为甲和乙，观察正常活动情况。

2. 两兔均由耳静脉注射 25% 尼可刹米溶液 0.5ml/kg，待家兔出现惊厥（躁动、角弓反张、肌肉震颤等）后，甲兔立即由耳静脉注射 0.5% 地西泮溶液 5mg/kg，乙兔耳静脉注射等容量 0.9% 氯化钠注射液，观察两兔表现有何不同。

〖实训结果〗

兔号	体重	药物及剂量（ml）	惊厥情况			
			有无惊厥	发作时间	持续时间	结果
甲		25% 尼可刹米溶液				
		0.5% 地西泮溶液				
乙		25% 尼可刹米溶液				
		0.9% 氯化钠注射液				

〖注意事项〗注射尼可刹米前，需备好地西泮和氯化钠注射液，待家兔出现惊厥立即给药。

〖讨论〗尼可刹米和地西泮有何作用与应用？应用时应注意哪些问题？

（覃隶莲）

实训 5-2　吗啡中毒及解救用药护理

〖实训目的〗

1. 通过观看教学片和进行案例分析，能准确判断吗啡中毒的症状。

2. 能模拟完成吗啡中毒的解救过程。

3. 能对患者进行用药指导，减少不良反应的发生。

〖实训准备〗

1. 录像和案例　吗啡中毒的动物实验录像及临床用药案例。

2. 药物　盐酸纳洛酮注射液。

3. 环境　药物实训室、模拟病房。

〖实训流程〗

1. 学生观看吗啡中毒的动物实验录像片。

2. 案例讨论及情景演练

（1）案例：患者，男，26 岁，有 5 年吸毒史。1 小时前，静脉注射毒品后感觉呼吸困难，有强烈的窒息感，被朋友送医院抢救。查体：呼吸 7 次 / 分，心率 45 次 / 分，血压 70/50mmHg，瞳孔呈针尖样缩小，其他反射迟钝，呈浅昏迷状态。诊断：阿片类海洛因中毒。医嘱：盐酸纳洛酮注射液 1mg 静脉注射，立即执行！ 15 分钟后重复 1 次。

（2）学生讨论医嘱的制定依据和用药护理原则，制定相应护理措施。

（3）情景演练：学生分为若干小组，1位扮演患者，1位扮演医生，1位扮演护士。模拟用药并进行用药护理。

（4）学生讨论，教师点评总结。

〖结果与评价〗

实训项目	结果	学生评价（优、良、一般、差）	教师评价（优、良、一般、差）	总评（优、良、一般、差）
情景演练	演示效果及用药指导			
用药分析	用药合理性及分析			

〖讨论〗吗啡中毒会出现哪些特殊体征？其中毒主要死亡原因是什么？如何抢救吗啡急性中毒？

（覃隶莲）

实训 5-3　抗感冒复方制剂的用药指导

〖实训目的〗

1. 熟悉常用抗感冒复方制剂与主要成分。
2. 学会合理应用抗感冒复方制剂，并做好用药护理。
3. 对患者进行用药指导，减少不良反应的发生。

〖实训准备〗

1. 常用抗感冒复方制剂说明书　如复方阿司匹林片、新康泰克（蓝装、红装）、康必得、氨咖黄敏胶囊、复方氨酚烷胺胶囊、白加黑、日夜百服宁、三九感冒灵、酚麻美敏片、小儿氨酚黄那敏颗粒等。

2. 药物　复方阿司匹林片、新康泰克（蓝装、红装）、康必得、氨咖黄敏胶囊、复方氨酚烷胺胶囊、白加黑、日夜百服宁、三九感冒灵、酚麻美敏片、小儿氨酚黄那敏颗粒等。

3. 环境　药物实训室、模拟病房。

〖实训流程〗

1. 教师介绍常用抗感冒复方制剂的相关知识

（1）常用抗感冒复方制剂及主要成分

制剂名称	主要成分
复方阿司匹林片	阿司匹林、非那西丁、咖啡因
新康泰克（蓝装）	盐酸伪麻黄碱、马来酸氯苯那敏
新康泰克（红装）（美扑伪麻片）	对乙酰氨基酚、氢溴酸右美沙芬、盐酸伪麻黄碱、马来酸氯苯那敏
康必得	对乙酰氨基酚、盐酸二氧丙嗪、板蓝根浸膏、葡萄糖酸锌
氨咖黄敏胶囊（速效伤风胶囊）	对乙酰氨基酚、马来酸氯苯那敏、咖啡因、人工牛黄

续表

制剂名称		主要成分
复方氨酚烷胺胶囊（新速效伤风胶囊）		对乙酰氨基酚、盐酸金刚烷胺、马来酸氯苯那敏、人工牛黄、咖啡因
白加黑	日用片	对乙酰氨基酚、盐酸伪麻黄碱、氢溴酸右美沙芬
	夜用片	对乙酰氨基酚、盐酸伪麻黄碱、氢溴酸右美沙芬、盐酸苯海拉明
日夜百服宁	日用片	对乙酰氨基酚、盐酸伪麻黄碱、氢溴酸右美沙芬
	夜用片	对乙酰氨基酚、盐酸伪麻黄碱、氢溴酸右美沙芬、马来酸氯苯那敏
三九感冒灵		对乙酰氨基酚、马来酸氯苯那敏、咖啡因、中药成分
酚麻美敏片（泰诺）		对乙酰氨基酚、盐酸伪麻黄碱、氢溴酸右美沙芬、马来酸氯苯那敏
小儿氨酚黄那敏颗粒		对乙酰氨基酚、马来酸氯苯那敏、人工牛黄

（2）常用抗感冒复方制剂主要成分及其作用

1）解热镇痛药：通过抑制前列腺素的合成发挥解热镇痛作用，常用的有对乙酰氨基酚、阿司匹林等。由于感冒的主要症状是发热、头痛，所以大多数抗感冒药含此类药物成分，尤其对乙酰氨基酚目前更常用。

2）抗组胺药：常用 H_1 受体阻断药氯苯那敏（扑尔敏）、苯海拉明等，可竞争性阻断 H_1 受体，对抗过敏症状，缓解感冒引起的鼻塞、流涕、打喷嚏等症状。

3）中枢兴奋药：咖啡因能增强大脑皮质的兴奋过程，并有收缩脑血管作用，在抗感冒药的复合制剂中加强镇痛疗效，缓解疲劳，抵抗 H_1 受体阻断药所致的嗜睡作用。

4）肾上腺受体激动药：伪麻黄碱等可促进去甲肾上腺素的释放，具有选择性地收缩上呼吸道毛细血管作用，可减轻鼻黏膜充血，消除鼻咽部黏膜充血水肿，减轻鼻塞等症状。

5）中枢镇咳药：作用于延髓的咳嗽中枢，缓解感冒时的咳嗽症状，如右美沙芬、可待因等。

6）其他：人工牛黄具清热解毒作用；金刚烷胺具有抗病毒作用；葡萄糖酸锌能水解纤维蛋白及酶蛋白，口服后可改变局部循环，清除炎症及水肿。

（3）抗感冒复方制剂的合理应用

1）根据症状选择：如头痛、发热者可选择含有解热镇痛成分的复方制剂，如复方阿司匹林片、氨咖黄敏胶囊等；感冒有鼻塞、流涕等症状的患者，应选择含有盐酸伪麻黄碱或抗过敏药马来酸氯苯那敏等成分的复方制剂；感冒同时有咳嗽的患者，可选择含镇咳药氢溴酸右美沙芬的复方制剂。

2）根据年龄选择：老年人由于肝肾功能较弱应选择蓄积性小的复方制剂。儿童最好选用儿科专用的抗感冒复方药，如小儿氨酚黄那敏颗粒。

3）注意药物的不良反应：有消化性溃疡及哮喘患者，禁用含阿司匹林的复方制剂，避免刺激胃黏膜引起出血或避免诱发哮喘发作。青光眼患者慎用含苯海拉明的复方制剂，因苯海拉明兼有轻度阿托品样作用，可使眼压增高加重病情。高血压、甲状腺功能亢进及心绞痛患者应慎用或禁用含伪麻黄碱的抗感冒药复方制剂；孕妇前 3 个月慎用，最好不用抗感冒药；驾驶员、高空作业及精细工种者白天不可用含有抗组胺药如氯苯那敏或苯海拉明的复方制剂，以免发生危险，因为此类药物有镇静催眠作用。

4）注意剂量：解热镇痛药在使用时，不要随意增大剂量，因为此类药物剂量增大，药理作用不能增强，反而不良反应增加，甚至加重。例如，对乙酰氨基酚大剂量时可致肝功能损害等。

2．将学生分组，每组 5～6 人，进行角色扮演，包括患者、医生、护士等。

3. 情景模拟，根据患者具体情况合理选用抗感冒药，并记录。

〖结果与评价〗

实训项目	结果	学生评价（优、良、一般、差）	教师评价（优、良、一般、差）	总评（优、良、一般、差）
情景演练	演示效果及用药指导			
用药分析	用药合理性及分析			

〖讨论〗如何合理选用抗感冒复方制剂？如何对患者进行用药指导？

（章隶莲）

实训 8-1 硫酸镁急性中毒及钙剂的解救

〖实训目的〗

1. 观察硫酸镁急性中毒时症状及学习其解救方法。
2. 练习家兔耳静脉注射法或肌内注射给药。

〖实训准备〗

1. 药品 20% 硫酸镁溶液、5% 氯化钙溶液。
2. 动物 家兔 1 只。
3. 器材 婴儿秤、干棉球、酒精棉球、5ml 及 10ml 注射器。

〖实训流程〗

1. 取家兔 1 只，称其体重，观察正常活动及肌张力。
2. 由兔耳静脉缓慢注射 20% 硫酸镁溶液 5ml/kg，给药后记录时间，注意观察家兔情况变化。
3. 当家兔出现行动困难，肌肉松弛无力、低头、卧倒时，立即由耳静脉缓慢注射 5% 氯化钙溶液 8～10ml，直至四肢立起为止。抢救后可能再次出现麻痹，应再次给予钙剂。

〖实训结果〗

动物	体重（kg）	用药前	用硫酸镁后症状及肌张力	用氯化钙后症状及肌张力
家兔				

〖注意事项〗5% 氯化钙溶液应先吸入注射器准备好，抢救时要缓慢注射。

〖讨论〗硫酸镁注射过量为何会中毒？氯化钙为什么能解救硫酸镁中毒？

（姚勇志）

实训 9-1 呋塞米的利尿作用

〖实训目的〗观察呋塞米的利尿作用。

〖实训准备〗

1. 药品 1% 呋塞米溶液、液状石蜡。
2. 器材 磅秤、兔解剖台、导尿管、烧杯、胶布、5ml 注射器。
3. 动物 雄性家兔 1 只。

〖实训流程〗

1．取家兔 1 只，称重。

2．将家兔仰卧固定于兔解剖台上。

3．将充满水并沾有液状石蜡的导尿管插入膀胱（约 10cm），用胶布固定好，以防滑脱。

4．压迫家兔下腹部，使膀胱排空。导尿管下接烧杯。观察并记录给药前每分钟尿液滴数及 30 分钟尿量。

5．由耳缘静脉注射 1% 呋塞米溶液 0.5ml/kg。待尿液增多时，记录每分钟尿液滴数及 30 分钟尿量，比较给药前后尿量差异。

〖实训结果〗

	用药前	用药后
每分钟尿量		
半小时尿量		

〖讨论〗

1．呋塞米属哪类利尿药？其利尿作用有哪些特点？

2．呋塞米在临床上有何应用？

（杨孟欢）

实训 10-1　心血管系统疾病用药护理

〖案例设计〗设计心血管系统疾病用药护理实训，让学生学会合理应用心血管系统药，并能对患者进行正确的用药指导。

〖实训目的〗

1．通过观看教学片和进行案例分析，掌握心血管系统疾病的药物应用及用药指导。

2．通过用药案例分析和情景演练，掌握抗高血压药及抗心力衰竭药的应用特点。

3．学会合理应用抗高血压药和抗心力衰竭药。

4．能对患者做好用药指导。

〖实训准备〗

1．临床病例若干份。

2．多媒体教学片

（1）抗高血压药物的教学片。

（2）抗慢性心力衰竭药物的教学片。

〖实训流程〗

1．组织收看电视录像或多媒体影视资料。

2．情景演练　患者，男，61 岁。突然胸闷，气短，咳嗽，不能平卧。查体：血压 180/100mmHg，心尖区舒张期奔马律，心率 118 次 / 分，两肺底湿啰音。医嘱用毛花苷丙、呋塞米、硝普钠联合治疗。

（1）角色扮演：学生分为若干组，由一位学生扮演患者，一位学生扮演医师模拟用药并进行用药指导。

（2）讨论与点评：学生分小组讨论，推选一学生进行评价，最后教师总结点评。

3．病例分析　患者，女，64岁，有高血压病史18年，因近期未按时服药，近日出现明显头痛、烦躁、心悸、多汗、面色苍白、视物模糊，测血压为220/130mmHg。问题：①哪种降压药是此种情况最有效的治疗药物？②治疗过程中如何控制用药剂量？③用药过程中应该监测患者的哪些指标？

（1）学生以小组为单位，根据用药案例，讨论分析。

（2）每小组推选1名学生代表发言，其他各级同学提问。

（3）教师点评、总结。

〖实训评价〗

实训项目	结果	学生评价（优、良、一般、差）	教师评价（优、良、一般、差）	总评（优、良、一般、差）
情景演练	演示效果及用药指导			
案例分析	用药合理性及分析			

〖注意事项〗尽量收集临床真实案例。

〖讨论〗如何合理应用抗高血压药和抗心力衰竭药？

（吴丽萍）

实训13-1　糖皮质激素的用药护理

〖实训目的〗

1．通过用药案例分析，掌握糖皮质激素类药物的应用特点。

2．学会合理应用糖皮质激素类药物并且做好用药护理。

3．能与患者及家属进行沟通，对患者做好用药指导。

〖实训准备〗

1．临床用药案例　糖皮质激素录像片、糖皮质激素用药的有关的病例、处方示例。

2．药物　泼尼松、地塞米松等相关药品。

3．环境　药物实训室、模拟病房。

〖实训流程〗

1．情景演练　患者，男，47岁，肾病综合征，需要长期服用糖皮质激素治疗。

（1）角色扮演：把学生分为若干组，每组都由一位学生扮演患者，一位学生扮演护士模拟用药并进行用药指导。

（2）讨论与点评：学生分小组讨论，推选一学生进行评价，最后由教师总结点评。

2．案例讨论　患者，男，40岁，因患顽固性支气管哮喘，遵医嘱用泼尼松龙治疗1年，现患者出现满月脸、水牛背、向心性肥胖、多毛、痤疮、肌无力、左下肢水肿。讨论：①患者出现上述症状的原因？②如何合理使用泼尼松龙？③需要对患者进行哪些用药指导？

（1）学生以小组为单位，根据用药案例，讨论分析。

（2）每小组推选1位学生代表进行发言，其他各组同学提问。

（3）教师点评、总结。

〖结果与评价〗

实践项目	结果	学生评价（优、良、一般、差）	教师评价（优、良、一般、差）	总评（优、良、一般、差）
情景演练	演示效果及用药指导			
案例分析	用药合理性及分析			

〖讨论〗如何合理应用糖皮质激素类药物并且做好用药护理?

（张 洁）

实训 13-2 降血糖药的用药护理

〖实训目的〗

1. 通过用药案例分析，掌握胰岛素和口服降糖药的应用特点。
2. 学会合理应用降血糖药并且做好用药护理。
3. 能与患者及家属进行沟通，做好用药指导。

〖实训准备〗

1. 临床用药案例 与降血糖药应用有关的病例、处方示例。
2. 药物 胰岛素、二甲双胍、格列本脲等。
3. 环境 药物实训室、模拟病房。

〖实训流程〗

1. 情景演练 患者，男，50 岁。近 1 个月常感口渴，多饮、多食、多尿，空腹血糖 8.3mmol/L，餐后血糖 12.5mmol/L，尿糖（＋＋），尿酮（－），临床诊断：1 型糖尿病。予以胰岛素治疗。

（1）角色扮演：把学生分为若干组，每组都由一位学生扮演患者，一位学生扮演护士模拟用药并且进行用药指导。

（2）讨论与点评：学生分小组讨论，推选一位学生进行评价，最后教师总结点评。

2. 案例分析 患者，男，40 岁。体重 85kg（肥胖），近 4 个月常感口渴，多饮、多食、多尿，伴乏力，空腹血糖 7.5mmol/L，餐后血糖 11.5mmol/L，诊断为 2 型糖尿病。问题：①试分析用什么药物治疗为宜？为什么？②用药时需要注意哪些事项？③如何为糖尿病患者提供用药指导?

（1）学生以小组为单位，根据用药案例，讨论分析。

（2）每小组推选 1 位学生代表进行发言，其他各组同学提问。

（3）教师点评、总结。

〖结果与评价〗

实践项目	结果	学生评价（优、良、一般、差）	教师评价（优、良、一般、差）	总评（优、良、一般、差）
情景演练	演示效果及用药指导			
案例分析	用药合理性及分析			

〖讨论〗如何合理应用降血糖药并且做好用药护理?

（张 洁）

参 考 文 献

陈新谦，金有豫，汤光．2014．新编药物学．第17版．北京：人民卫生出版社

符秀华，覃隶莲．2015．药理学基础．北京：人民卫生出版社

符秀华，田小娟．2012．药物基础与应用．第2版．北京：高等教育出版社

符秀华，叶宝华．2011．药物应用护理．北京：科学出版社

国家基本药物临床应用指南和处方集编委会．2013．国家基本药物临床应用指南（化学药品和生物制品）．2012年版．北京：人民卫生出版社

国家药典委员会．2015．中华人民共和国药典．2015年版．北京：中国医药科技出版社．

胡鹏飞，覃隶莲．2013．药物学基础．第3版．北京：科学出版社

李俊．2013．临床药理学．第5版．北京：人民卫生出版社

王开贞，于天贵．2014．药理学．第7版．北京：人民卫生出版社

杨宝峰．2013．药理学．第8版．北京：人民卫生出版社

姚宏，黄刚．2015．药物学基础．第3版．北京：人民卫生出版社

教学基本要求
（72课时）

一、课程性质和任务

“药物学基础”是中等卫生职业教育护理、助产等专业一门重要的专业核心课程。本课程的主要内容包括药物的药理作用、应用、不良反应、常用制剂和用法及用药护理等。本课程的主要任务是使学生掌握药物的基本知识，具备处方识读、用药技术及用药护理的基本技能，以指导护士临床合理用药及用药护理。

二、课程教学目标

通过本课程的学习，学生能够达到下列要求。

（一）职业素养目标

1．具有良好的职业道德、科学精神、法律意识，重视医德伦理。

2．具有良好的职业素养和合理用药意识，具备严谨认真的工作作风。

3．具有良好的心理素质和人际沟通能力与辩证思维。

（二）专业知识和技能目标

1．掌握药物作用、应用、不良反应的基本知识，初步具备药物应用过程中的护理技能。

2．具有观察药物疗效和不良反应的能力。

3．具有对常见病临床用药指导能力和药物咨询能力。

4．具有对常用药物制剂的外观检查、查阅药物相互作用、检索配伍禁忌与准确换算药物剂量的能力。

5．具有学习和更新药理知识的能力及运用药理知识独立思考、分析和解决实际问题的能力。

三、教学内容和要求

教学内容	教学要求			教学活动参考
	了解	熟悉	掌握	
一、药物学总论				
（一）绪言				理论讲授 案例教学 情境教学 多媒体教学 教学见习 实验操作 讨论分析
1．药物和药物学的概念		√		
2．药物学的任务	√			
3．用药护理工作流程			√	
（二）药物对机体的作用——药效学				
1．药物的基本作用			√	
2．药物的作用方式		√		

续表

教学内容	教学要求			教学活动参考
	了解	熟悉	掌握	
3．药物作用的两重性			√	
4．药物的作用机制		√		
（三）机体对药物的影响——药动学				
1．药物的体内过程			√	
2．药物的消除与蓄积				
3．血浆药物浓度的动态变化		√		
（四）影响药物作用的因素				
1．机体方面的因素			√	理论讲授 案例教学 情境教学 多媒体教学 教学见习 实验操作 讨论分析
2．药物方面的因素			√	
（五）用药护理相关知识				
1．药品的名称		√		
2．药物剂型		√		
3．药品的分类与特殊管理药品				
4．药品的标识				
5．处方与医嘱				
实训 1-1　解读药品说明书		√		
实训 1-2　给药剂量对药物作用的影响	√			
实训 1-3　给药途径对药物作用的影响	√			
实训 1-4　药物配伍禁忌		√		
二、抗微生物药				
（一）概述				
1．抗菌药常用术语			√	
2．抗菌药的作用机制		√		
3．抗菌药的合理应用原则		√		
（二）抗生素				理论讲授 案例教学 情境教学 多媒体教学 教学见习 实验操作 讨论分析
1．β- 内酰胺类抗生素			√	
2．大环内酯类抗生素		√		
3．林可霉素类和多肽类抗生素		√		
4．氨基糖苷类抗生素			√	
5．四环素类和氯霉素类抗生素		√		
（三）人工合成抗菌药				
1．喹诺酮类			√	
2．磺胺类及甲氧苄啶		√		
3．硝基呋喃类	√			
4．硝基咪唑类			√	

续表

教学内容	教学要求			教学活动参考
	了解	熟悉	掌握	
（四）抗结核病药				
1．常用抗结核病药			√	
2．抗结核病药的用药护理			√	
3．抗结核病药的应用原则			√	
（五）抗真菌药与抗病毒药	√			
（六）消毒防腐药		√		
实训 2-1　青霉素过敏性休克的抢救及用药护理			√	
实训 2-2　抗生素合理应用案例分析		√		
三、传出神经系统药				理论讲授 案例教学 情境教学 多媒体教学 分析讨论 实验操作 技能训练
（一）概述				
1．传出神经系统的分类与化学传递		√		
2．传出神经系统的受体的类型及其生理效应			√	
3．传出神经系统药物的作用方式与分类		√		
（二）M 受体激动药与抗胆碱酯酶药				
1．M 受体激动药		√		
2．抗胆碱酯酶药		√		
（三）胆碱受体阻断药				
1．M 受体阻断药			√	
2．N 受体阻断药	√			
3．胆碱酯酶复活药		√		
（四）肾上腺素受体激动药				
1．α、β 受体激动药			√	
2．α 受体激动药			√	
3．β 受体激动药			√	
（五）肾上腺素受体阻断药				
1．α 受体阻断药		√		
2．β 受体阻断药			√	
实训 3-1　烟碱的毒性			√	
实训 3-2　拟胆碱药与抗胆碱药对瞳孔的影响	√			
四、麻醉药				理论讲授 案例教学 多媒体教学 实验观察
（一）局部麻醉药		√		
（二）全身麻醉药	√			
实训 4-1　普鲁卡因和丁卡因表面麻醉作用比较	√			

续表

教学内容	教学要求			教学活动参考
	了解	熟悉	掌握	
五、中枢神经系统药				理论讲授 案例教学 情境教学 多媒体教学 教学见习 技能实践
（一）镇静催眠药				
1. 苯二氮䓬类			√	
2. 巴比妥类		√		
3. 其他类	√			
（二）抗癫痫药		√		
1. 常用的抗癫痫药		√		
2. 抗癫痫药的用药原则			√	
（三）抗帕金森病药	√			
（四）抗精神失常药				
1. 抗精神病药			√	
2. 抗躁狂症药	√			
3. 抗抑郁症药	√			
（五）镇痛药				
1. 阿片受体激动药			√	
2. 非阿片受体激动药		√		
附：阿片受体阻断药	√			
（六）解热镇痛抗炎药				
1. 解热镇痛抗炎药的共同作用		√		
2. 常用药物			√	
（七）中枢兴奋药		√		
1. 主要兴奋大脑皮质药		√		
2. 主要兴奋延髓呼吸中枢药			√	
3. 促大脑功能恢复药	√			
实训 5-1 地西泮的抗惊厥作用		√		
实训 5-2 吗啡中毒及解救用药护理			√	
实训 5-3 抗感冒药复方制剂的用药指导		√		
六、抗变态反应药				理论讲授 案例教学 多媒体教学
（一）组胺与抗组胺药			√	
（二）钙剂			√	
七、呼吸系统药物				理论讲授 案例教学 情境教学 多媒体教学
（一）镇咳药				
1. 中枢性镇咳药		√		
2. 外周性镇咳药	√			

续表

教学内容	教学要求			教学活动参考
	了解	熟悉	掌握	
（二）祛痰药				理论讲授 案例教学 情境教学 多媒体教学
1．痰液稀释药		√		
2．黏痰溶解药	√			
3．黏液调节药	√			
（三）平喘药				
1．支气管扩张药			√	
2．抗炎平喘药			√	
3．抗过敏平喘药		√		
八、消化系统药物				理论讲授 案例教学 多媒体教学 教学见习 技能实践
（一）助消化药与止吐药				
1．助消化药		√		
2．止吐药	√			
（二）抗消化性溃疡药				
1．抗酸药	√			
2．胃酸分泌抑制药			√	
3．胃黏膜保护药			√	
4．抗幽门螺杆菌药		√		
（三）泻药与止泻药		√		
1．泻药			√	
2．止泻药	√			
实训 8-1　硫酸镁急性中毒及钙剂的解救			√	
九、利尿药和脱水药				理论讲授 案例教学 情境教学 多媒体教学 讨论分析
（一）利尿药				
1．高效能利尿药			√	
2．中效能利尿药			√	
3．低效能利尿药		√		
（二）脱水药			√	
实训 9-1　呋塞米的利尿作用		√		
十、心血管系统药物				理论讲授 案例教学 情境教学 多媒体教学 教学见习 技能实践
（一）抗高血压药				
1．抗高血压药的分类	√			
2．常用抗高血压药			√	
3．其他抗高血压药		√		
4．抗高血压药的用药指导		√		
（二）抗心绞痛药				
1．硝酸酯类			√	
2．β 受体阻断药			√	
3．钙通道阻滞药		√		

续表

教学内容	教学要求			教学活动参考
	了解	熟悉	掌握	
（三）抗充血性心力衰竭药				理论讲授 案例教学 情境教学 多媒体教学 教学见习 技能实践
1. 概述				
2. 正性肌力药			√	
3. 其他抗充血性心力衰竭药		√		
（四）抗心律失常药				
1. 概述	√			
2. 常用的抗心律失常药		√		
3. 抗心律失常药的合理应用		√		
（五）调血脂药				
1. 他汀类		√		
2. 树脂炎	√			
3. 贝特类		√		
4. 烟酸类	√			
实训 10-1 心血管系统疾病用药护理				
十一、血液与造血系统药物				理论讲授 案例教学 情境教学 多媒体教学
（一）抗贫血药			√	
（二）促凝血药、抗凝血药和溶栓药				
1. 促凝血药			√	
2. 抗凝血药			√	
3. 溶栓药		√		
（三）血容量扩充药		√		
十二、子宫兴奋药与抑制药				理论讲授 案例教学 多媒体教学
1. 子宫兴奋药			√	
2. 子宫抑制药	√			
十三、激素类药				理论讲授 案例教学 情境教学 多媒体教学 教学见习 技能实践
（一）肾上腺皮质激素类药				
1. 糖皮质激素			√	
2. 盐皮质激素	√			
（二）甲状腺激素与抗甲状腺药				
1. 甲状腺激素		√		
2. 抗甲状腺药			√	
（三）胰岛素与口服降血糖药				
1. 胰岛素			√	
2. 口服降血糖药		√		
（四）性激素类药				
1. 雌激素类药		√		
2. 孕激素类药		√		
3. 雄激素类药	√			
实训 13-1 糖皮质激素的用药护理		√		
实训 13-2 降血糖药的用药护理		√		

续表

教学内容	教学要求			教学活动参考
	了解	熟悉	掌握	
十四、调节水电解质与酸碱平衡药				理论讲授 案例教学
（一）调节水电解质平衡药	√			
（二）调节酸碱平衡药	√			
十五、抗寄生虫病药				理论讲授 案例教学
（一）抗肠蠕虫药	√			
（二）抗阿米巴病药与抗滴虫病药	√			
（三）抗血吸虫病药与抗丝虫病药		√		
（四）抗疟药	√			
十六、抗恶性肿瘤药				理论讲授 案例教学 多媒体教学
（一）概述				
1. 肿瘤细胞增殖周期	√			
2. 抗恶性肿瘤药物分类	√			
3. 常用抗恶性肿瘤药物的特点		√		
4. 抗恶性肿瘤药常见不良反应		√		
（二）常用的抗恶性肿瘤药				

四、学时分配建议（72 学时）

序号	教学内容	学时数		
		理论	实践	小计
1	药物学基础总论	7	4	11
2	抗微生物药	7	2	9
3	传出神经系统药	7	2	9
4	麻醉药	1	1	2
5	中枢神经系统药	7	2	9
6	抗变态反应药	1	0	1
7	呼吸系统药物	2	1	3
8	消化系统药物	2	1	3
9	利尿药和脱水药	2	1	3
10	心血管系统药物	7	1	8
11	血液与造血系统药物	4.5	0	4.5
12	子宫兴奋药与抑制药	1	0	1
13	激素类药	4.5	2	6.5
14	调节水电解质与酸碱平衡药	0.5	0	0.5
15	抗寄生虫病药	1	0	1
16	抗恶性肿瘤药	0.5	0	0.5
合计		55	17	72

五、教学大纲说明

（一）适用对象与参考学时

本教学大纲主要供中等卫生职业教育护理、助产、涉外护理等专业使用，总学时为72，其中理论教学55学时，实践教学17学时。

（二）教学要求

1. 本课程知识部分教学目标分为掌握、理解、了解三个层次。掌握：指对基本知识、基本理论有较深刻的认识，并能综合、灵活地运用所学的知识分析、解决实际问题。理解：指能够领会概念、原理的基本含义，解释现象。了解：指对基本知识、基本理论能有一定的认识，能够记忆所学的知识要点。

2. 本课程坚持以岗位胜任力为导向的教学理念，在技能目标分为熟练掌握和学会两个层次。熟练掌握：指能独立、规范地解决实践技能问题，完成实践技能操作。学会：指在教师的指导下能初步实施实践技能操作。

（三）教学建议

1. 本课程依据护理岗位的工作任务、职业能力要求，强化理论实践一体化，突出“做中教、学中做”的职业教育特色，根据培养目标、教学内容和学生的学习特点以及护士资格考试要求，提倡项目教学、案例教学、角色扮演、情境教学等方法，利用校内外实训基地，将学生的自主学习、合作学习和教师引导教学等教学组织形式有机结合。

2. 教学过程中，可通过测验、观察记录、技能考核和理论考试等多种形式对学生的职业素养、专业知识和技能进行综合考评。充分体现评价主体的多元化，评价过程的多元化，评价方式的多元化。评价内容不仅关注学生对知识的理解和技能的掌握，更要关注知识在临床实践中运用与解决实际问题的能力水平，重视职业素质的形成。

自测题参考答案

第 1 章

1. E　2. B　3. D　4. C　5. B　6. D　7. A　8. B　9. A　10. C
11. E　12. C　13. A　14. D　15. E　16. D　17. E　18. A　19. B　20. E
21. B　22. D　23. C　24. C　25. C　26. A　27. D　28. E　29. B　30. E
31. D　32. A　33. B　34. C　35. E　36. B

第 2 章

1. D　2. A　3. A　4. B　5. E　6. A　7. B　8. E　9. A　10. E
11. C　12. C　12. E　14. B　15. B　16. C　17. D　18. C　19. B　20. A
21. A　22. A　23. D　24. E　25. E　26. D　27. C　28. B　29. B　30. A
31. B　32. C

第 3 章

1. A　2. B　3. C　4. D　5. C　6. A　7. E　8. C　9. A　10. C
11. C　12. B　13. A　14. A　15. A　16. E　17. D　18. B　19. E　20. D
21. A　22. C　23. A　24. C　25. C

第 4 章

1. A　2. C　3. C　4. B　5. C　6. C

第 5 章

1. B　2. C　3. D　4. B　5. C　6. C　7. C　8. A　9. C　10. B
11. D　12. B　13. D　14. B　15. E　16. A　17. C　18. E　19. D　20. B
21. C　22. D　23. C　24. E　25. D　26. C　27. A　28. A　29. B　30. C
31. A　32. E　33. C　34. C　35. D　36. A　37. D　38. C　39. E　40. A
41. A　42. E　43. D　44. D　45. C　46. C　47. B　48. C　49. C　50. D
51. D　52. B　53. B　54. E

第 6 章

1. D　2. B　3. A　4. B　5. E　6. C

第 7 章

1. D　2. C　3. D　4. D　5. C　6. B　7. D　8. B　9. A　10. C

第 8 章

1. C　2. B　3. A　4. B　5. D　6. A　7. C　8. E　9. A　10. C

第 9 章

1. B　2. A　3. D　4. C　5. E　6. D　7. E　8. A　9. D　10. D
11. E　12. B　13. A　14. C

第 10 章

1. B　2. A　3. A　4. D　5. B　6. C　7. B　8. C　9. D　10. B
11. B　12. E　13. D　14. E　15. E　16. B　17. C　18. D　19. B　20. C
21. D　22. A　23. D　24. A　25. D　26. D　27. D　28. B　29. B　30. B
31. C　32. A　33. D　34. E　35. A　36. E　37. E　38. E　39. C　40. B
41. A　42. A　43. E　44. C

第 11 章

1. A　2. C　3. B　4. B　5. C　6. E　7. D　8. C　9. C　10. C
11. E　12. C　13. C　14. A

第 12 章

1. A　2. D　3. E　4. B　5. C　6. A　7. B　8. C　9. A　10. D
11. C

第 13 章

1. B　2. A　3. B　4. A　5. C　6. A　7. B　8. B　9. D　10. D
11. A　12. C　13. C　14. A　15. C　16. A　17. B　18. B　19. A　20. C

第 14 章

1. B　2. B　3. E　4. E

第 15 章

1. B　2. C　3. A　4. B

第 16 章

1. E　2. E　3. C　4. B　5. D　6. B　7. A　8. A